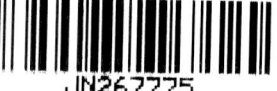

合理的なテクニックを写真で学ぶ ②

工夫された衿・衿ぐりの縫い方

佐藤貴美枝・著

下瀬成美・撮影

文化出版局

目　次

衿ぐり

衿なし、袖なしの仕立て

手早く、きれいに縫うポイント

この本は〝印つけ〟〝ピン打ち〟〝しつけ〟を最小限にした既製服の縫い方を

取り入れて、手早く、きれいに仕立てていきます。

●印つけはポイントだけに

縫い代幅を決め、正確に縫い代をつけたパターンで裁断することで、出来上り線の印つけは省きます。しかし、きれいに仕立てるには、ポイントとなる合い印だけは欠かせません。ノッチ（切込み）やローチャコ、消えるペン（時間がたつと自然に消えるマーカー）などでしるします。

●ミシンかけの基本はピン打ちもしつけもなしで

ピンで止める手間、外す手間、しつけをかける手間、取る手間を省略できると、かなりスピーディに仕上がります。2枚の布の裁ち端をそろえ、決めた縫い代幅で写真の要領で縫っていきます。幅はミシンの針板の目盛りに合わせたり、フリー定規（ステッチ定規）を使用すると正確に縫うことができます。

［ミシンのかけ方］

1 2枚の布の裁ち端をそろえる。

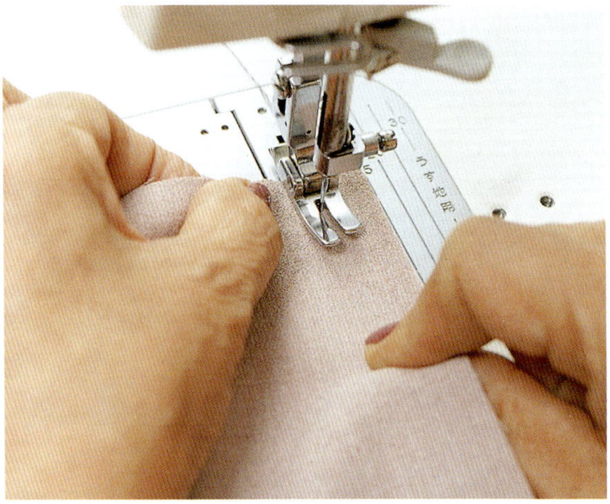

2 右手の人さし指と親指で地縫いラインをつまむように持ち、押え金の下に布を入れて、布の上端から0.3〜0.4cmの位置に針を刺し、まず1〜2針縫う。

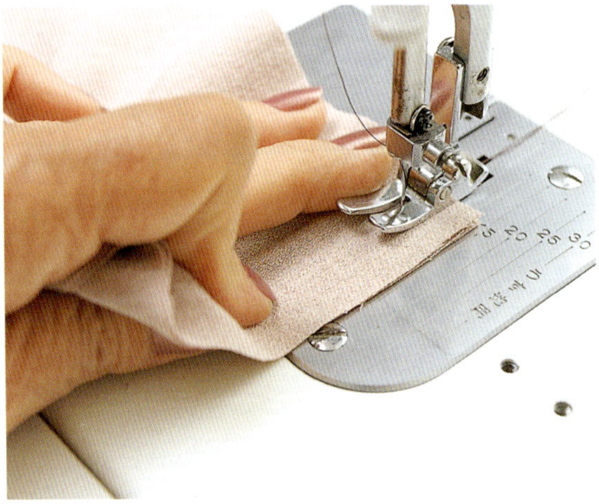

3 写真のように左手で布を持ち、中指は布を上に押し、人さし指と親指ではさんだ布は下に引くようにしながら、右手で返し縫いレバーを押して3針程度返し縫いをする。

4 そのまま2〜3cm縫い進み、針を刺した状態で止める。

5 布の縫終り位置、または中間の合い印を合わせて左手で持つ。

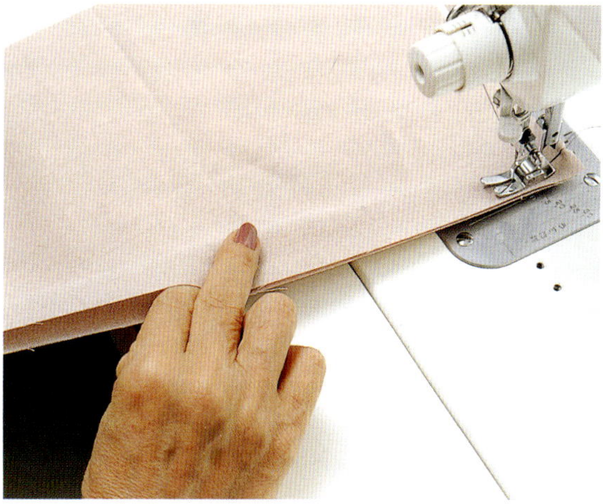

6 そのまま布をぴんと張り、2枚の布の間に指を入れてつりあいをとり、布端をそろえる。

7 左手は布の縫終りをつまんだまま、右手で中間あたりをつまみ、それを左手で束ねる（右手、左手とも地縫いラインを持っている）。

8 2枚の布がずれないようにしっかり持って縫い進む。長い距離を縫う場合は、*5* ～ *7*を繰り返して縫い進む。

9 最後は布端の0.3～0.4cm手前で3針程度返し縫いをしてから、布端まで縫って糸を切る。

衿作りの基本

いろいろなタイプの「衿」に共通する、作り方のポイントです。

［衿の縫い方］

表衿にゆとりの入った、きれいな衿を作る縫い方。

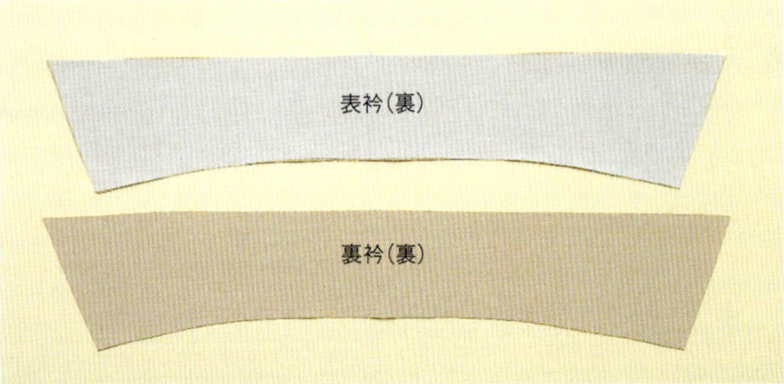

1 表衿、裏衿とも周囲に1cmの縫い代をつけて同じ形に裁つ。表衿は裏面に接着芯をはる。

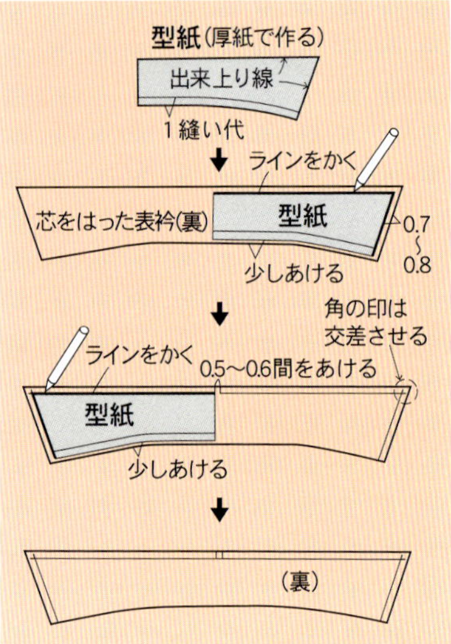

2 表衿にミシンかけのための中縫いラインをかく。まず、厚紙で衿の型紙を作り、その型紙を使って図の要領で表衿の裏面に鉛筆でラインをかく。

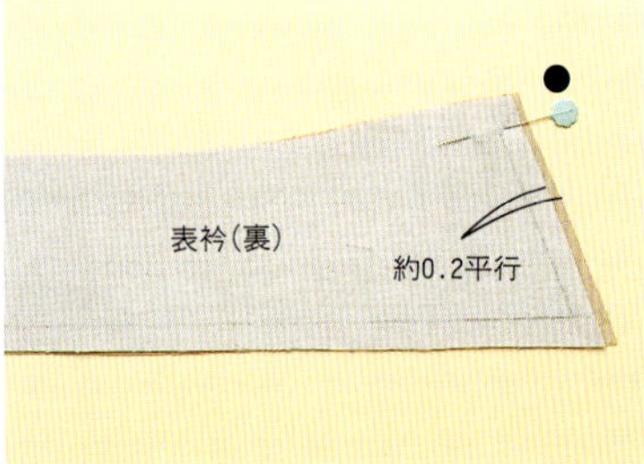

3 表衿にゆとりを入れてまち針で止める。まず表衿と裏衿を中表に合わせ、表衿を上にして、前衿幅側を0.2cm前後平行にずらし、①のまち針を打つ。

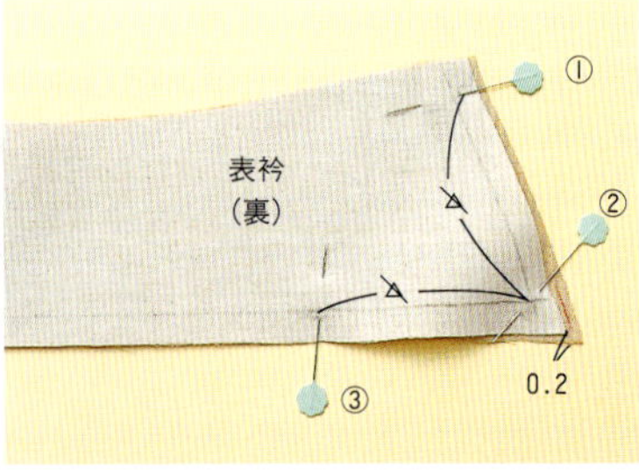

4 衿先もゆとり分を0.2cmぐらいずらして②のまち針を打つ。次に①〜②と同寸法ぐらいの位置に、同じくらいのゆとりを入れて、③のまち針を打つ。

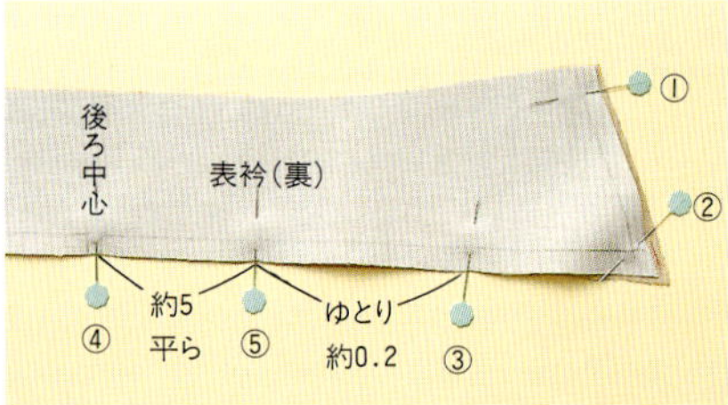

5 表衿と裏衿の後ろ中心を合わせて、④のまち針を打ち、そこから5cm程度は平らに合わせて⑤のまち針を打つ。⑤〜③の間にも0.2cmぐらいのゆとりが入る。慣れない方はこのまち針で止めた状態で合い印をしるしてミシンをかけてもいいが、慣れてきたら、まち針を使わずに*3*〜*5*の手加減で表衿にゆとりを入れながらミシンで縫うといい。

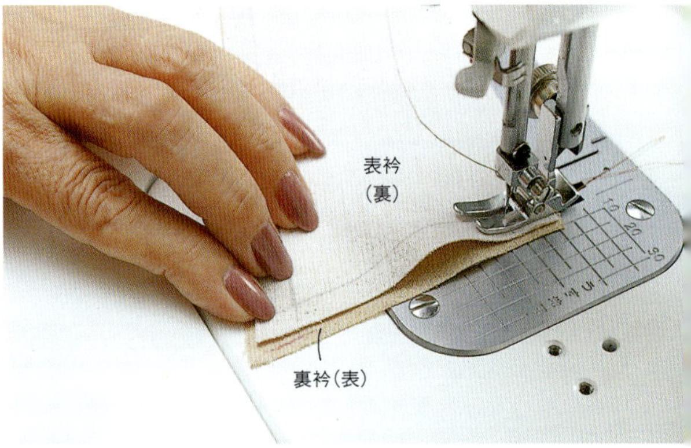

6 まち針を使わずに衿を縫う。まず表衿と裏衿を中表に合わせ、*3*の要領で平行にずらす。中縫いラインを縫うが、縫始めは返し縫いをし、1cmぐらいは平らに縫う。次に*4*の要領で衿をずらして表衿にゆとりを入れる。

7 押え金を上げ、小ばさみの先でゆとりを入れて押え金を下ろし、ゆとりを逃がさないように衿先まで縫う。小ばさみは刃先2点で布を押さえることができるので、ミシンかけのときは目打ちよりも便利。

8 角にミシン針を刺したまま方向を変え、前衿幅と同寸法ぐらいの位置(③のまち針の位置)より先を手で押さえて表衿にゆとりを入れる。

9 ゆとりを入れながら押さえた位置まで縫う。

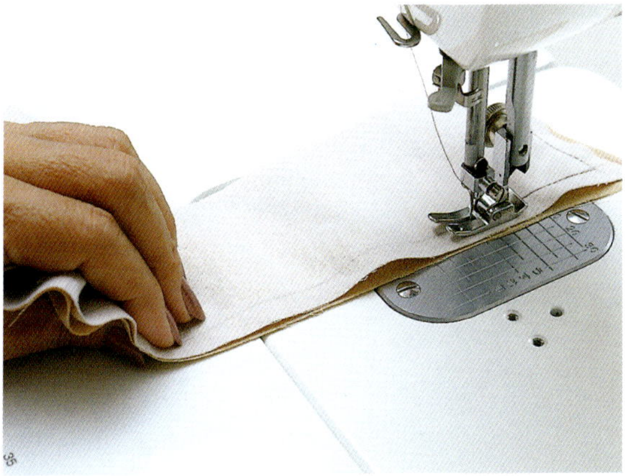

10 7〜8cm離れた位置(⑤のまち針の位置)まで、表衿に0.2cmぐらいのゆとりを入れながら縫う。

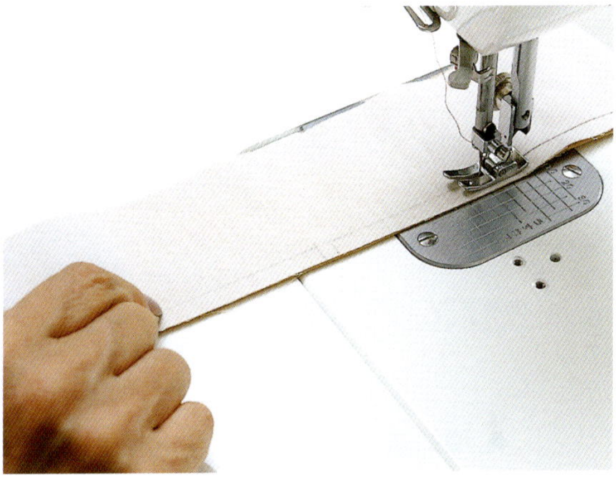

11 後ろ中心あたりは平らに合わせて縫う。続けて同じ要領で残りの半分も縫う。

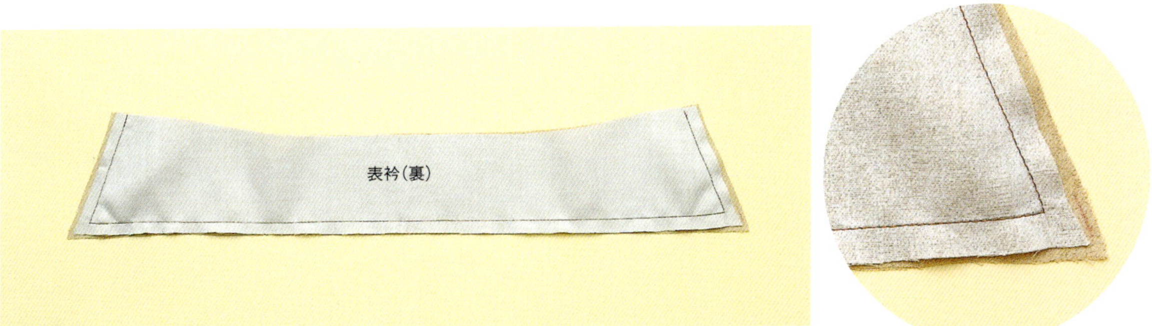

12 表衿にゆとりが入った状態で縫い上がる。

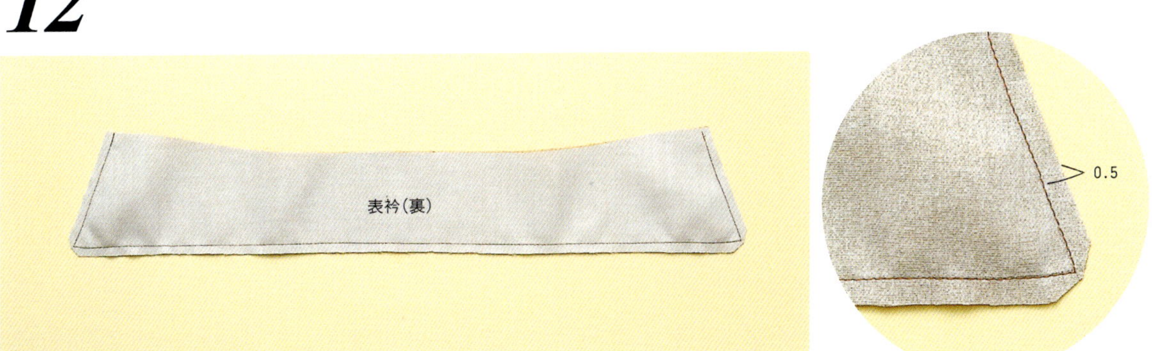

13 外回りの縫い代は0.5cmぐらいにカットし、さらに角は斜めに裁ち落とす。

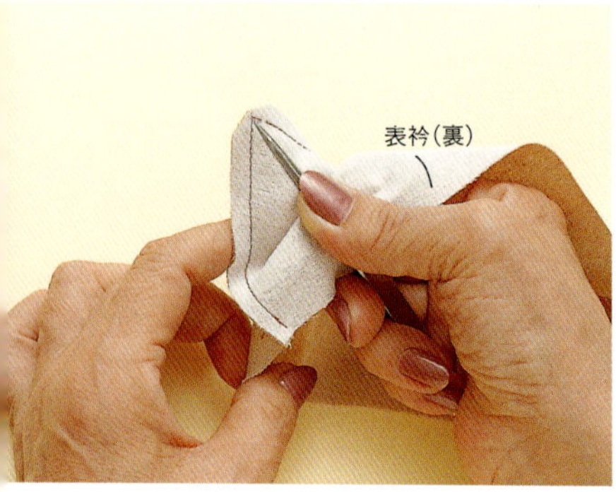

14 表に返す。角をきれいに返すためには、表衿の衿先をピンセットではさみ、そのまま表に返す。

15 衿先はさらにミシン針を使って整える。目打ちは布をほぐしてしまうことがあるので、ミシン針のほうが扱いやすい。

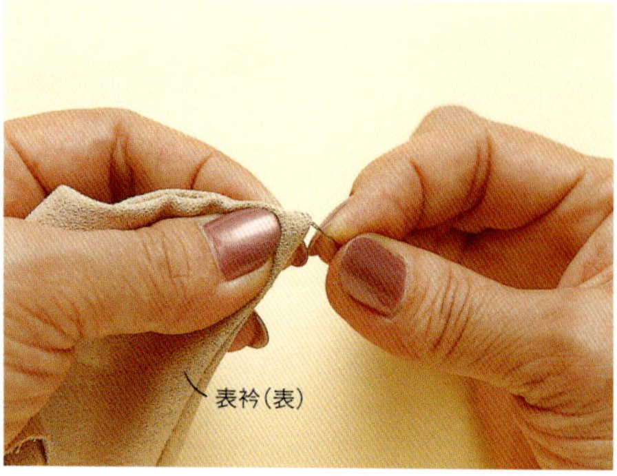

16 縫い代をアイロンで裏衿側に倒す。

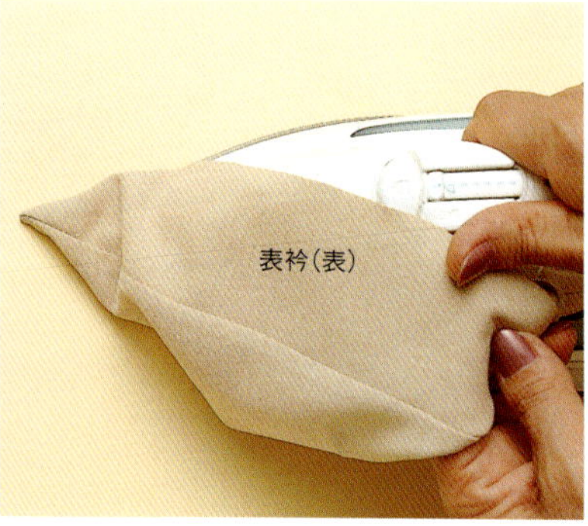

17 前衿幅側も無理のない程度に内側にアイロンを入れ、縫い代を裏衿側に倒す。

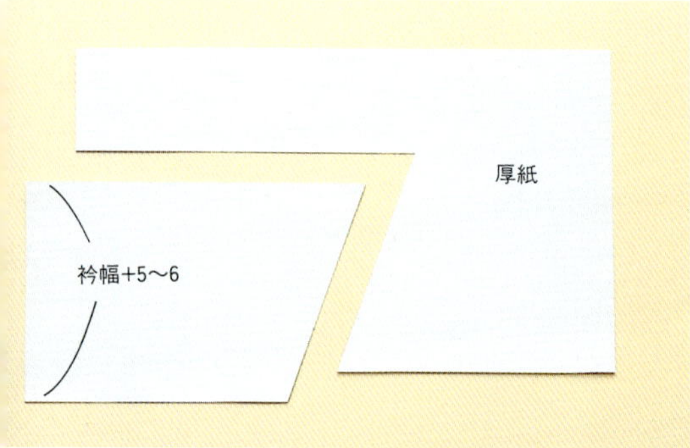

18 厚紙でアイロンプレス用の型紙を作る。衿先の形を写してカットするが、切り離した外側の部分も使用する。

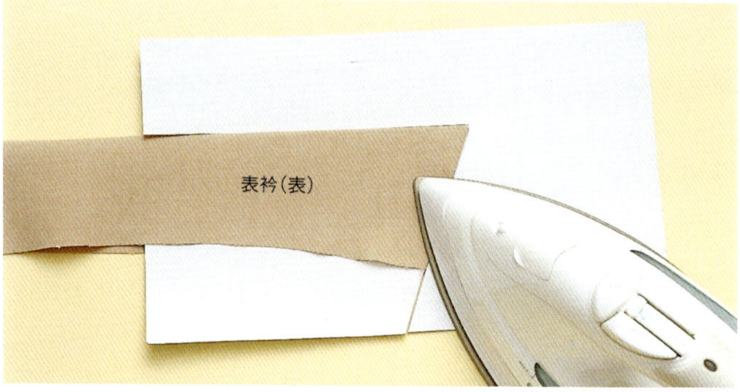

19 プレス用の型紙を表衿側にきっちりと入れ（縫い代が厚紙の下になるように入れる）、外側の厚紙を合わせて、はさむようにしてアイロンをあてる。このようにして外回りを整えると、アイロンのあたりが出にくい。反対側は紙を裏返して使う。

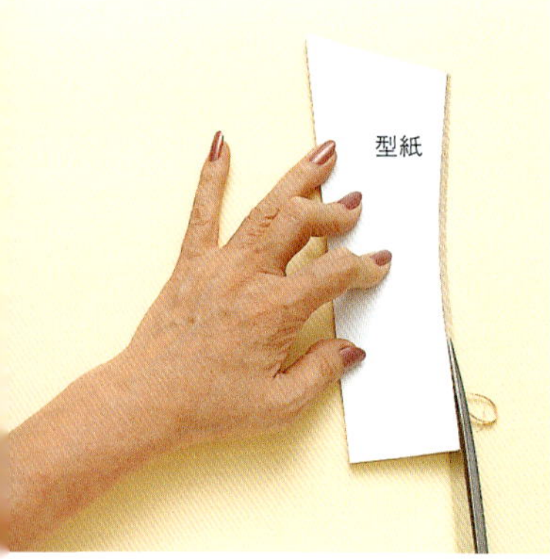

20 表衿を外側にして衿を二つ折りにし、衿の型紙を重ねて、つけ側の余分をカット。

21 つけ側の後ろ中心に小さく切込み（ノッチ）を入れて、合い印とする。

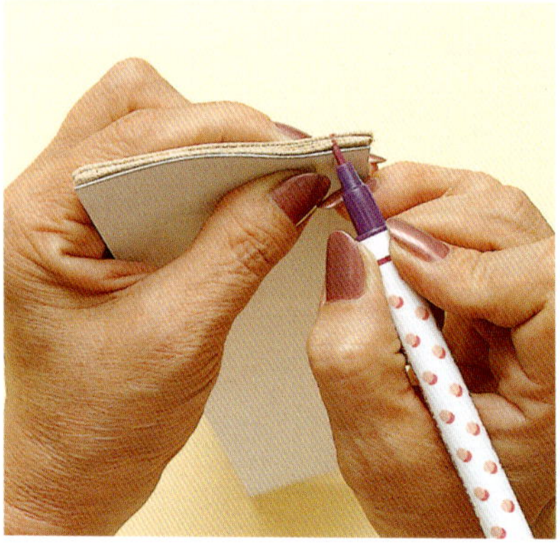

22 二つ折りのまま型紙を合わせて、前衿幅の出来上り位置をしるす。

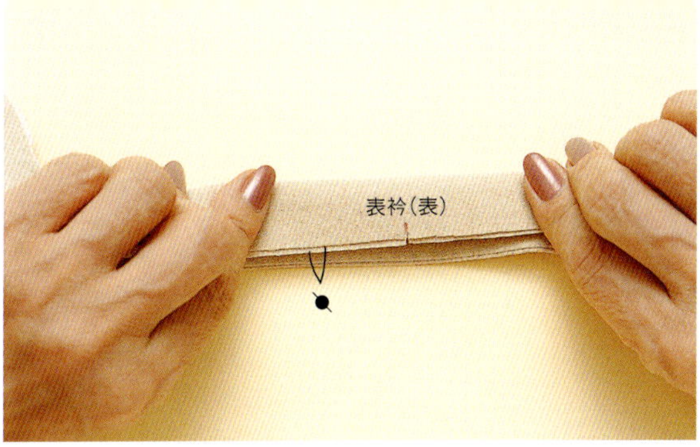

23 裏衿を上にして衿を平らに置き、そのままの状態で折り返して、つけ側の布端のずれを見る。そのずれた分が、表衿幅に必要なゆとり分になる。

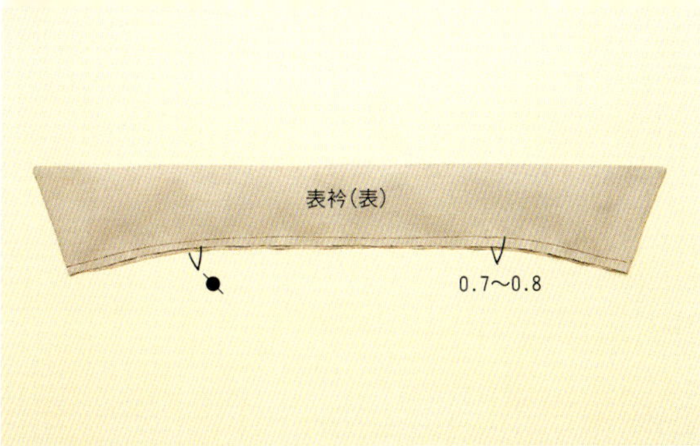

24 *23*でずれた分、表衿をずらして、衿つけ側に押えミシンをかける。

［衿端のステッチをきれいにかける方法］

衿外回りのきわにかけるステッチは、衿先でステッチ方向を変えると、そこから2〜3cmのミシン目が左右にゆれたり、細かくなったりしてステッチが乱れる。これは角で押え金の方向を変えるので、針から後ろに布がないため、ミシンの送り歯が役目を果たしていないことが原因。ステッチのトラブルを避けるには厚紙を利用するのがいい。

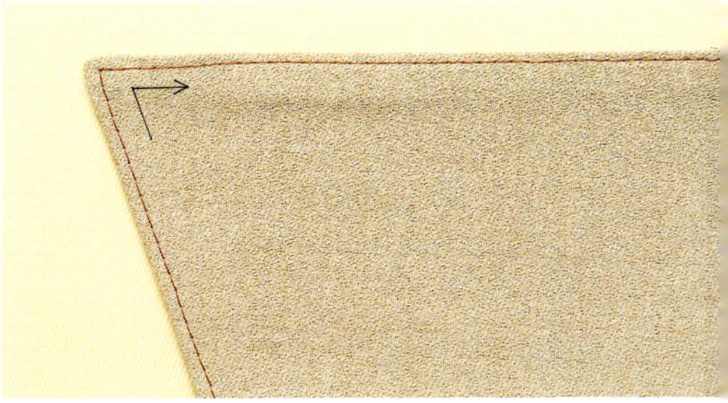

きれいなステッチ

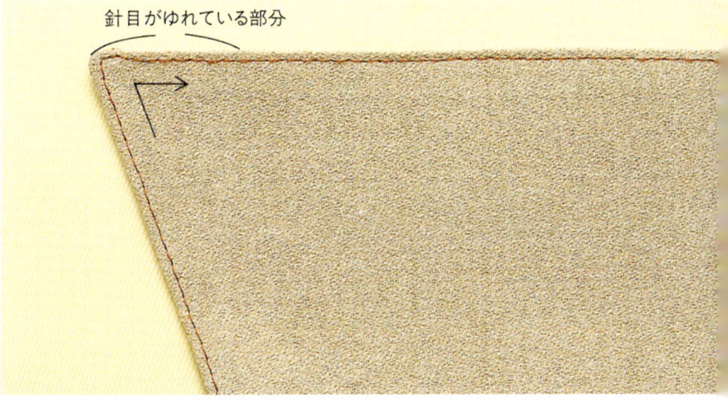

ゆれているステッチ

1 つけ側からステッチをかけ、衿先で針を刺したまま押え金を上げて方向を変える。

2 厚紙を針のきわに合わせて、衿の上にのせる。厚紙は針から後ろに2〜3cm出しておく。

3 押え金を下ろし、ステッチをかける。厚紙を当てることで、布をスムーズに送ることができる。

[糸を使って衿先を出す方法]

衿を縫い返す前に、衿先に糸をつけ、縫い返した後でその糸を引いて衿先を出す方法。

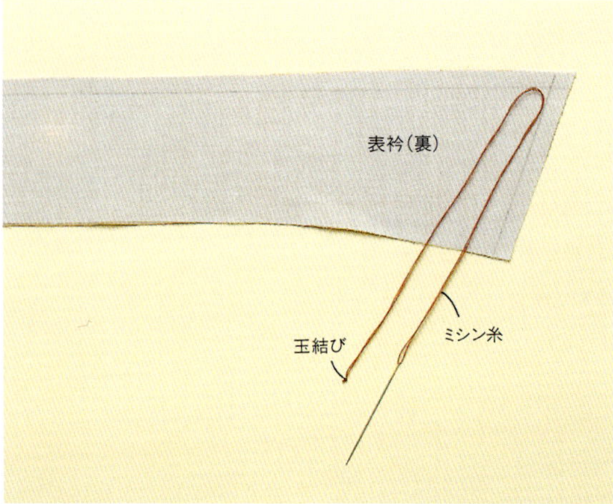

1 手縫い針にミシン糸（すべりにくい糸）を4本どりになるように通す。長さは衿幅の2倍より長くし、糸端には大きめに玉結びを作る。

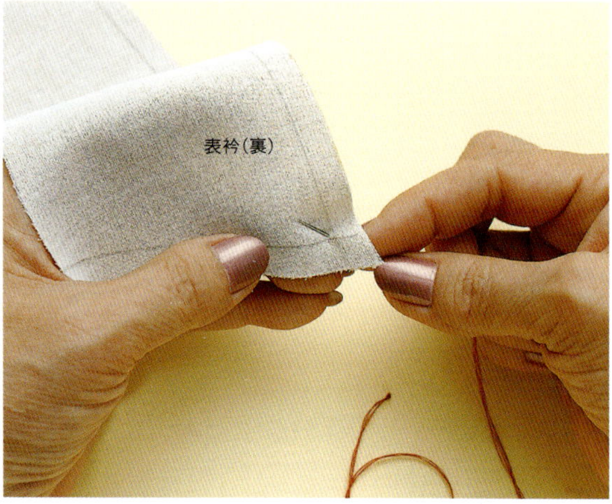

2 まず、表衿裏面の衿先（角から0.1～0.2cm内側）に針を出す。

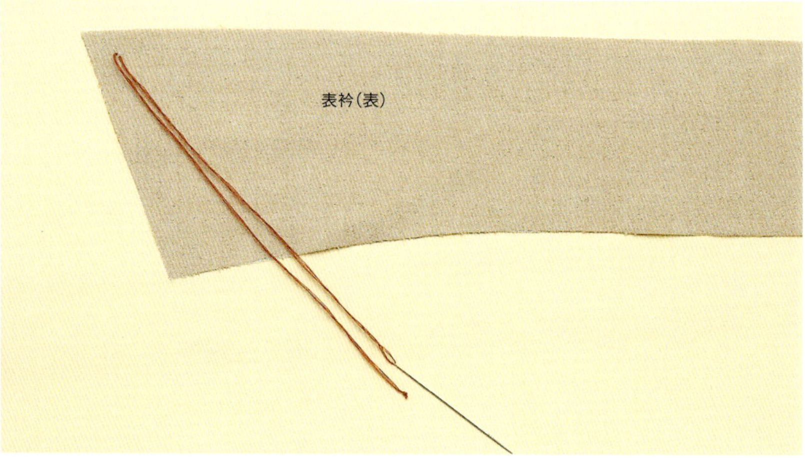

3 次に、衿先から対角線上に小さく1針刺して表面に針を出す。

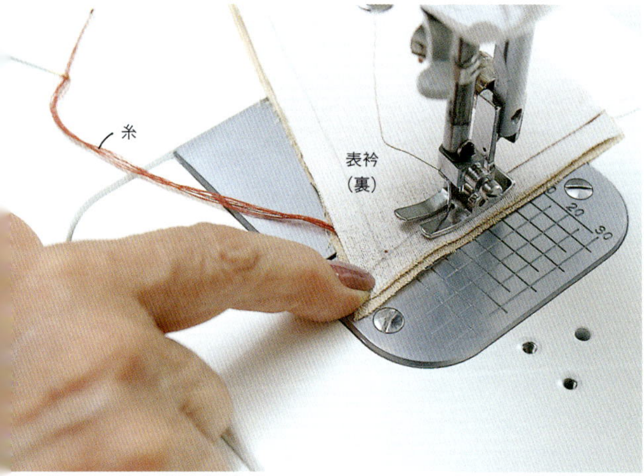

4 表衿と裏衿を中表に合わせ、糸を縫い込まないようによけて、ミシンをかける。衿の縫い方は6ページを参照。

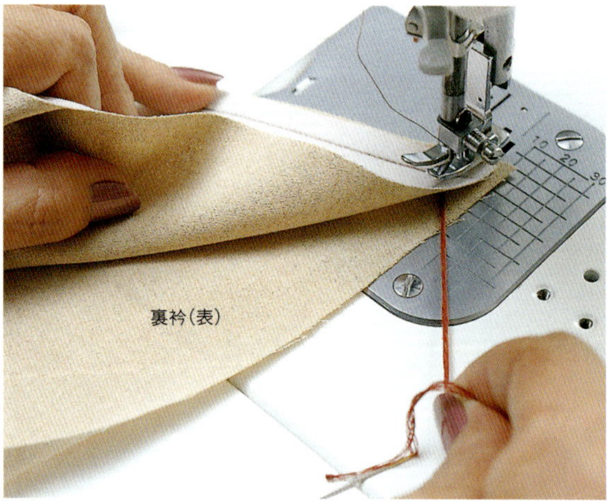

5 衿先まで縫ったら針を刺したまま押え金を上げ、糸を引いて縫い込まれていないかを確かめる。縫い込まれている場合は縫い直す。

6 糸をつけ線側によけ、続けて外回りを縫うが、2～3cm縫ったらもう一度糸を引いて、縫い込まれていないか確かめておく。

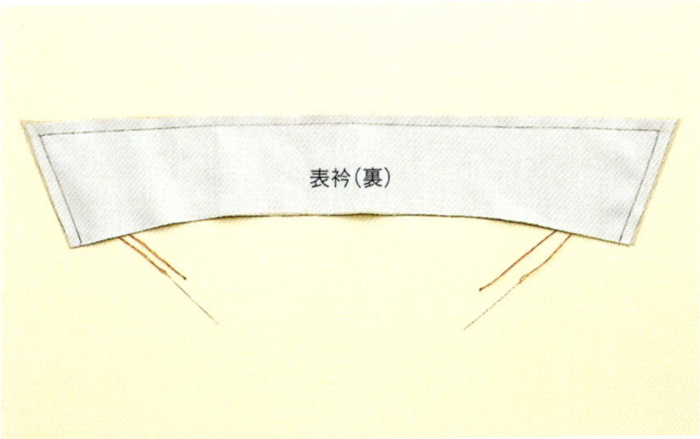

7 衿外回りを縫い終わった状態。

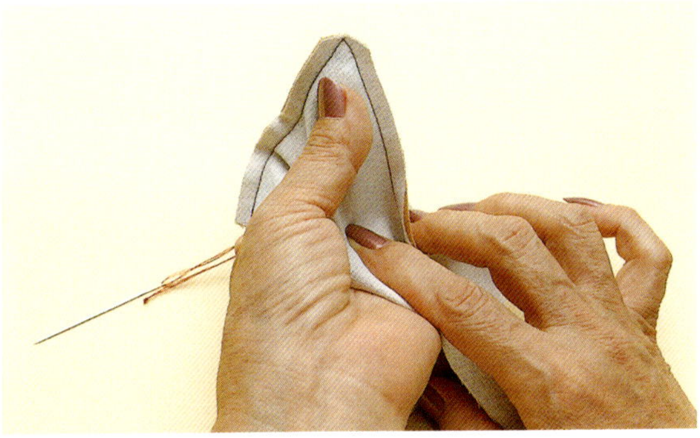

8 縫い代を0.5cmぐらいにカットし、さらに衿先は斜めに裁ち落とす。衿先に指を入れて表に返す。

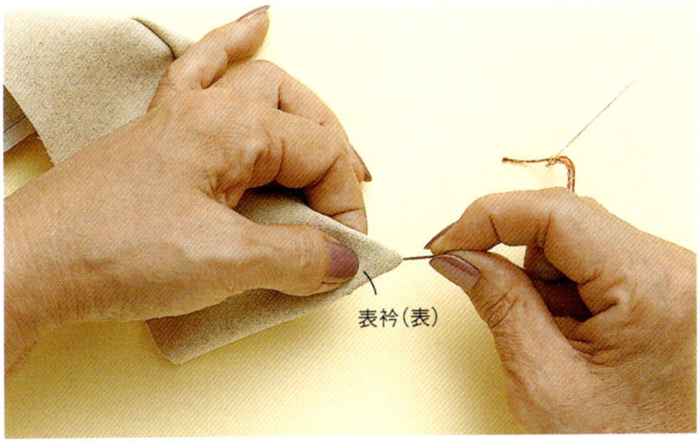

9 8本の糸をゆっくり引いて衿先を出し、さらに糸を回すようにしてなじませながら糸を引き、衿先を出せるところまで出す。

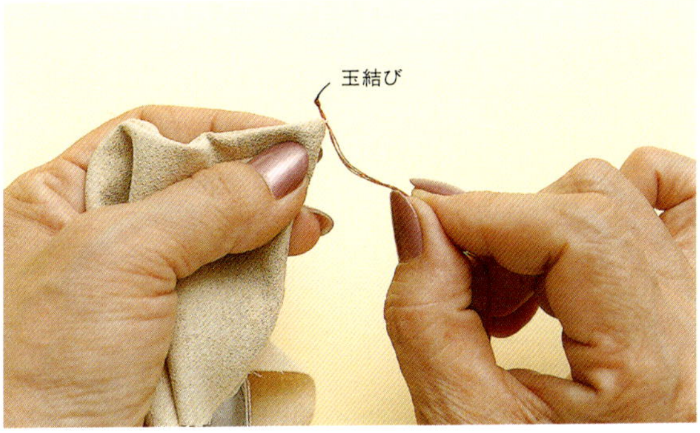

10 針側の糸を玉結びが止まるところまで引く。

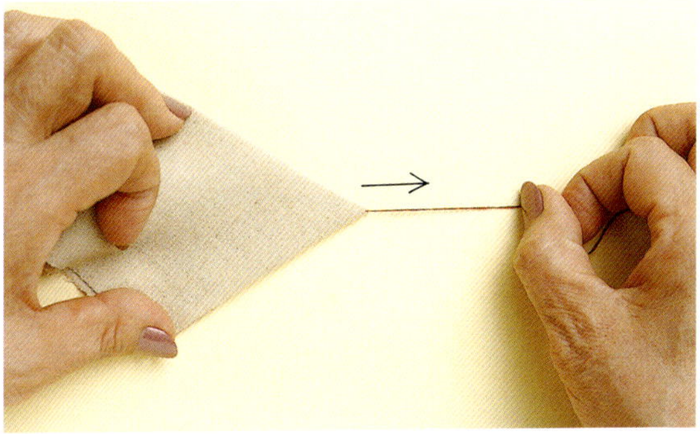

11 衿先から対角線に糸をぎゅっと引くと、玉結びが裏衿側へ回り、裏衿の衿先が控えられる。

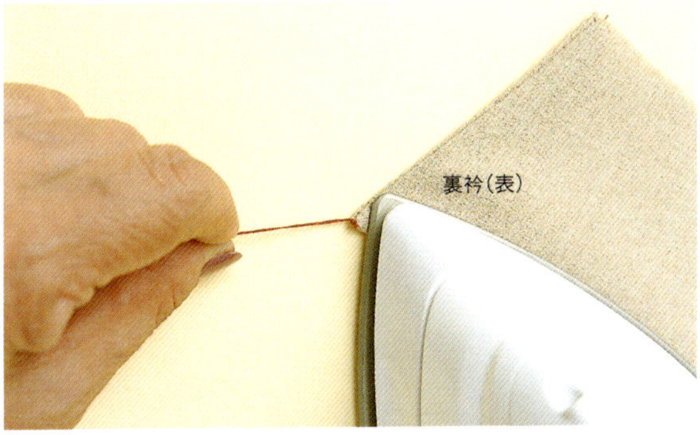

12 裏衿側から、糸を引きながら衿先にアイロンをかけるが、先端の0.3～0.5cmはアイロンをあてない。

13 糸を切って抜き、出来上り。

[衿の柄合せ]

チェックの布で、衿の左右の格子をそろえて仕立てる方法。

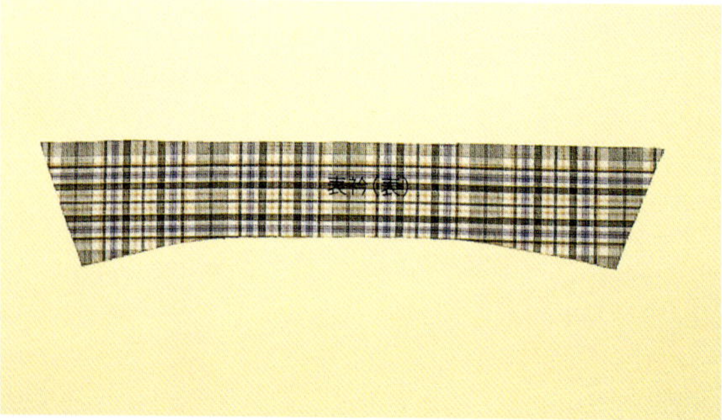

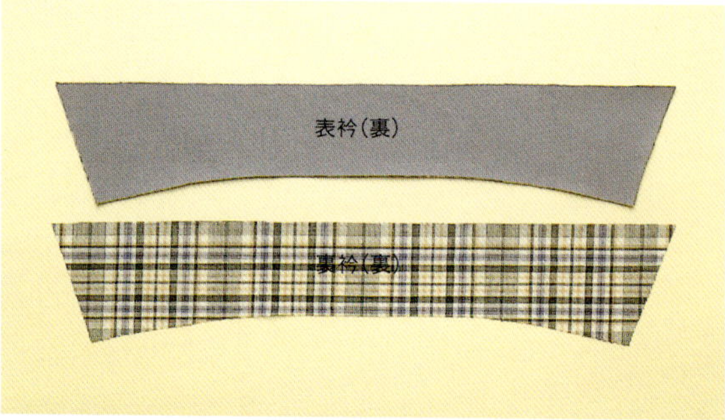

1 表衿は、後ろ中心から柄が左右対称になるように注意し、縫い代は柄合せ分を考慮して、つけ側のみ1.5cmつける。

2 表衿の裏面に接着芯をはる。

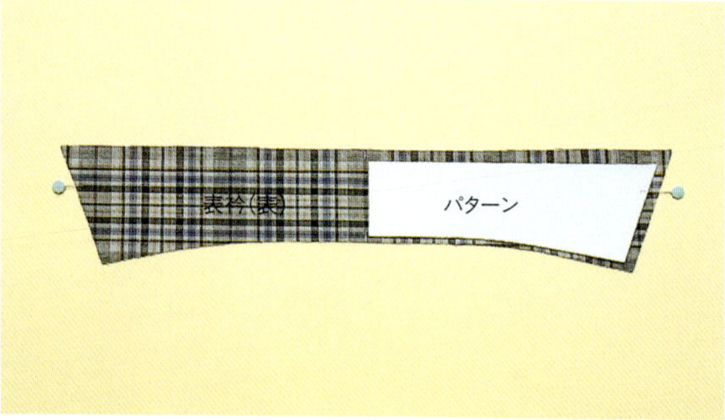

3 表衿の衿先のあたりで、柄合せの目安になる線を決め、左右の衿先にまち針を打つ。パターンにも合い印を入れる。

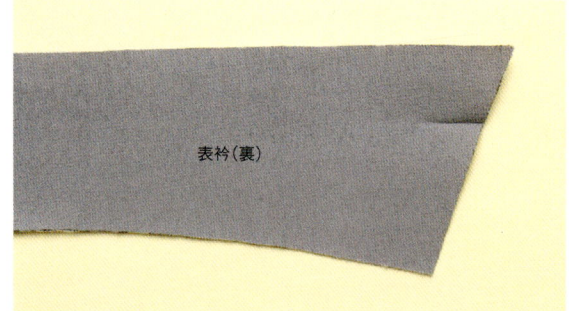

4 まち針の位置を、布端から1cmぐらい、アイロンで外表に折り目をつける。

5 折り目の位置にパターンの合い印を合わせて、中縫いラインをかく(中縫いラインのかき方は6ページを参照)。

6 裏衿を中表に合わせて外回りを縫い、表に返して整える。

7 左右の衿先を突き合わせて、チェックが合っているか確認する。

衿

衿つけ縫い代を衿側に倒す衿

台衿つきシャツカラー

スタンドカラー

チャイナカラー

タイカラー

衿つけ縫い代を前は身頃側、
後ろは衿側に倒す衿

シャツカラー

オープンカラー

ショールカラー

衿つけ縫い代を身頃側に倒す衿

フラットカラー

セーラーカラー

フリルカラー

●衿つけ縫い代を衿側に倒す衿

台衿つきシャツカラー

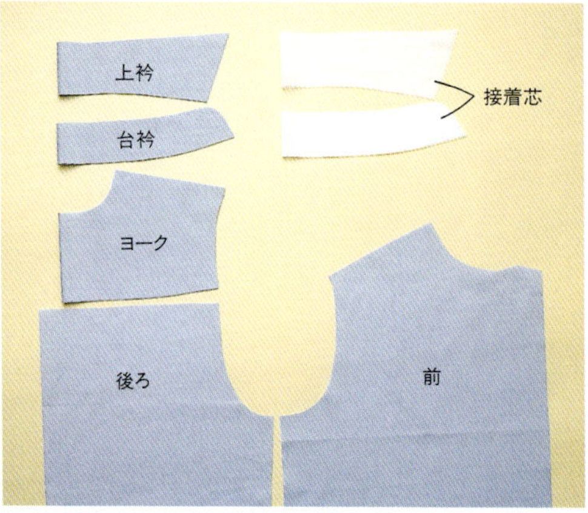

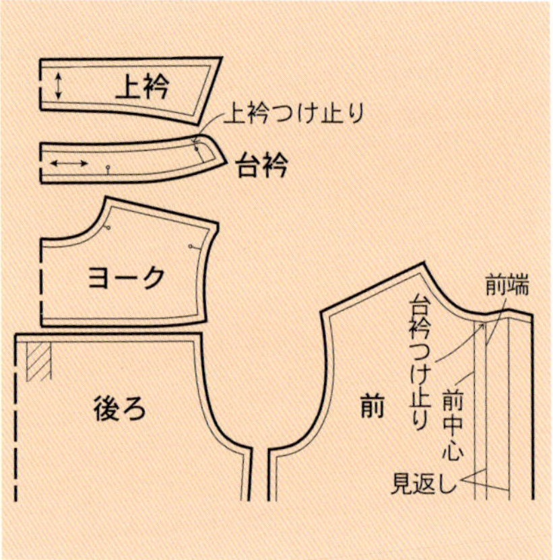

台衿にシャツカラーがついた形の衿。ワイシャツタイプの衿です。

●パターン、裁断
上衿、台衿とも表衿、裏衿を同じ形に裁つ。衿の周囲、身頃衿ぐりの縫い代は1cm。接着芯は表、裏台衿、表上衿分を用意する。

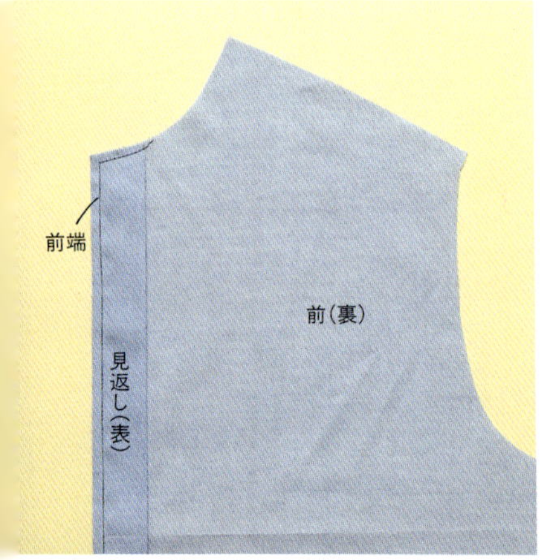

1 前身頃の前端をアイロンで三つ折りにし、前端から見返し、衿ぐりにミシンをかける。

2 後ろ身頃にヨークをつけ、前身頃と縫い合わせる。ヨークを2重にした場合は袖ぐり、衿ぐりの縫い代をミシンで止めておく。

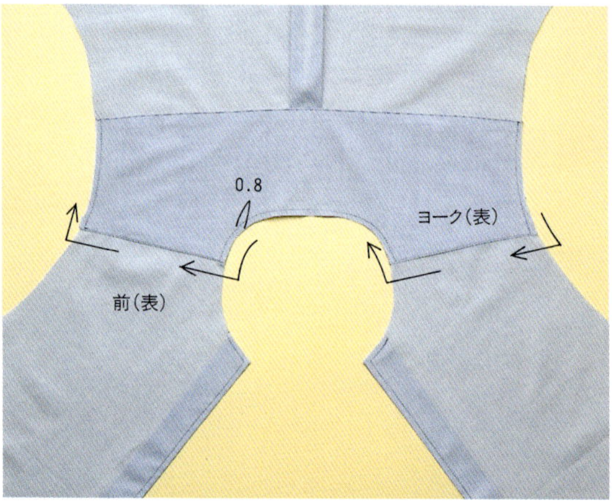

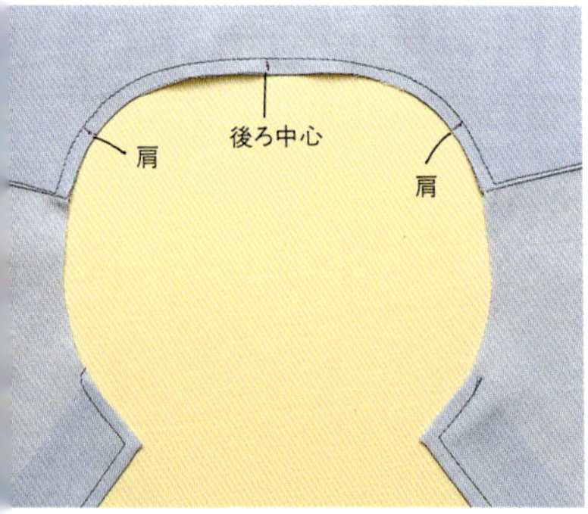

3 身頃の衿ぐりに後ろ中心、肩の合い印をしるす。

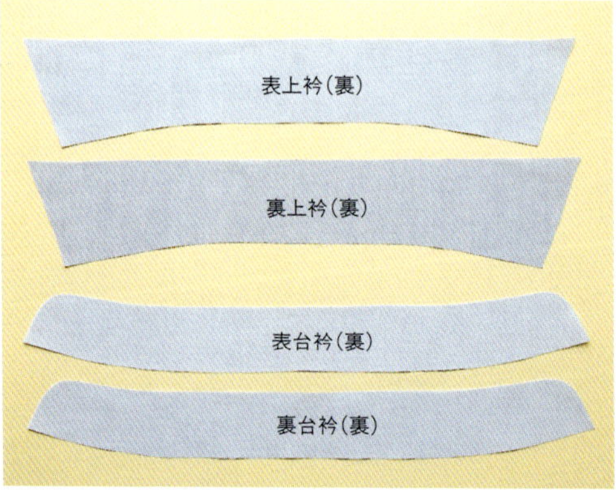

4 表上衿、表台衿、裏台衿に接着芯をはる。

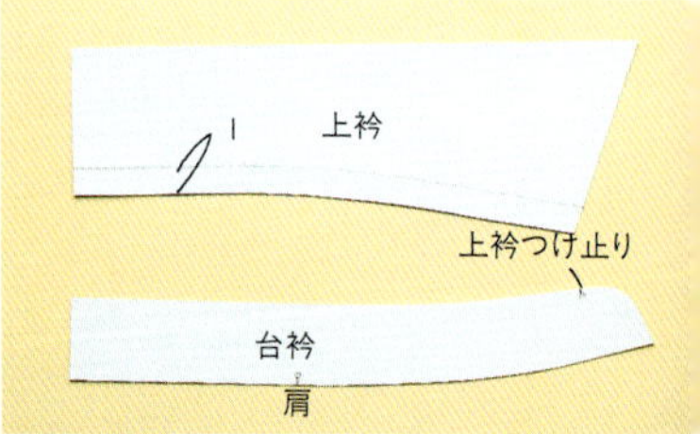

5 厚紙で衿の型紙を作る。上衿はつけ側にだけ1cmの縫い代をつけ、外回りは出来上りで、台衿は縫い代をつけないで出来上りの形で作る。台衿には肩と上衿つけ止りの合い印を入れておく。

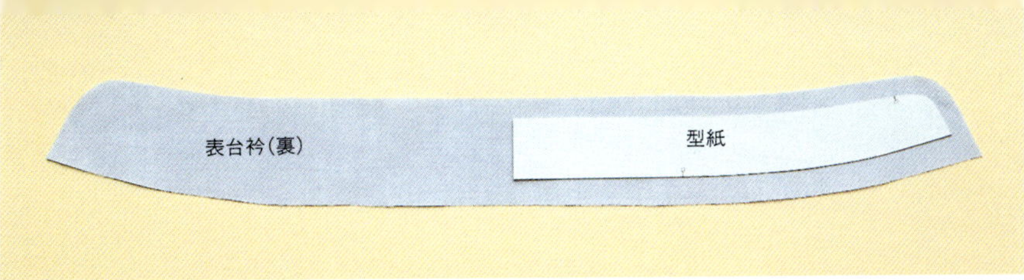

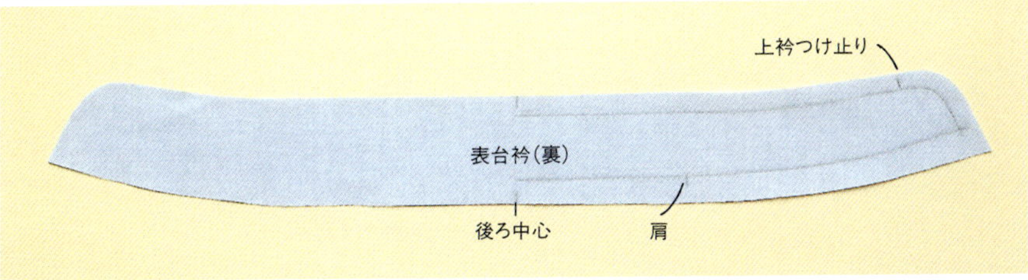

6 表台衿に5の型紙を使って中縫いラインをかく。台衿と型紙の後ろ中心を合わせて表台衿の裏面にのせ、出来上り線を鉛筆でかく。合い印も忘れずに写す。

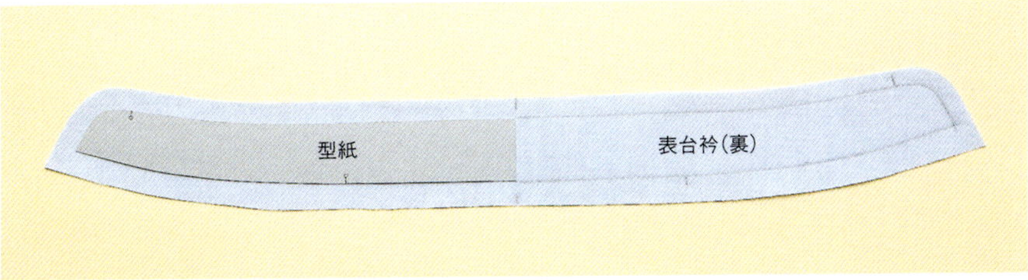

7 型紙を裏返し、後ろ中心を合わせて反対側にのせ、出来上り線、合い印を鉛筆でかく。

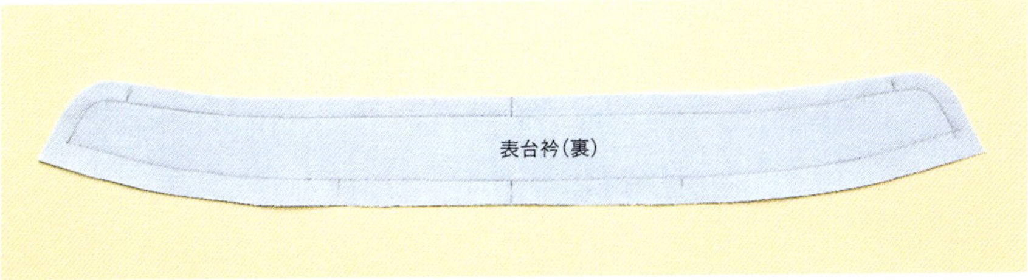

8 表台衿の中縫いラインの出来上り。

9 表上衿に中縫いラインをかく(6ページ参照)。

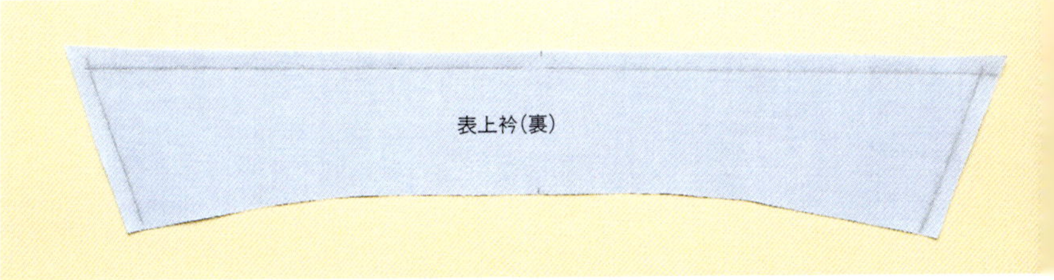

10

表台衿つけ側の合い印を布の表面に写すために、目打ちを打つ。

11 目打ちの位置を、消えるペンなどで布の表面にしるす。

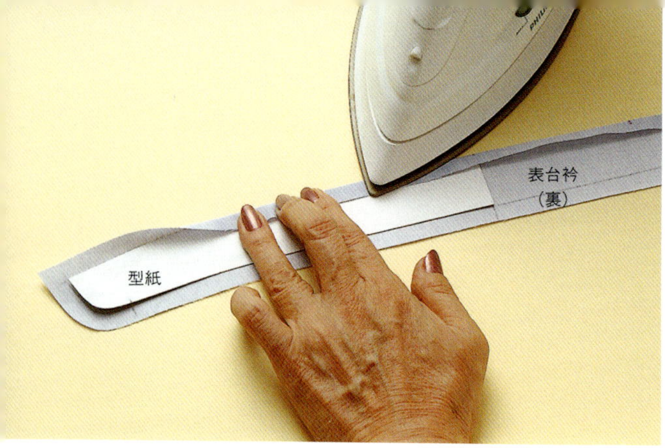

12

型紙をアイロン定規にして、表台衿つけ線の縫い代をアイロンで折る。

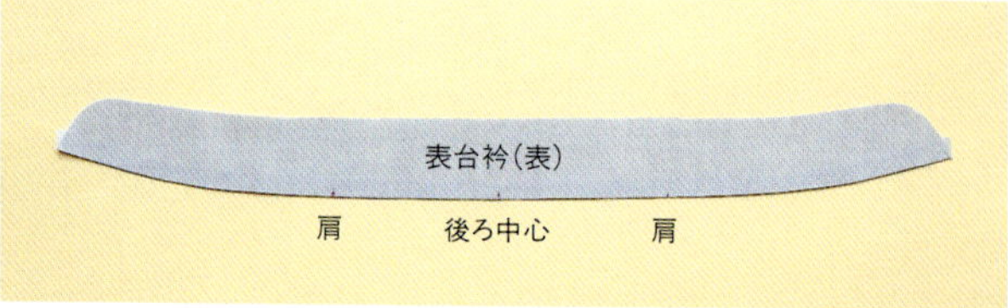

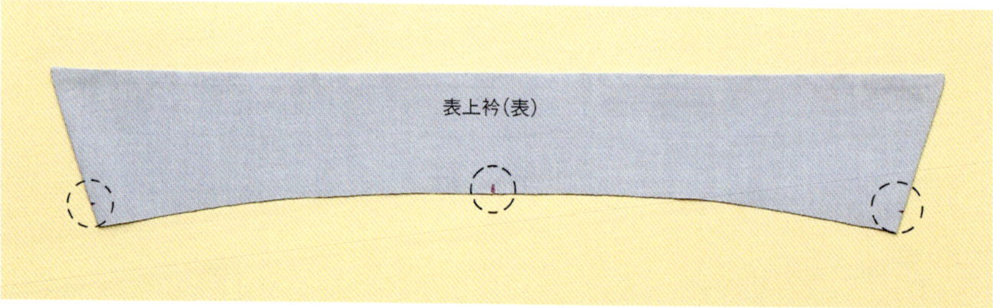

13

上衿を縫う。表衿にゆとりを入れながら縫い、縫い代を整理して表に返し、衿幅の出来上り位置、後ろ中心に印をつける（6〜8ページ参照）。

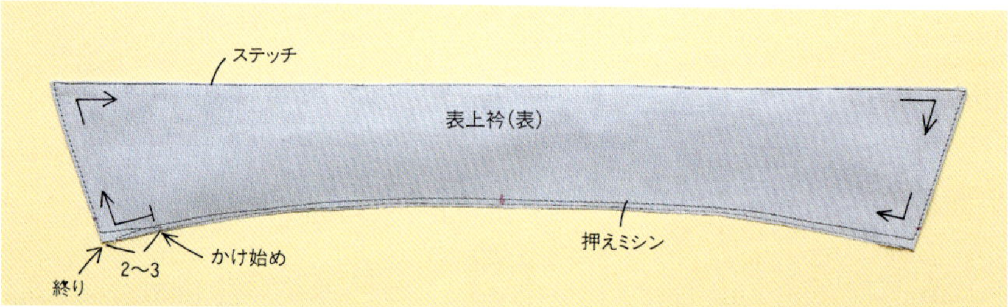

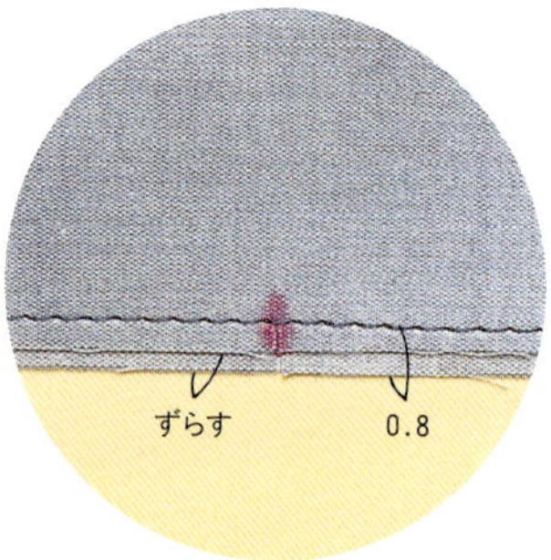

14

上衿を折り返して表衿のゆとり分を確認してから（9ページ参照）、衿外回りにステッチをかける。続けて、確認したゆとり分だけ表衿を控え、つけ側の縫い代に押えミシンをかける。

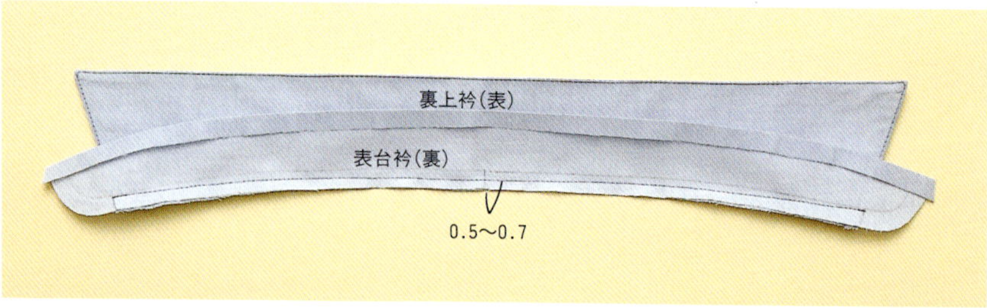

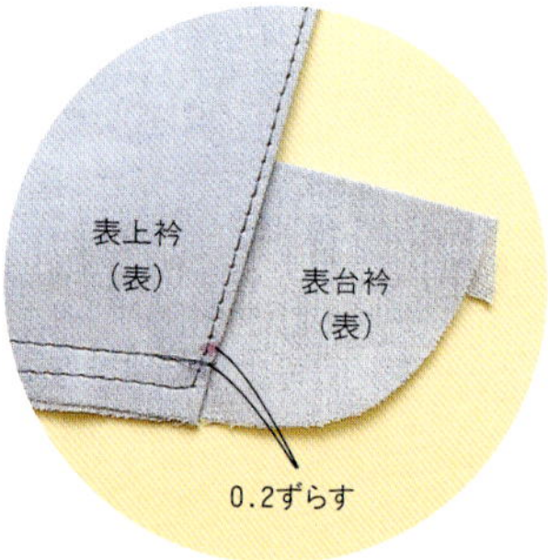

15

表台衿と裏上衿を中表に合わせ、衿幅の印と台衿の衿つけ止りを合わせて、表台衿側から押えミシンをかける。布端から0.5〜0.7cmぐらいのところを、合い印を合わせながら縫う。上前側の衿つけ止りのあたりは出来上り線に合わせて縫うが、下前側の衿つけ止りは合い印を0.2cmずらしてミシンをかける。これは、下前の衿幅を0.2cm広くして、着用したときに左右の衿幅が同じ幅に見えるようにするため。

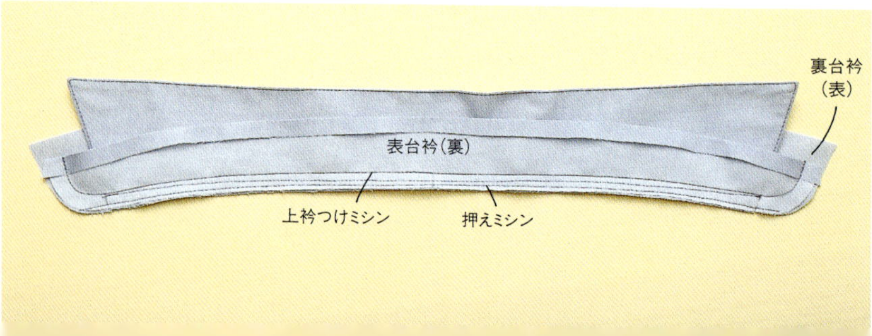

16

裏台衿を表台衿と中表に合わせて上衿をはさみ、表台衿側から印どおりに縫う。裏台衿を引きながらミシンをかける。さらに縫い代端に、縫い代が薄く仕上がるように押えミシンをかける。

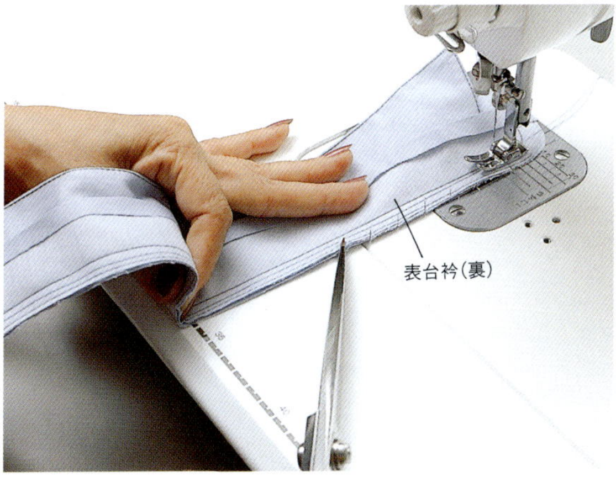

17 押え金を利用して切込みを入れる。衿つけ止りのあたりに押え金を下ろし、衿の後ろ中心あたりを持ってミシン目が直線になるように引きながら、縫い代に切込みを入れる。

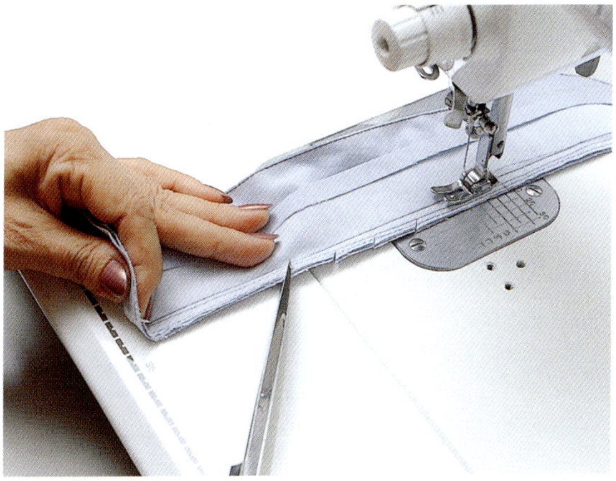

18 同じ要領で、後ろ中心あたりをミシンの押え金で押さえ、残りの台衿つけ縫い代に切込みを入れる。

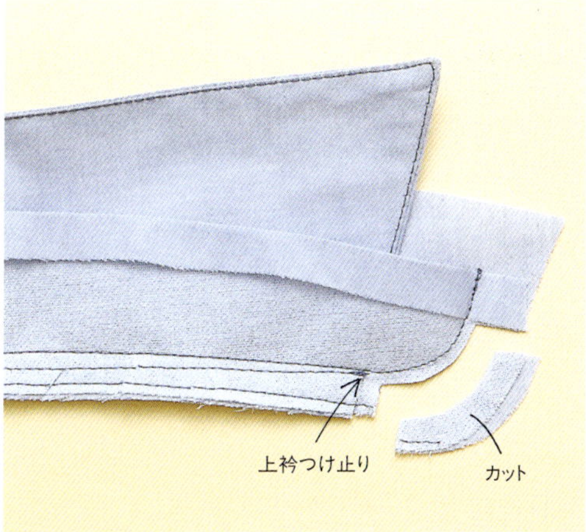

19 台衿先のカーブの縫い代を上衿つけ止り近くまで細くカットする。上衿をはさんでいる縫い代をカットしないで残しておくことで、衿がきれいに立ち上がる。

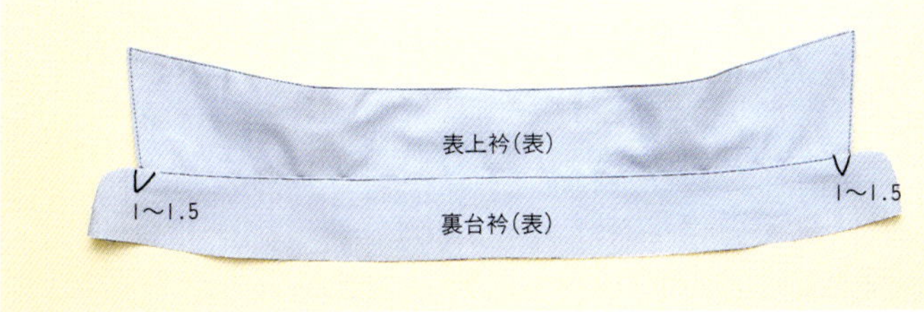

20 台衿を表に返し、縫い目にきせがかからないように台衿と上衿を左右に引きながら、裏台衿側からきわにステッチをかける。上衿つけ止りから1〜1.5cmぐらいは残し、返し縫いはしない。

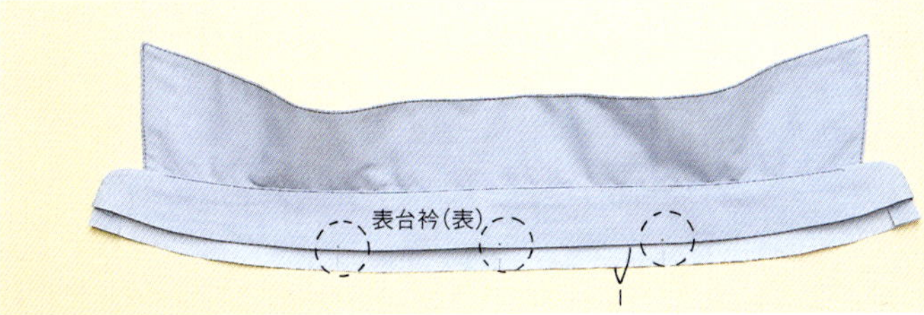

21 台衿先の丸みの部分をアイロンで整え、裏台衿のつけ側縫い代を1cmに裁ちそろえる。つけ側の合い印を裏台衿側にも写す。

22 裏台衿の縫い代を、表台衿にかぶせてアイロンで折る。

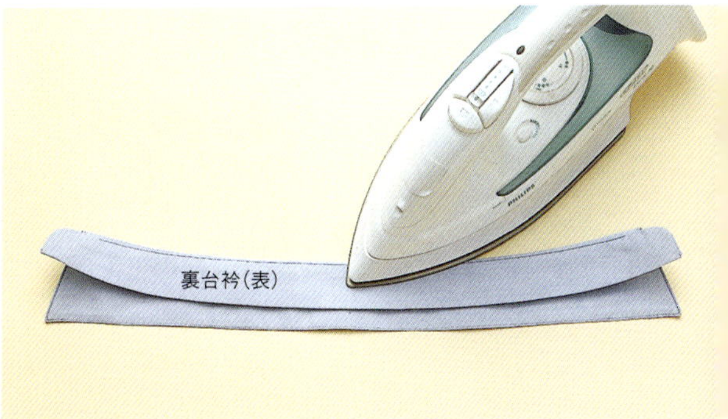

23 台衿つけ位置から上衿をしぜんに折ってアイロン。アイロンは台衿側から、内側にしぜんにカーブさせるように、3〜4回に分けてかける。

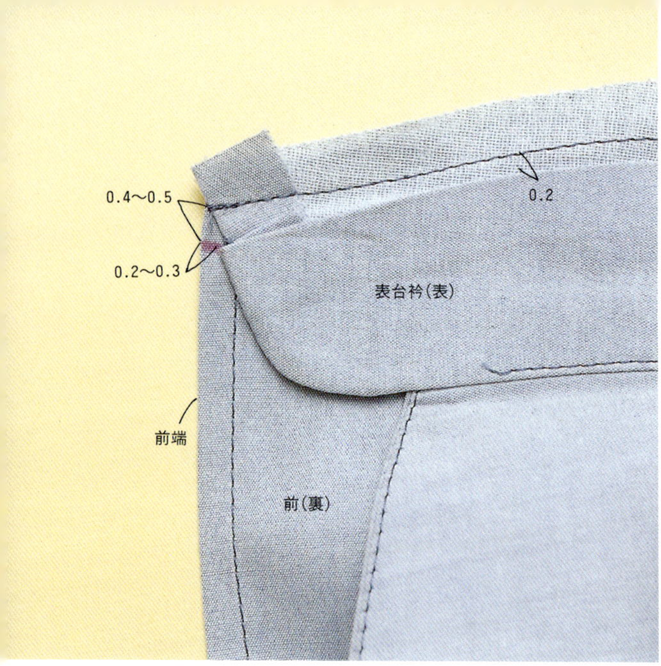

24 裏台衿を身頃裏面に重ね、台衿の先を写真で示したようにずらして、裏台衿つけミシンをかける。ミシンは***22***の折り山より0.2cmぐらい縫い代側にかける。これは表台衿つけ側をステッチで押さえるとき、ミシン目が見えないようにするため。

25
台衿先のはみ出している縫い代をカットする。

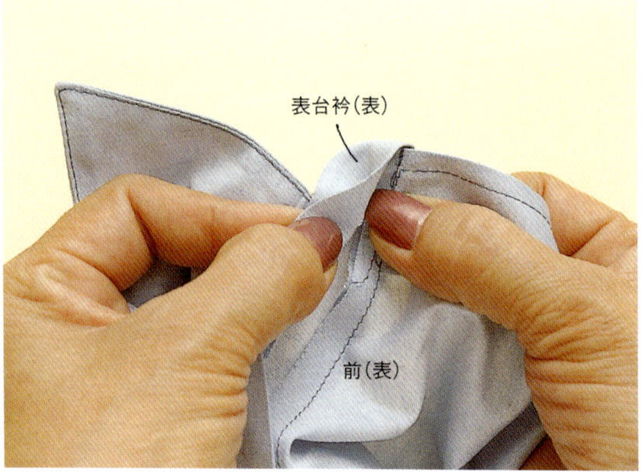

26 台衿つけ縫い代を、台衿の中に入れる。

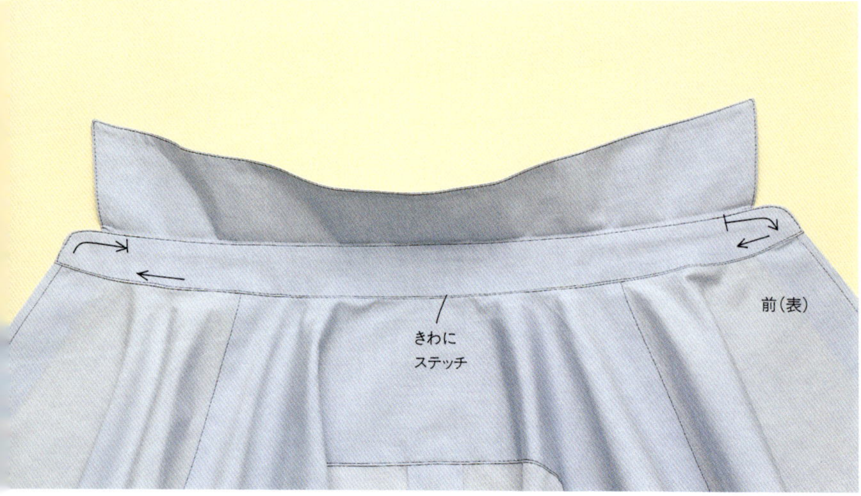

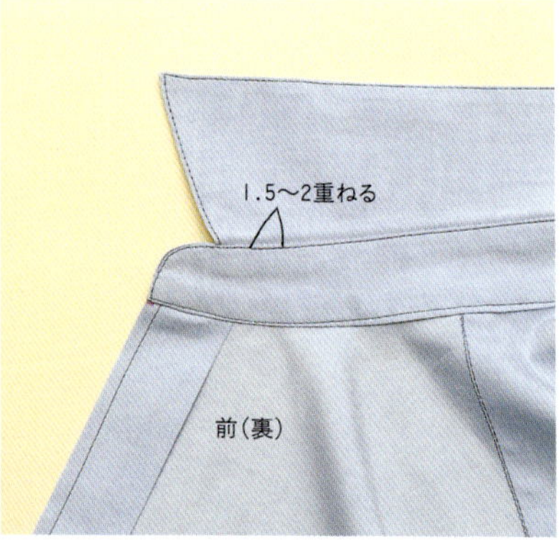

27 表台衿側からステッチで押さえる。かけ始めと終りは***20***のステッチに1.5〜2cm重ね、肩、後ろ中心の合い印を合わせてミシンをかけて出来上り。

●衿つけ縫い代を衿側に倒す衿

スタンドカラー

首にそって立った衿、衿幅は細いデザインのものから広いものまであります。

●パターン、裁断

表衿、裏衿は1cmの縫い代をつけて同じ形に裁つ。衿ぐりの縫い代も1cm。接着芯は表衿、裏衿、見返し分を用意する。

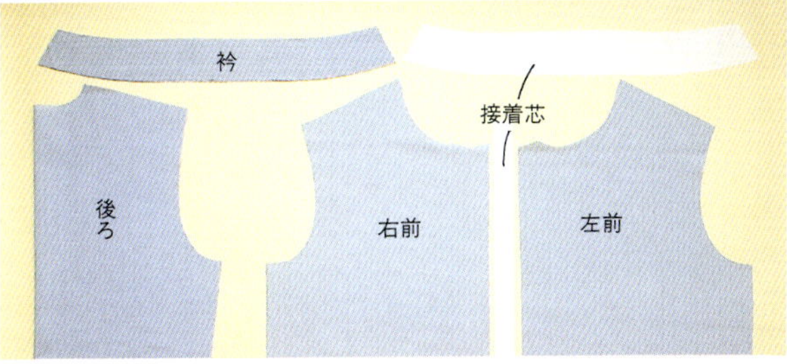

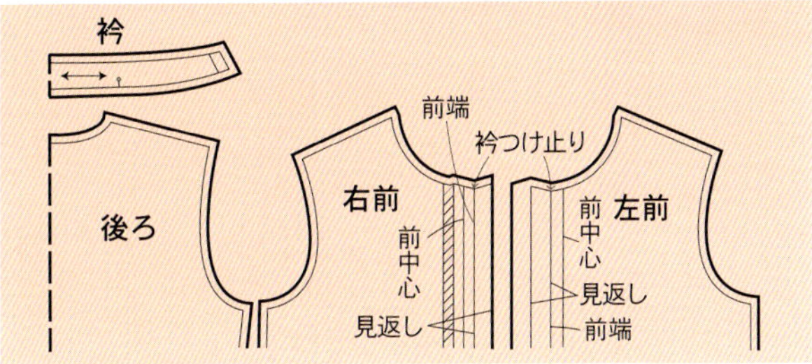

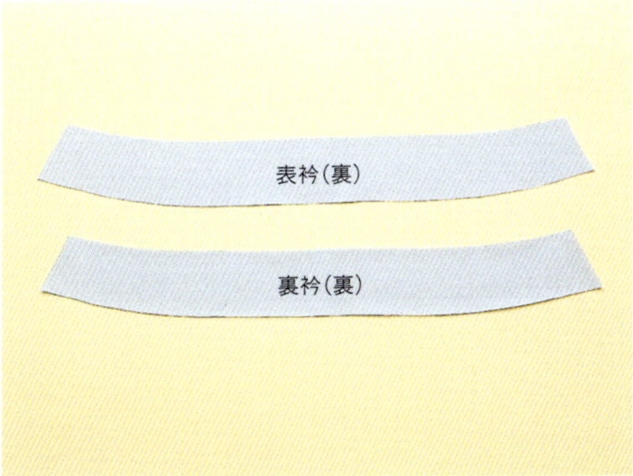

1 表衿、裏衿に接着芯をはる。

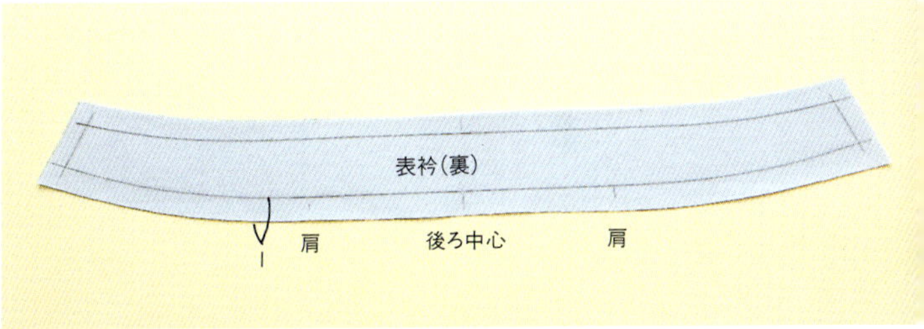

2 表衿の裏面に中縫いライン、合い印をかく（15ページの台衿を参照）。つけ側の縫い代は、1cmに裁ちそろえておく。

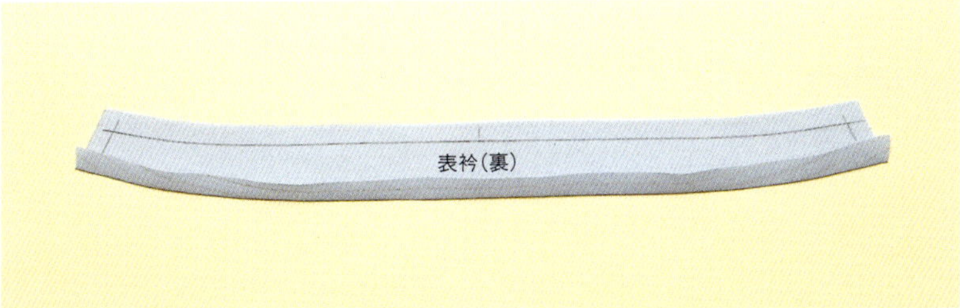

3 表衿のつけ側縫い代をアイロンで折る（16ページ参照）。

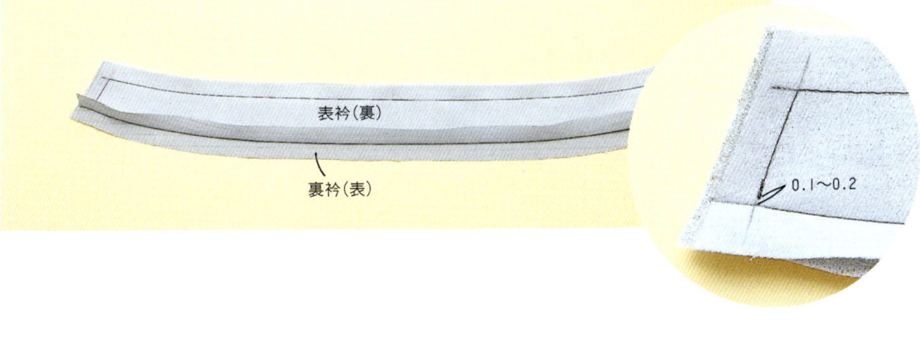

4 表衿と裏衿を中表に合わせて外回りを縫う。出来上りより0.1〜0.2cm（布の厚み分）手前から縫い始め、終りも同じように0.1〜0.2cm手前で縫い止める。

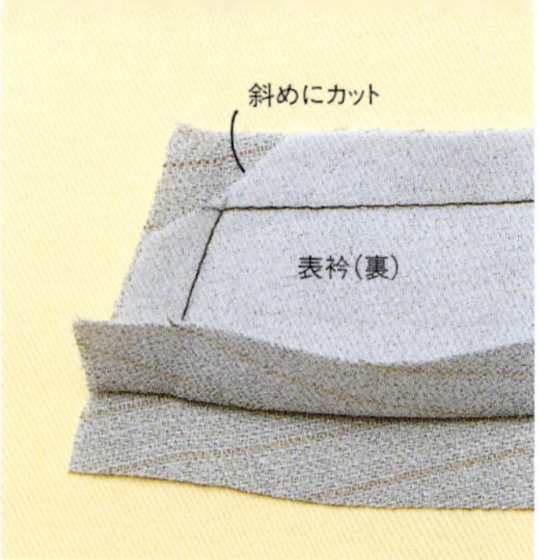

5

衿先の角の縫い代を、表衿側の1枚だけを斜めにカットする。厚地の場合は2枚カットするが、薄地の場合は1枚だけのほうが安定感がある。

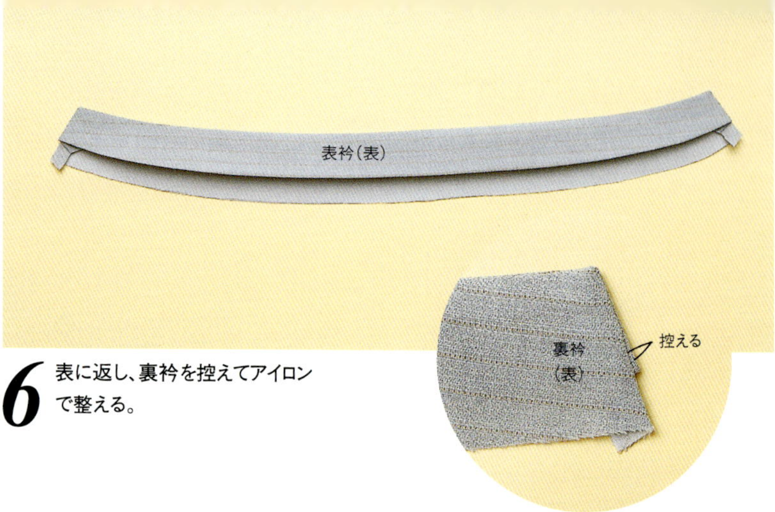

6

表に返し、裏衿を控えてアイロンで整える。

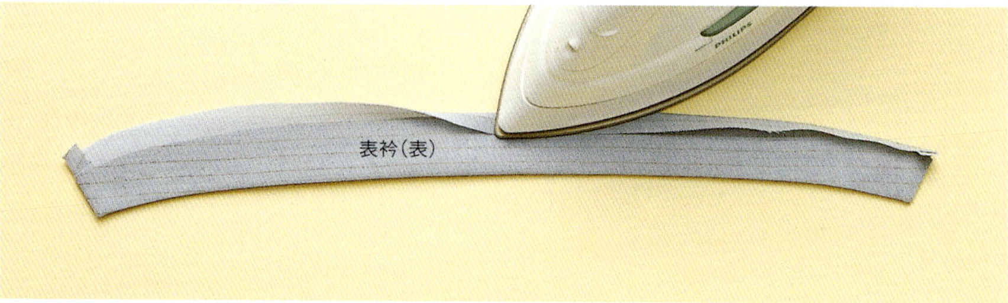

7

裏衿つけ側の縫い代を、表衿つけ線より0.2cmぐらい出して折る。

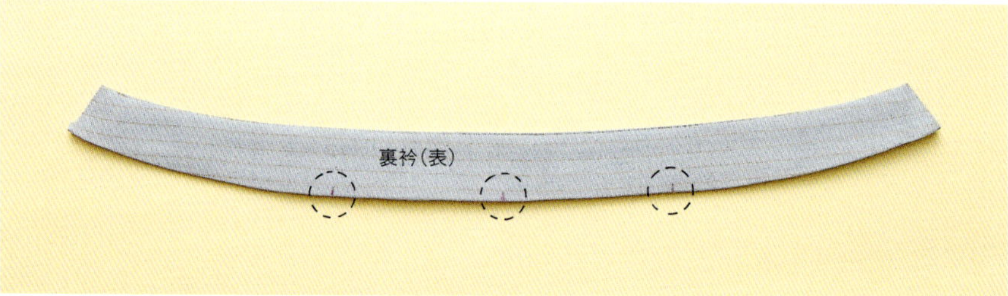

8

裏衿つけ側に、後ろ中心と肩の合い印をつける。

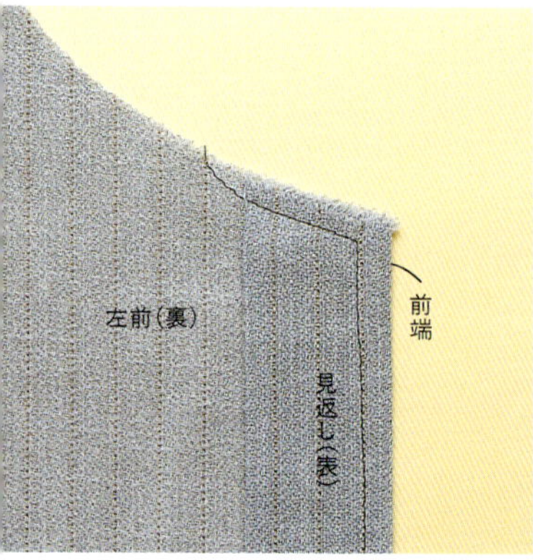

9

身頃は見返しの裏面に接着芯をはり、前端から出来上りに折ってステッチをかける。左前端は見返しの端がふられているので、見返しの衿ぐりは前端のステッチから続けてミシンで押さえておく。次に肩を縫い合わせる。

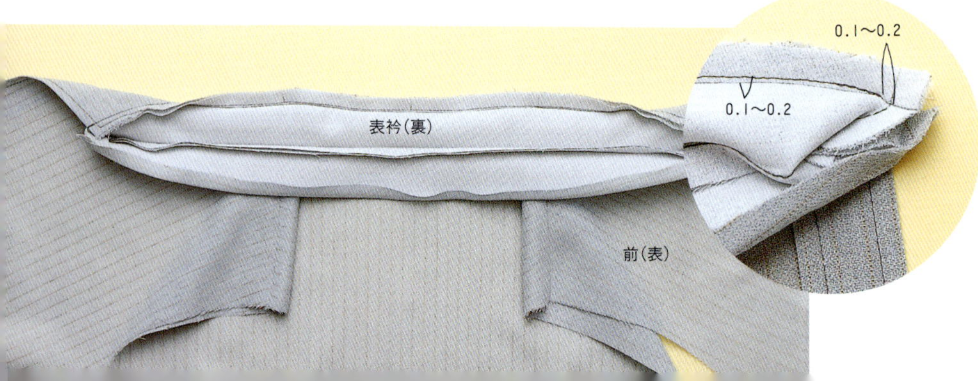

10

表衿と身頃を中表に合わせて衿つけミシンをかける。縫始めと終りは、表衿を身頃の前端より0.1〜0.2cm(布の厚み分)出して合わせ、つけ側縫い代の折り山より0.1〜0.2cm縫い代側にミシンをかける。

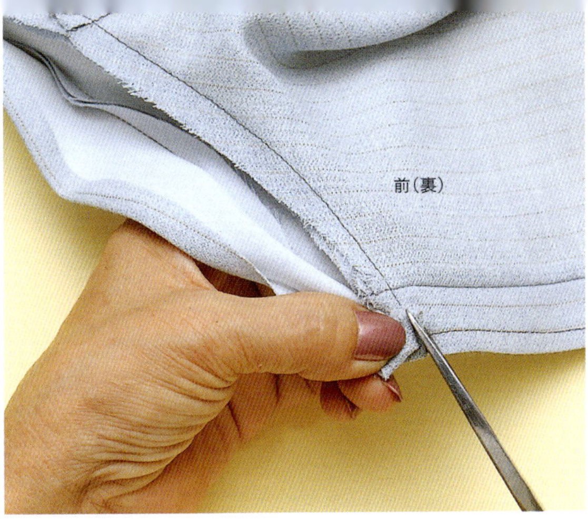

11 衿端から飛び出している余分な縫い代をカットする。

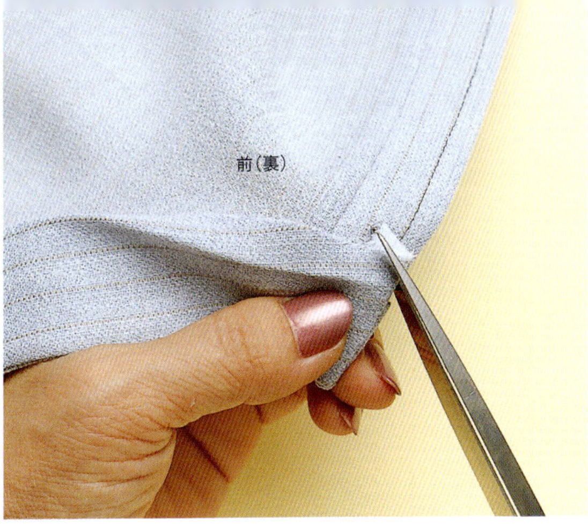

12 裏衿のつけ側縫い代の端を、少し斜めにカットする。これは折り込む分量を減らすため。

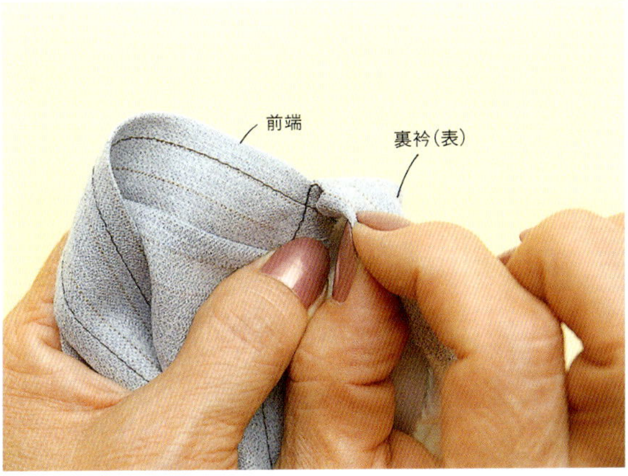

13

裏衿端は、衿つけ線の縫い代で、衿の前端縫い代をくるむようにして折り込む。

14

表衿つけ縫い目に落しミシンをかけて、裏衿つけ線を縫い止める。前端は1針入った位置から縫い始め、終りも前端の1針手前で縫い止める。これは前端を引き込まないようにするため。

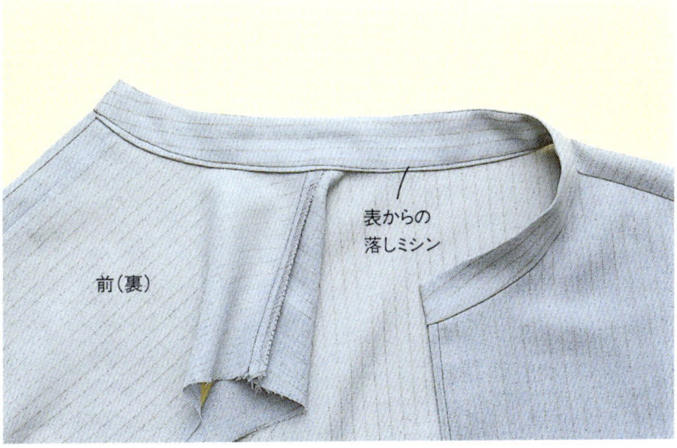

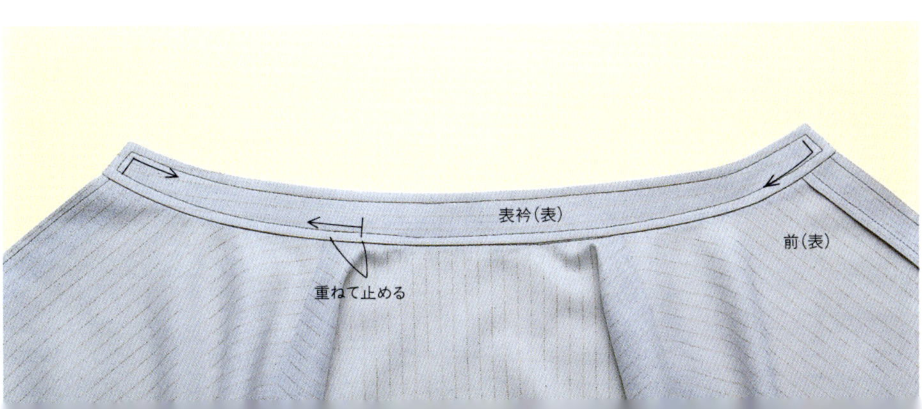

15

衿の周囲にステッチをかける。ステッチはつけ線の後ろ肩から返し縫いをしないでかけ始め、ぐるっと1周して、最初のミシン目に重ねて止める。出来上り。

●衿つけ縫い代を衿側に倒す衿

チャイナカラー

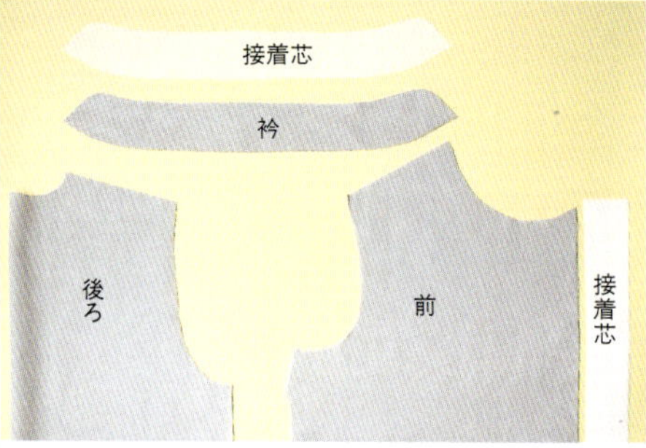

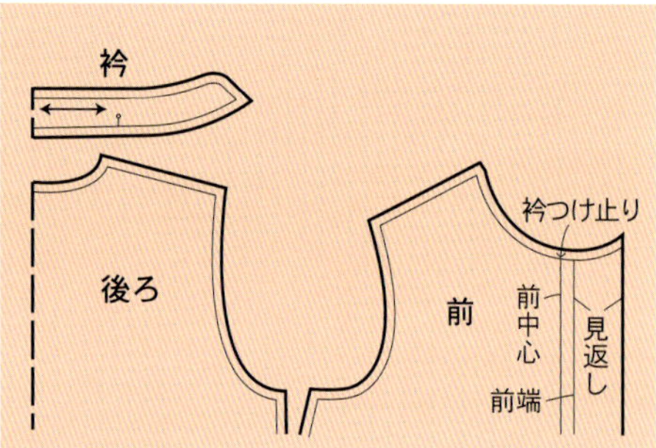

スタンドカラーの一種で、中国服に多く使われる衿。仕立て方はスタンドカラーと同じですが、前中心から衿をつける縫い方です。

●パターン、裁断

衿は1cmの縫い代をつけ、表衿、裏衿を同じ形に裁つ。衿ぐりの縫い代も1cm。接着芯は表衿、裏衿、前見返し分を用意する。

1

表衿、裏衿とも接着芯をはり、表衿は裏面に中縫いラインと合い印をかく（15ページの台衿を参照）。

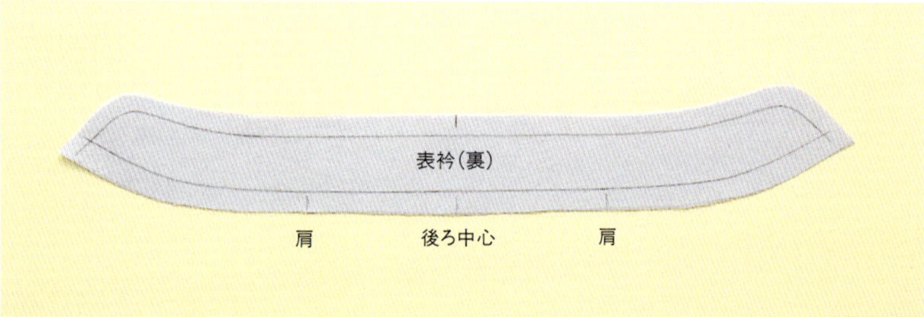

2

表衿はつけ側縫い代を1cmに裁ちそろえてからアイロンで折り、裏衿と中表に合わせて外回りを縫う。ミシンは出来上りより0.1〜0.2cm（布の厚み分）手前から縫い始め、終りも0.1〜0.2cm手前で縫い止める。

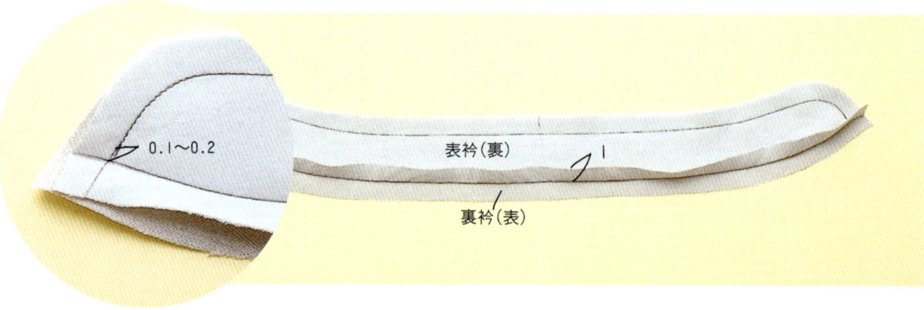

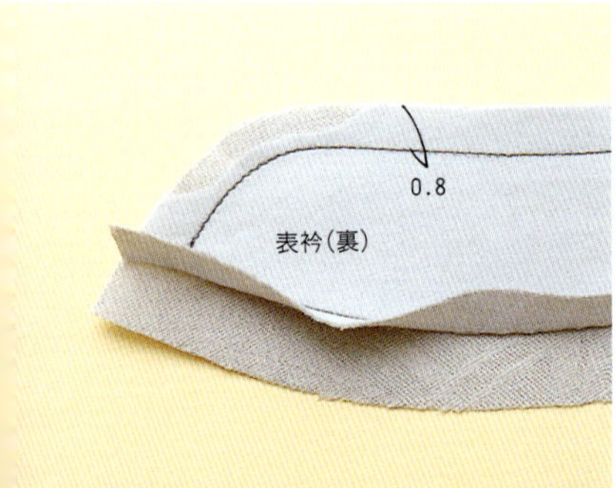

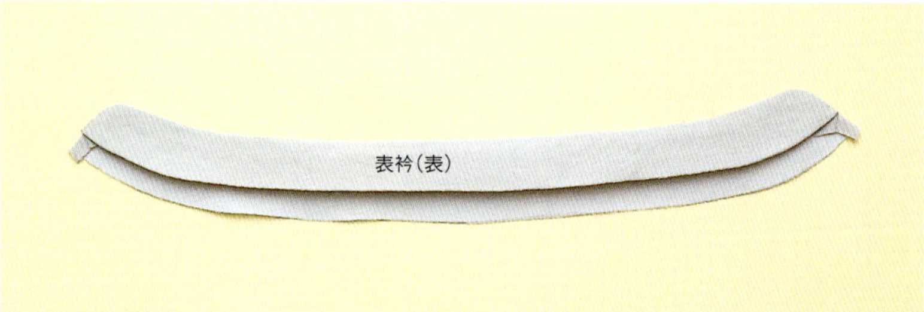

3

衿外回りの縫い代を0.8cmぐらいに裁ちそろえ、カーブの部分は表衿の縫い代だけを細くカットする。

4

表に返し、裏衿を控えてアイロンで整える。

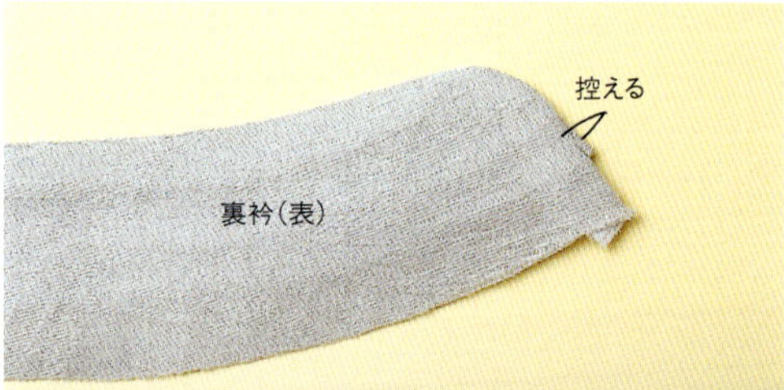

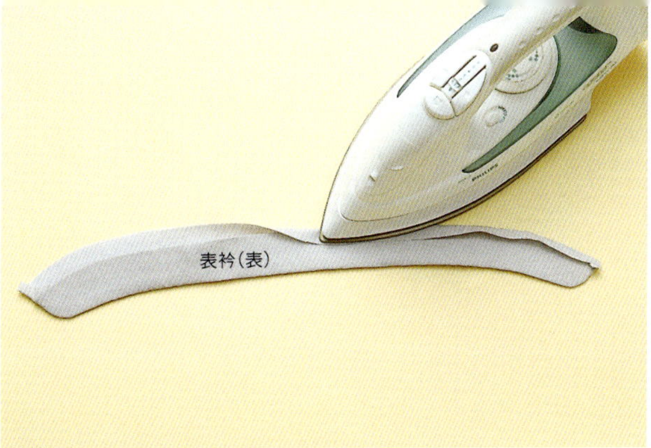

5 裏衿つけ側の縫い代を表衿よりも0.2cmぐらい出してアイロンで折る。

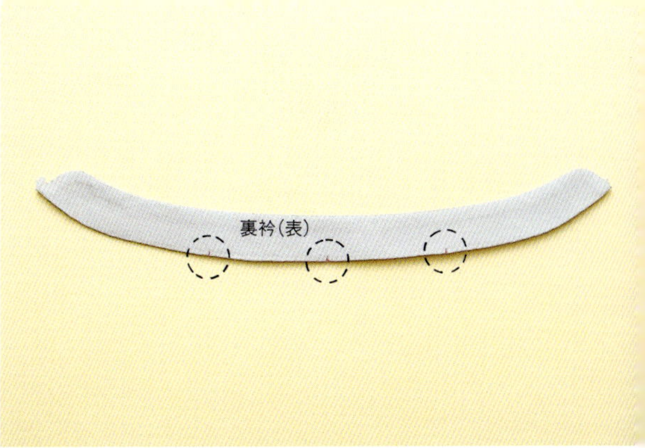

6 裏衿のつけ側に肩、後ろ中心の合い印をしるす。

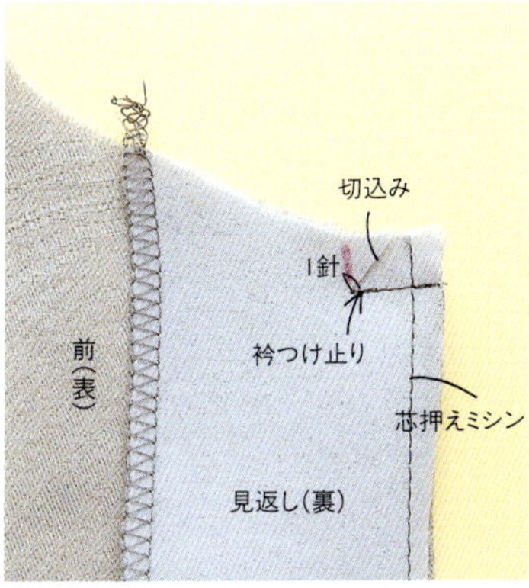

7 前身頃は見返しに芯をはり、ロックミシン、芯押えミシンをかける。見返しを中表に折って前端から衿つけ止りの1針先(布地の厚み分)まで縫う。次に縫止りに斜めに切込みを入れる。

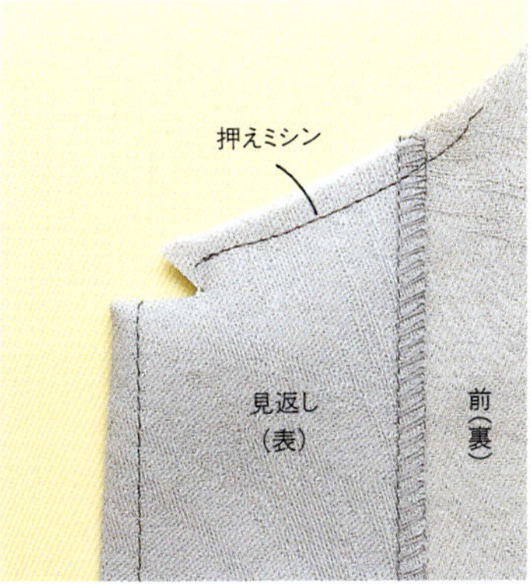

8 見返しを表に返して前端を整え、見返しの衿ぐり縫い代をミシンで押さえる。

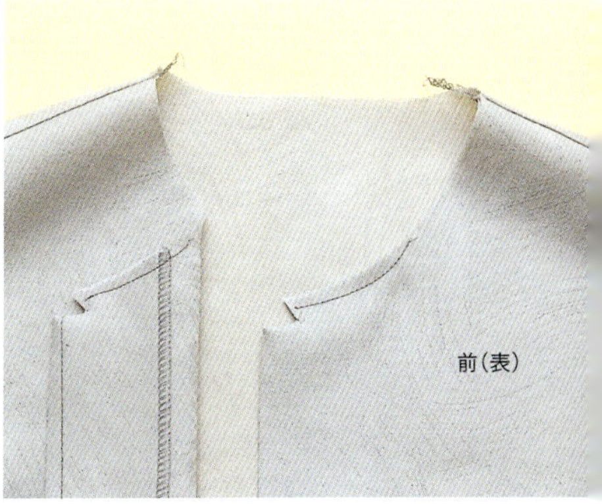

9 身頃の肩を縫い合わせる。

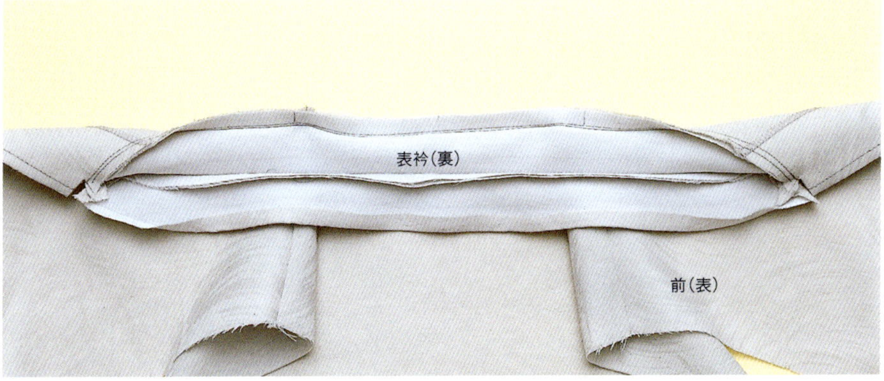

10
表衿と身頃を中表に合わせ、表衿の端を衿つけ止りにきちんと合わせて、衿つけミシンをかける。ミシンは表衿つけ側の折り山より0.1〜0.2cm縫い代側を縫う。

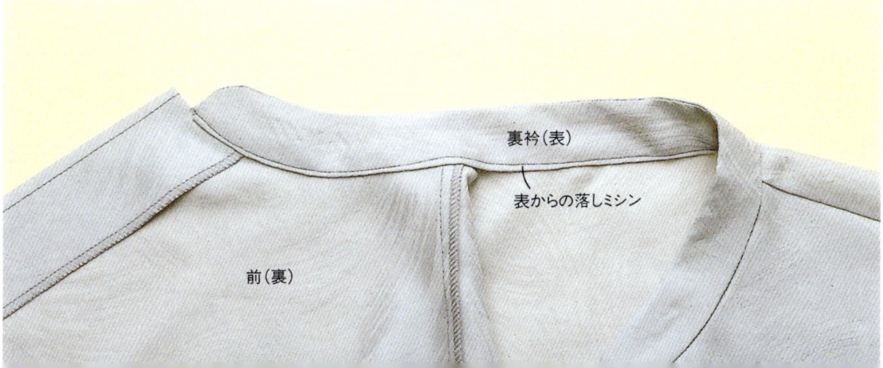

11
衿つけ縫い代を衿の中に入れて整え(21ページ参照)、表衿つけ縫い目に落しミシンをかけて、裏衿を止める。出来上り。

●衿つけ縫い代を衿側に倒す衿

タイカラー

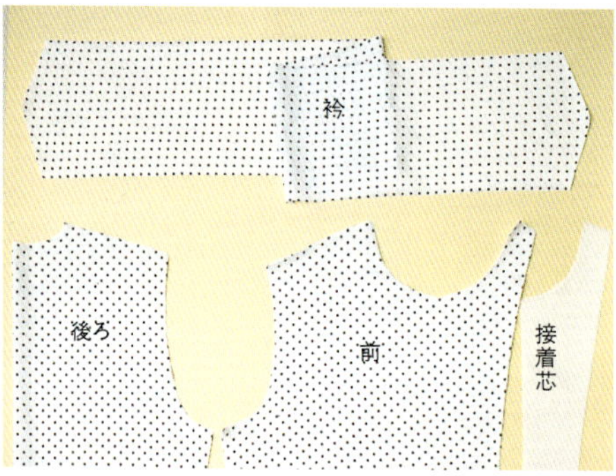

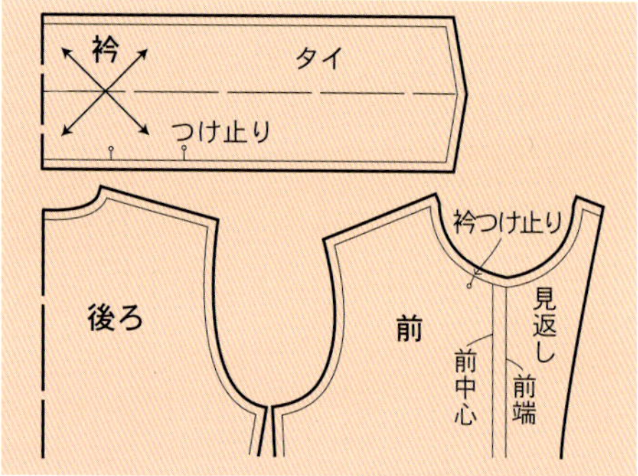

衿とタイが続いた衿。ここでは直線の衿をバイアス裁ちにして、柔らかな感じに仕上げます。

●パターン、裁断

衿の周囲、身頃衿ぐりとも1cmの縫い代で裁断する。衿つけ止りはタイを結んだときの厚み分を考慮して、前中心から2～3cm離す。

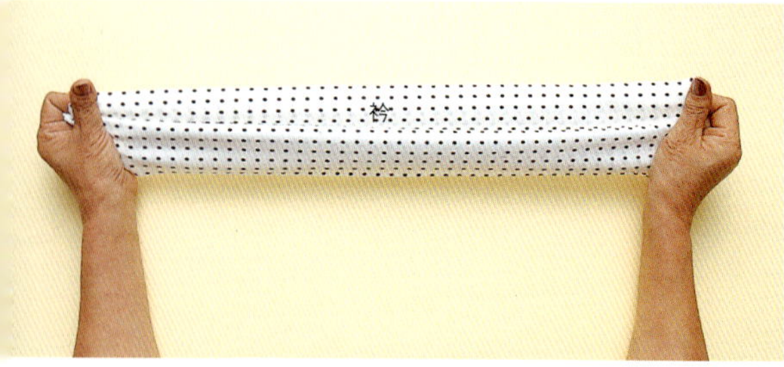

1 衿はバイアス裁ちなので、後ろ中心をわにして折り、軽く左右に引いて伸ばしておく。

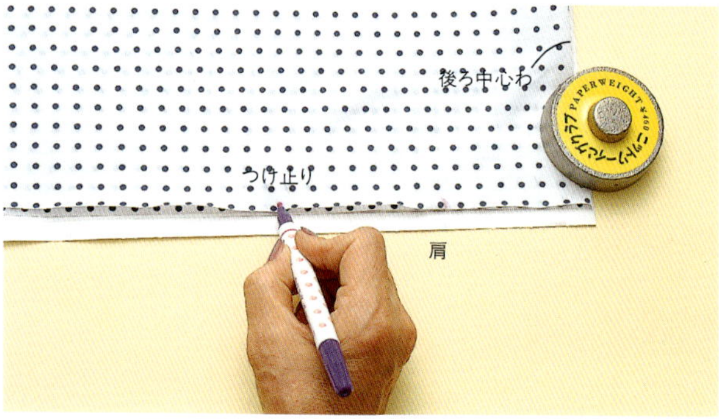

2 後ろ中心から中表に折り、パターンを当てて肩、つけ止りの合い印をつける。

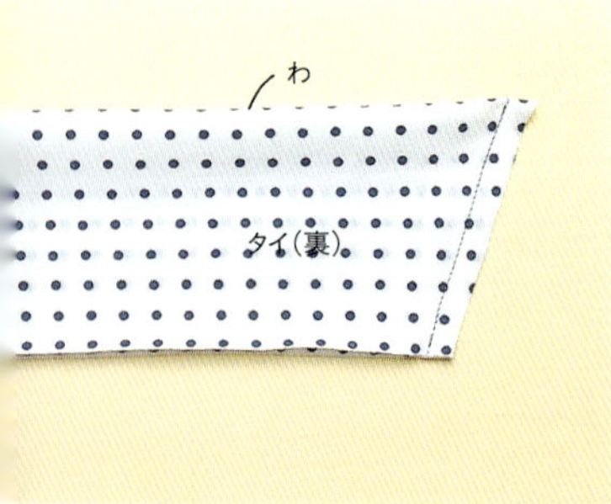

3 タイの先を中表に折って端だけ縫う。

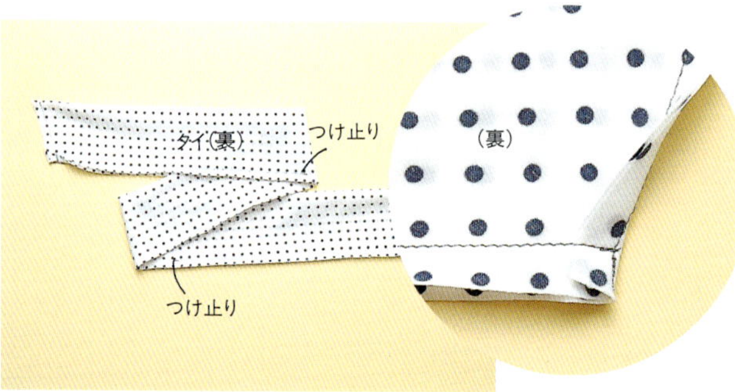

4 タイの端からつけ止りまでを中表に縫う。このとき端は3の縫い代を折って縫うと返しやすい。

5 縫い代をアイロンで片側に倒す。このとき縫い代を倒したほうを表衿にする。表衿側のつけ線は折り山を延長してアイロンで折る。

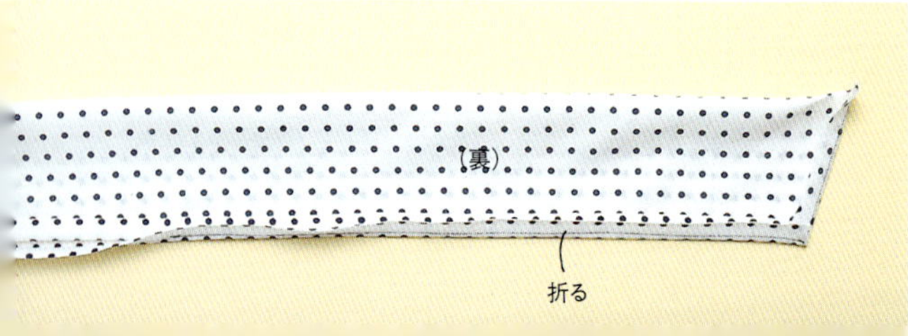

6 裏衿つけ側のつけ止り(縫止り)に、ミシン目の少し手前まで斜めに切込みを入れる。

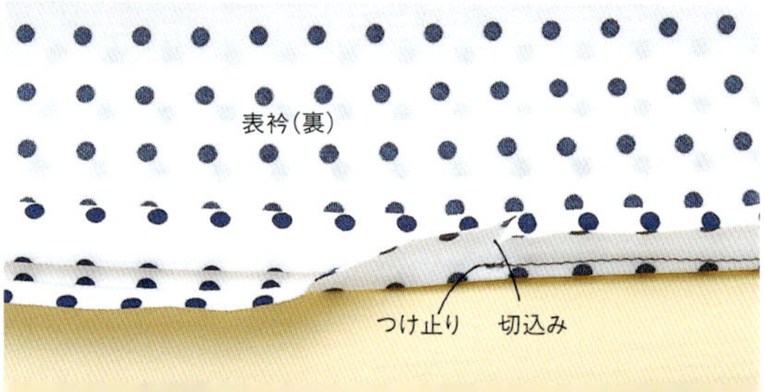

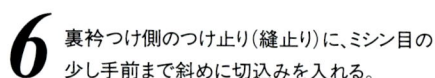

7 タイ先端のわの部分の飛び出した縫い代をカットする。

8 表に返し、裏衿側をアイロンで整える。次に裏衿つけ線は表衿よりも0.2〜0.3cm出して縫い代を折り込む。

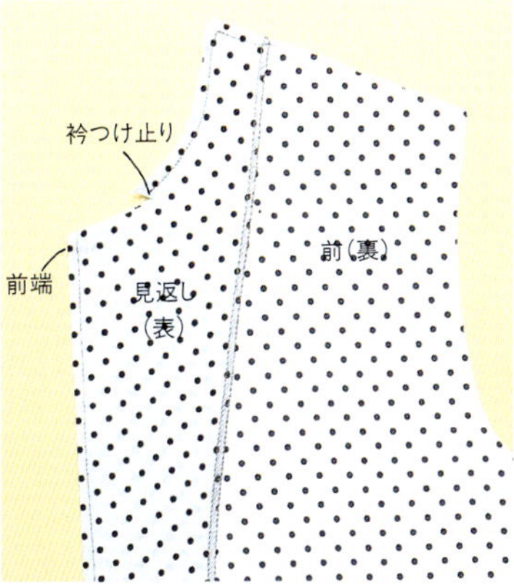

9 身頃は前端から衿つけ止りまでを縫い、衿つけ止りに切込みを入れてから表に返して整える（23ページ参照）。衿ぐりには押えミシンをかける。

10 身頃の肩を縫い合わせてロックミシンをかける。

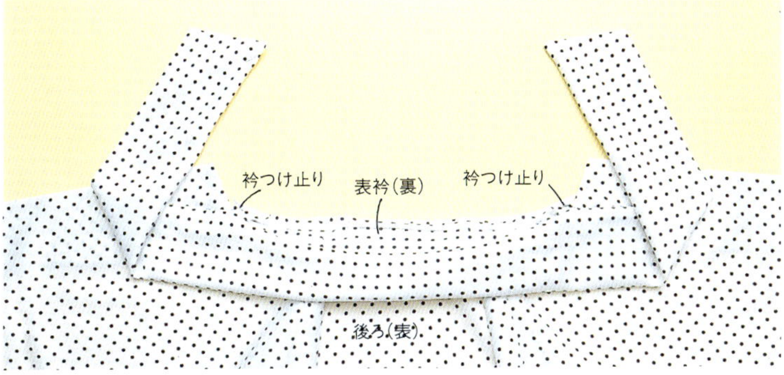

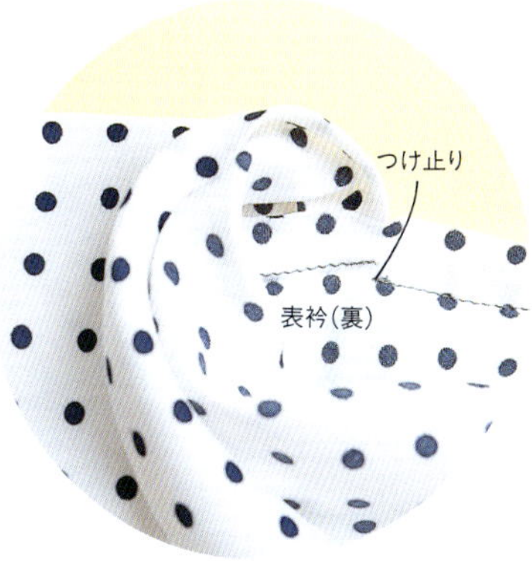

11 身頃と表衿を中表に合わせ、衿つけ止りから衿つけ止りまでを縫う。

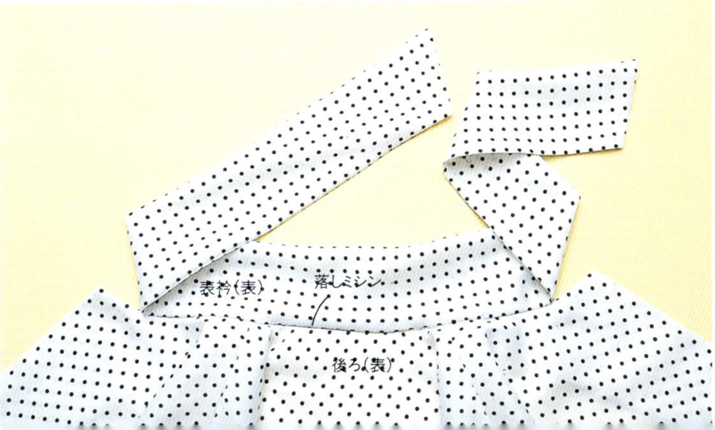

12 縫い代を衿の中に入れ、表衿つけ縫い目に落しミシンをかけて裏衿を止める。出来上り。

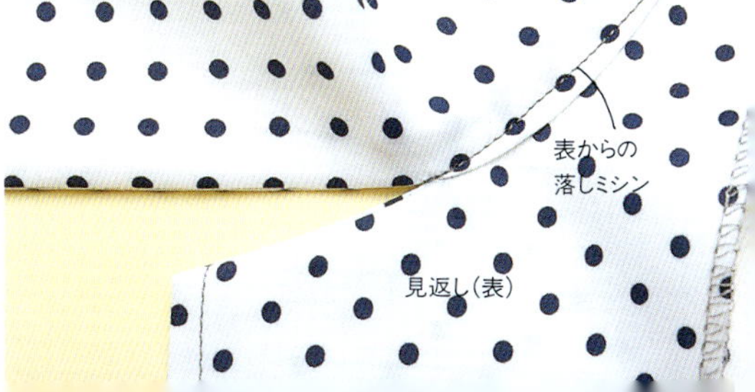

●衿つけ縫い代を前は身頃側、後ろは衿側に倒す衿

シャツカラー

シャツやブラウスにつける一般的な衿。前は身頃と見返しで衿をはさみ、後ろは衿の中に縫い代を入れます。

●パターン、裁断
衿の周囲と身頃衿ぐりの縫い代は1cm、前端見返しは身頃から裁ち出す。接着芯は表衿、前見返し分を用意する。

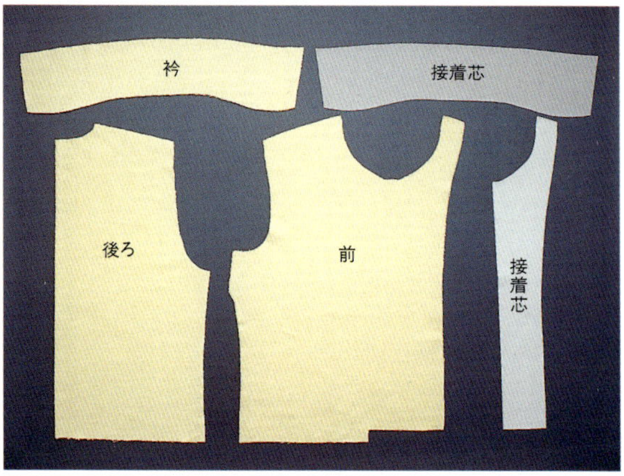

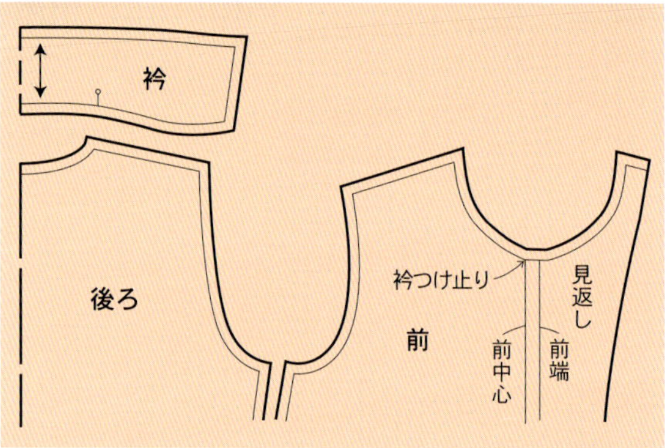

1

表衿の裏面に接着芯をはる。

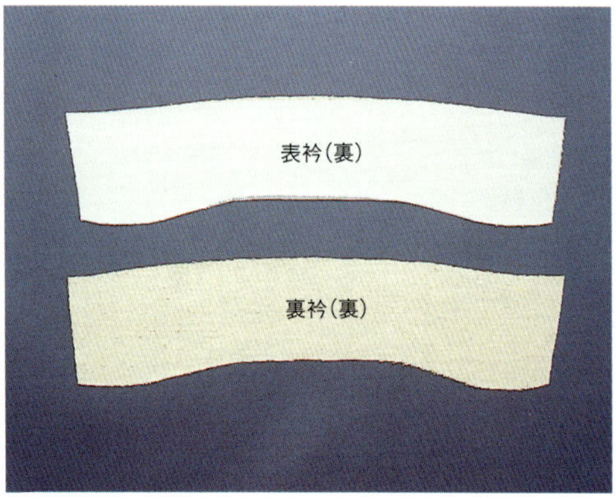

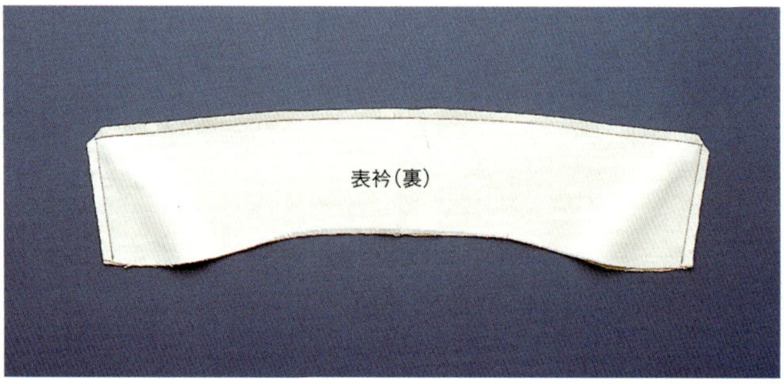

2

表衿裏面に中縫いラインをかき、裏衿と中表に合わせて、表衿にゆとりを入れて外回りを縫う。縫い代は0.5cmぐらいにカットする(6〜8ページ参照)。

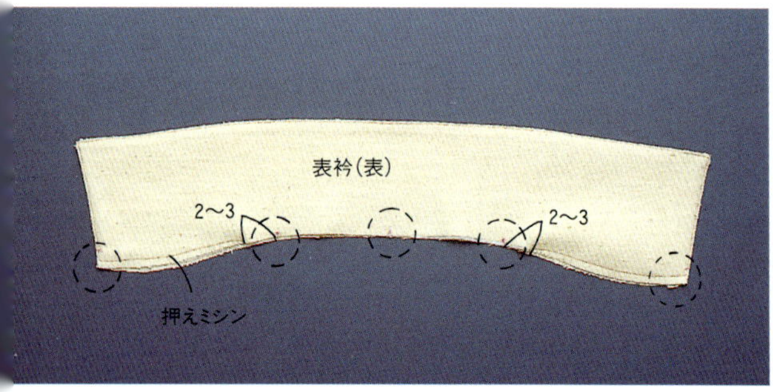

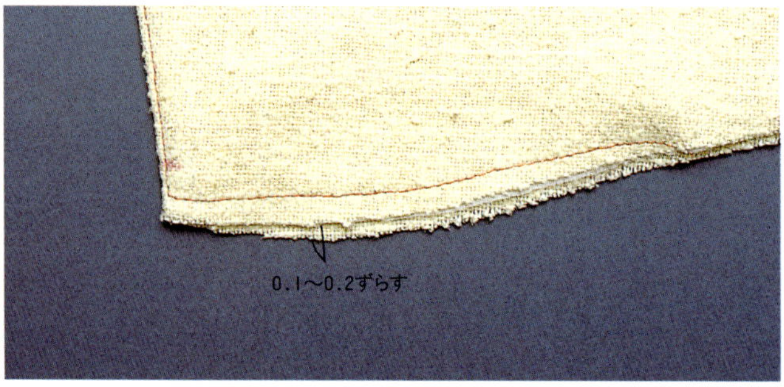

3

衿を表に返して整え、衿つけ線に肩、後ろ中心の合い印をしるす。衿幅の印もつける(8ページ参照)。次に、肩の合い印の2〜3cm手前から前側つけ線縫い代に押えミシンをかけ、続けて外回りにステッチをかける。

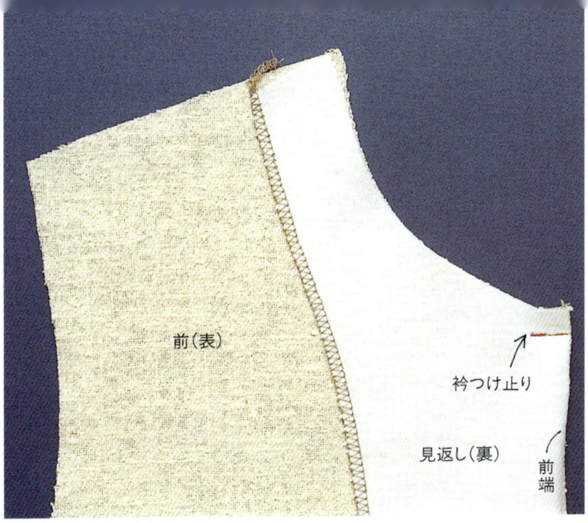

4 前身頃は見返しに芯をはり、ロックミシンをかけておく。見返しを中表に折って、前端から衿つけ止りまでを縫う。

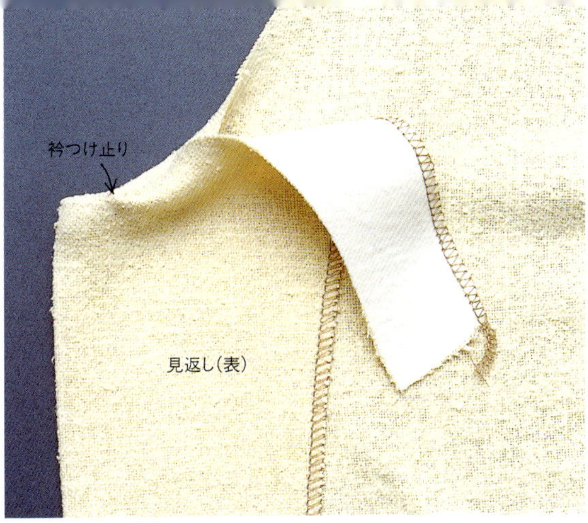

5 そのまま表に返し、衿つけ止りまでをアイロンで整える。衿つけ止りに切込みは入れない。

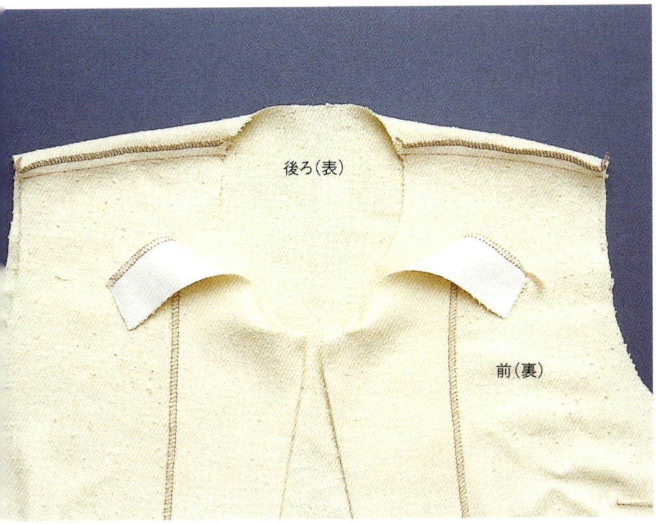

6 見返しをよけて身頃の肩を縫い合わせる。縫い代にロックミシンをかけて後ろに倒す。

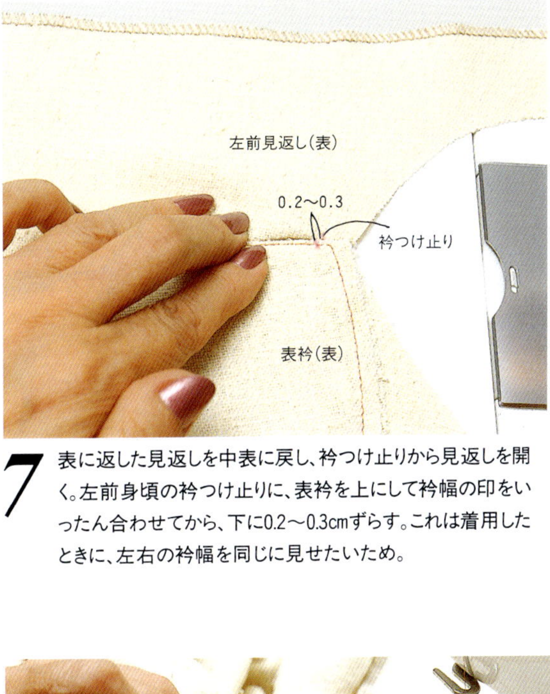

7 表に返した見返しを中表に戻し、衿つけ止りから見返しを開く。左前身頃の衿つけ止りに、表衿を上にして衿幅の印をいったん合わせてから、下に0.2〜0.3cmずらす。これは着用したときに、左右の衿幅を同じに見せたいため。

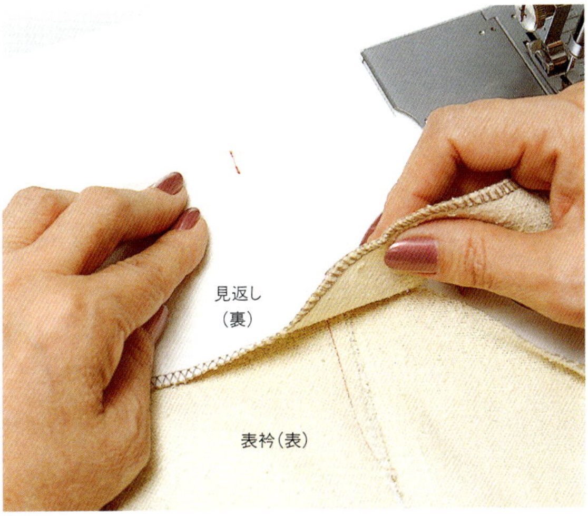

8 表衿の上に見返しをかぶせる。

9 衿つけ止りから2〜3針返し縫いをし、布に針を刺した状態でミシンを止め、身頃、衿、見返しの肩の印を合わせて持つ。

10 身頃、見返しの衿ぐりを、衿のつけ線にそわせてバランスをみる。

11 見返しは芯をはってあるため、そわせにくい場合は、見返しにだけ浅く切込みを入れて、衿のつけ線にそわせる。

12 肩の1.5〜2cm手前まで縫う。そこでミシンを止め、針を刺したまま押え金を上げる。

13 ミシン針のきわまで、4枚一緒に切込みを入れる。

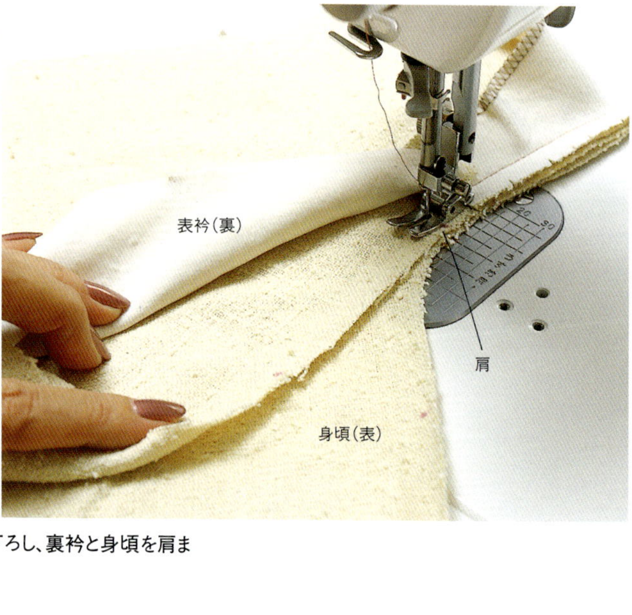

14 上の2枚(見返しと表衿)をよけて押え金を下ろし、裏衿と身頃を肩まで縫い、針を刺した状態でミシンを止める。

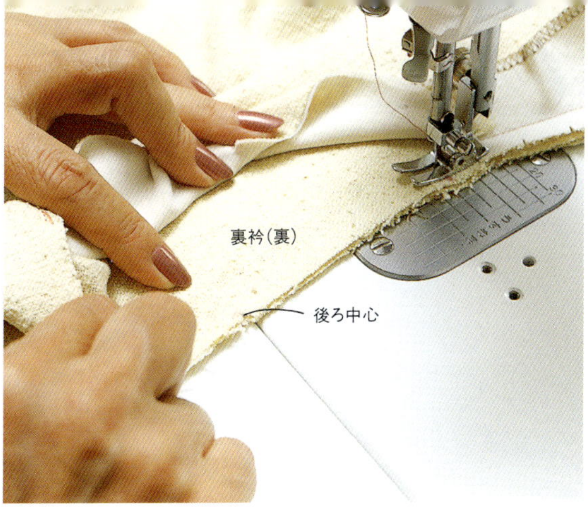

15 裏衿と身頃の後ろ中心を合わせて、身頃衿ぐりを衿にそわせて持つ。身頃衿ぐりがつれてそわせにくい場合は、浅く切込みを入れる。

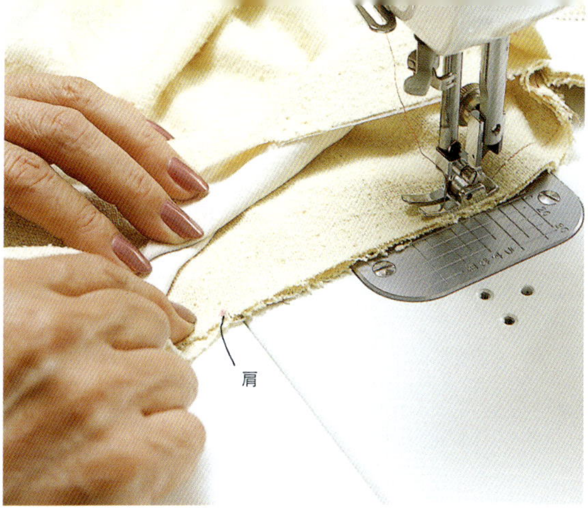

16 後ろ中心まで縫い、ミシンを止める。裏衿と身頃の肩を合わせ、身頃衿ぐりを衿にそわせる。

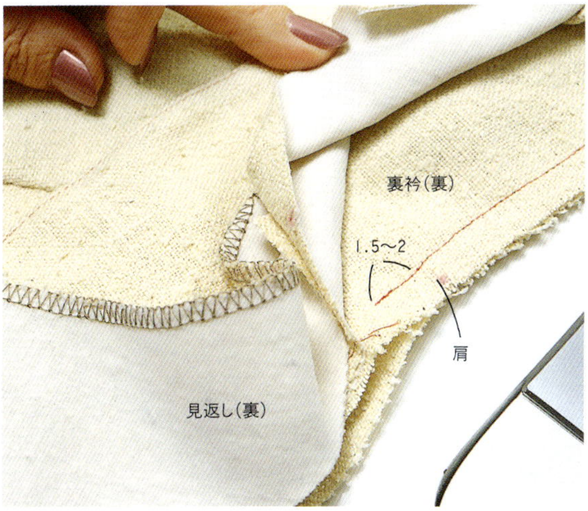

17 裏衿と身頃を肩の1.5〜2cm先まで縫い、返し縫いをして止め、ミシンから外す。慣れてきたら縫い止めずに、肩のあたりでミシンを止め、左前と同じように4枚一緒に切込みを入れて続けて縫うといい。

18 見返し、表衿、裏衿、身頃の4枚の肩の合い印をきちんと重ね、身頃側から縫い止めた位置に、4枚一緒に切込みを入れる。

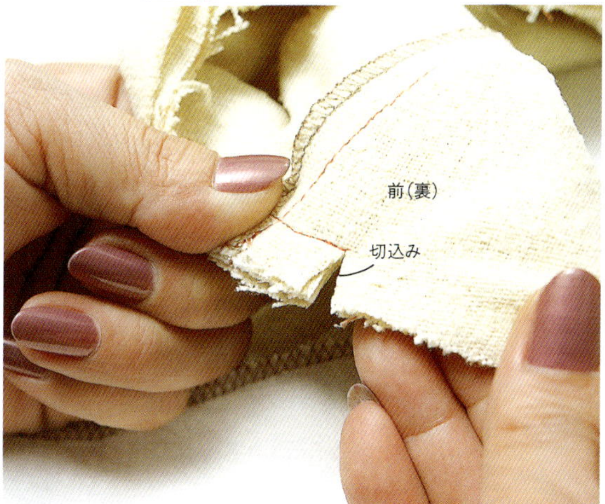

19 *17*の縫い目に2cmぐらい重ねた位置から、再度ミシンをかけ始める。

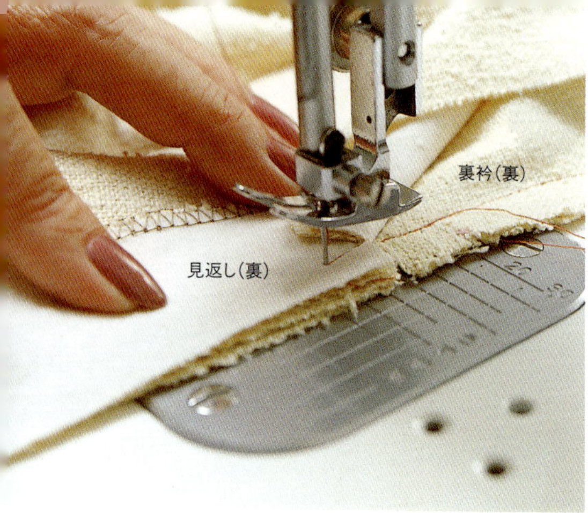

20 切込みまでは見返しと表衿をよけて裏衿と身頃の2枚を縫い、切込みから先は4枚を一緒に縫う。少し縫ったところで、ミシンを止める。

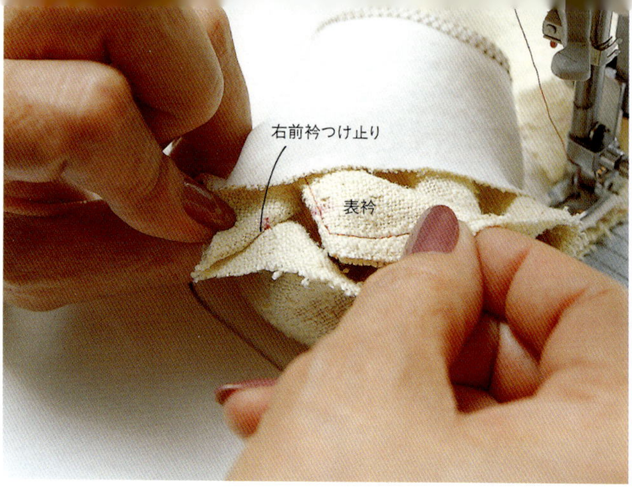

21 右前身頃の衿つけ止りと衿の前幅の印を合わせる。

22 左前側と同じ要領で衿に身頃と見返しをそわせ、衿つけ止りまで縫う。

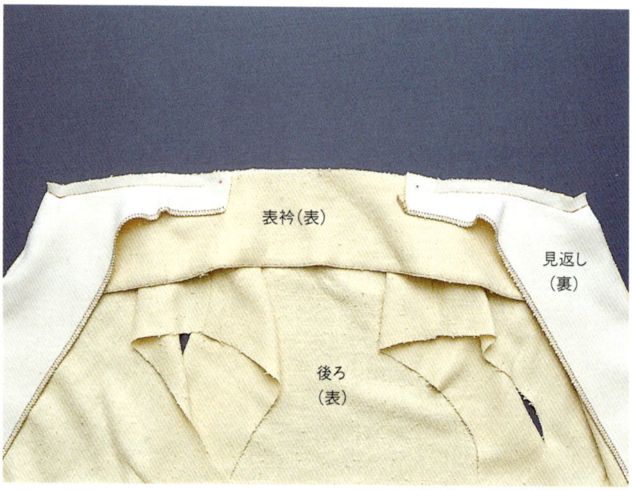

23 衿つけミシンの終わった状態。

24 前衿つけ縫い代に押えミシンをかけ（縫い代を押さえ、薄く仕上げるため）、つれないように4枚一緒に切込みを入れる。

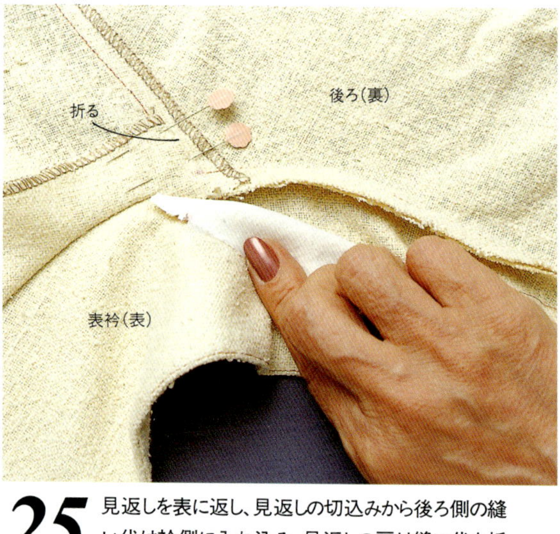

25 見返しを表に返し、見返しの切込みから後ろ側の縫い代は衿側に入れ込み、見返しの肩は縫い代を折っておく。

26 表衿のつけ側縫い代を折り込み、衿つけのミシン目にかぶせる。

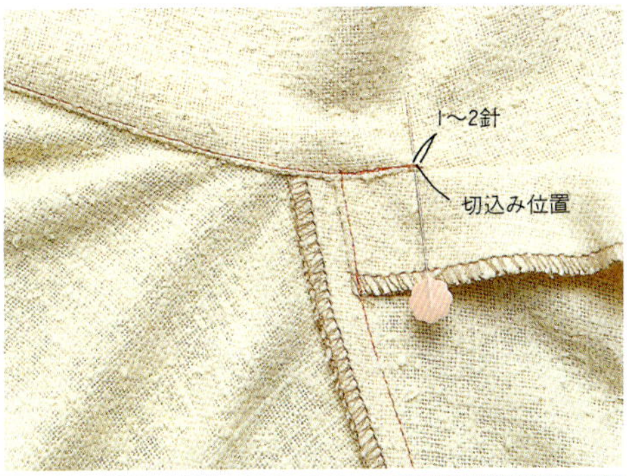

27
表衿の後ろ衿つけ線に押えミシンをかける。見返しの肩からもう一方の見返しの肩まで続けてミシンをかけるが、衿つけ線は前の切込み位置より1〜2針先までかけてから戻って、後ろ衿つけ線を止める。

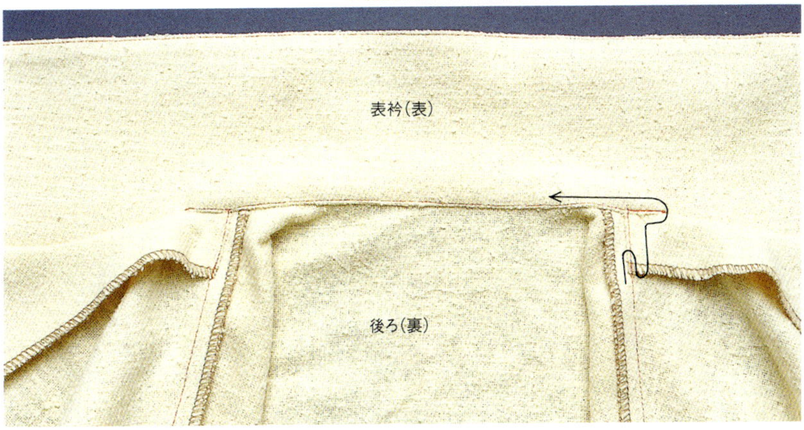

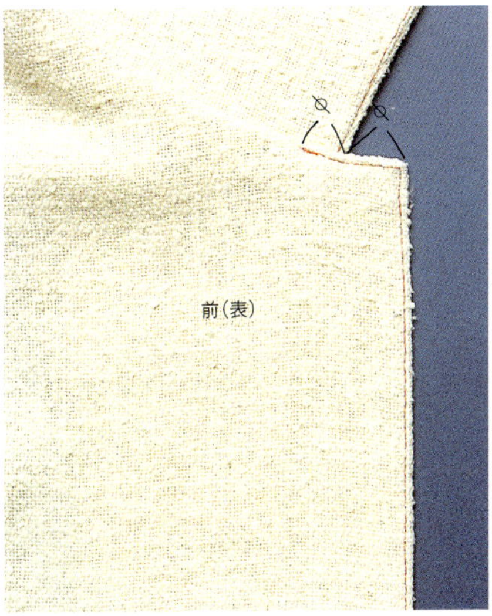

28 身頃前端にステッチをかける。ステッチは、衿つけ止りより先までかけておくと、衿がきれいに立ち上がる。

29
左右の衿幅を比べると、左のほうが長く仕上がっている。

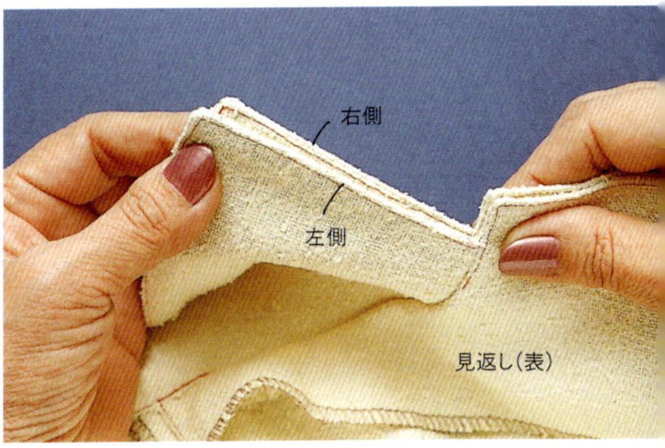

30 出来上り。

●衿つけ縫い代を前は身頃側、後ろは衿側に倒す衿

オープンカラー

ラペルに上衿がつき、衿もとで左右に開いている、開衿とも呼ばれる衿。前衿ぐりが角になっている場合の縫い方です。

●パターン、裁断

衿、衿ぐり、前端、ラペルの縫い代はすべて1cm。表衿と裏衿、表ラペルと裏ラペルは同じ形に裁つ。

接着芯は表衿、見返し分を用意する。

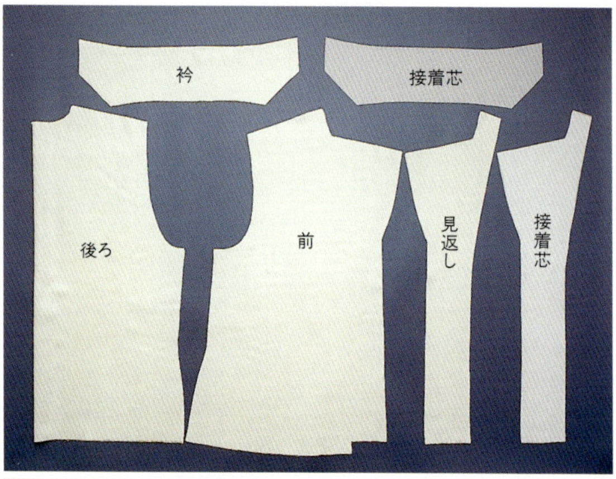

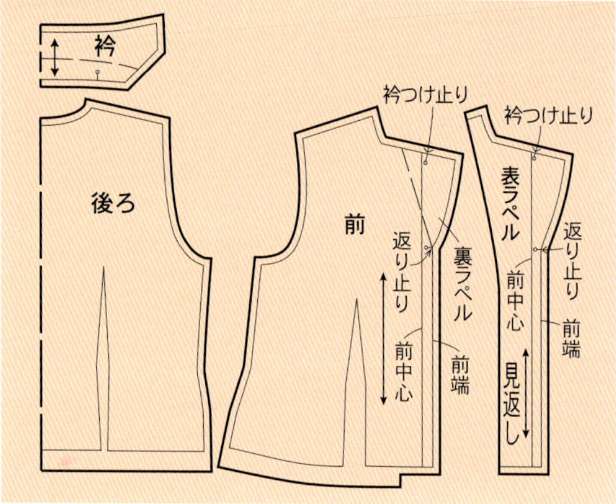

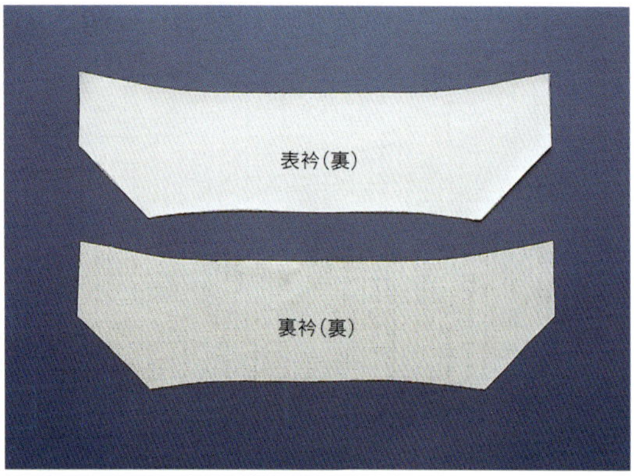

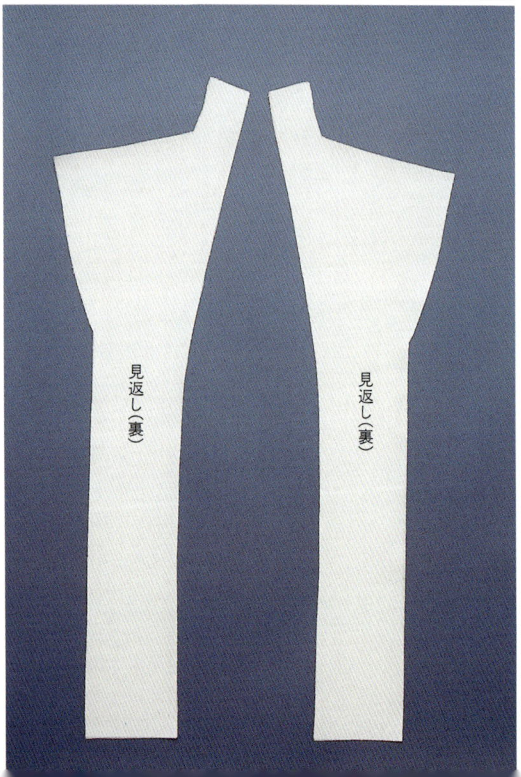

1 表衿、見返しの裏面に接着芯をはる。

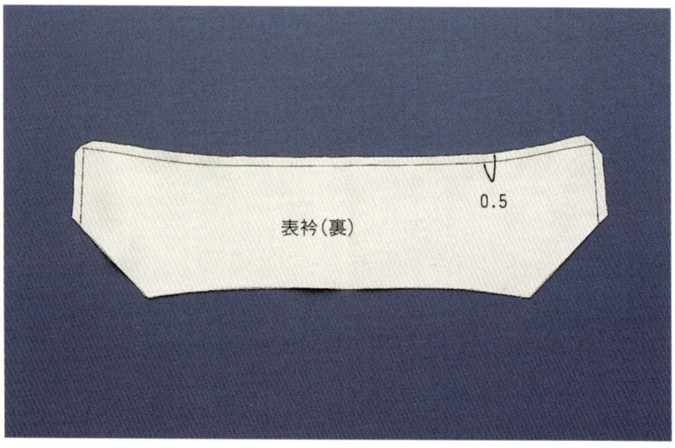

2 表衿の裏面に中縫いラインをかき、裏衿と中表に合わせる。表衿にゆとりを入れながら外回りを縫い、縫い代を整える(6～8ページ参照)。

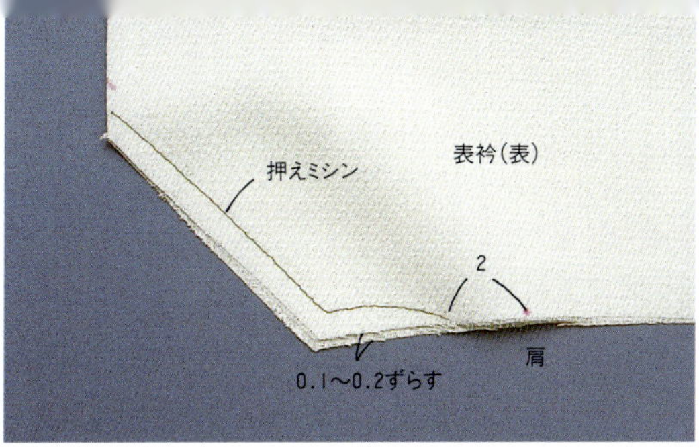

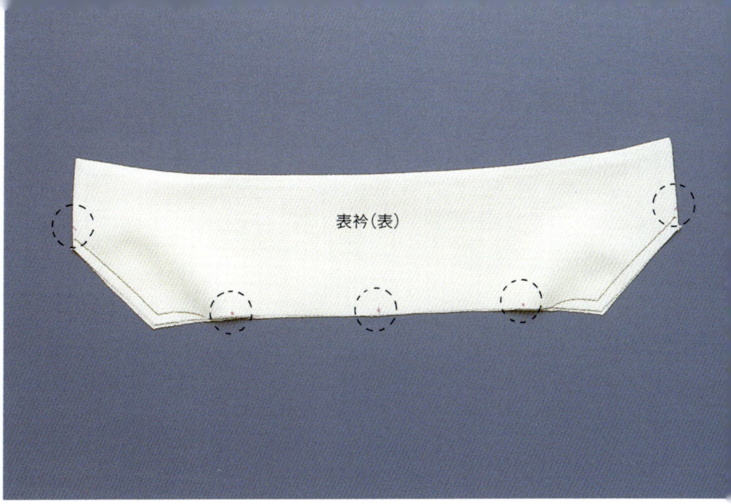

3 衿を表に返して整え、衿のつけ線に後ろ中心、肩、衿幅の合い印をつける（8ページ参照）。次に肩の合い印の2cmぐらい手前から前側つけ線の縫い代に、押えミシンをかける。このとき、表衿を0.1〜0.2cm控えて表衿幅にゆとりを入れる。

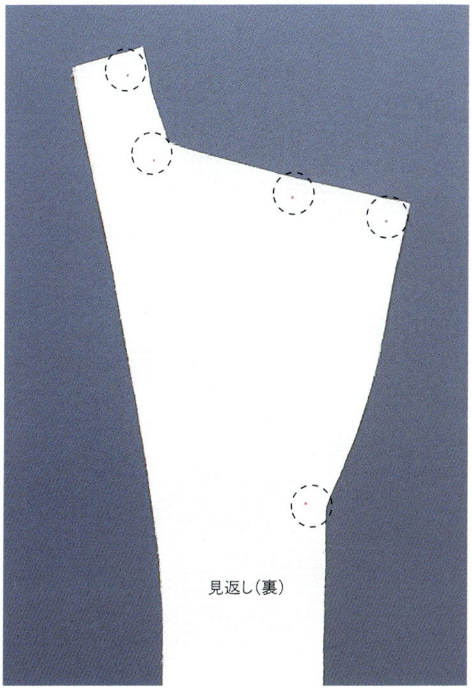

4 見返しの裏面に肩、衿ぐりの角、衿つけ止り、ラペルの角、返り止りの合い印をつける。

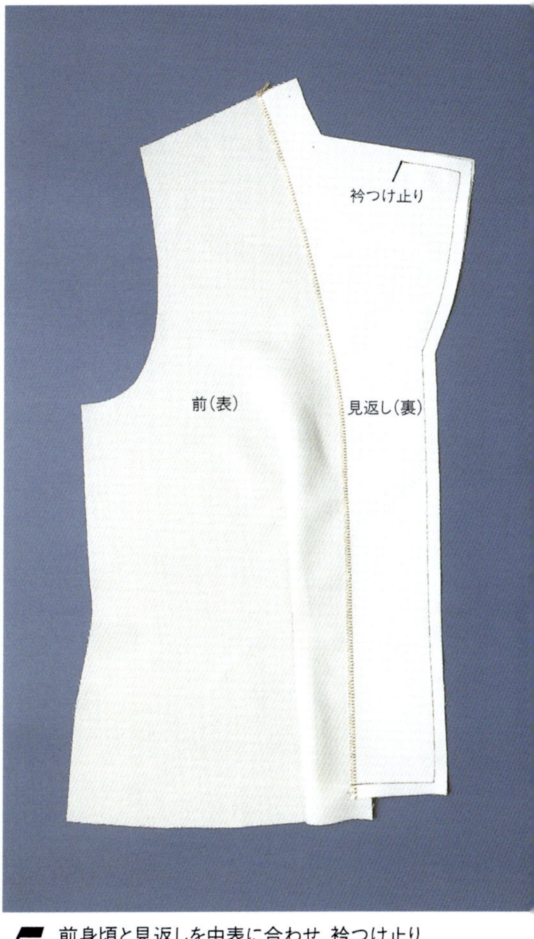

5 前身頃と見返しを中表に合わせ、衿つけ止りから見返しの裾までを縫う。このときラペルの先は衿先と同じ要領で、表ラペルにゆとりを入れて縫う。

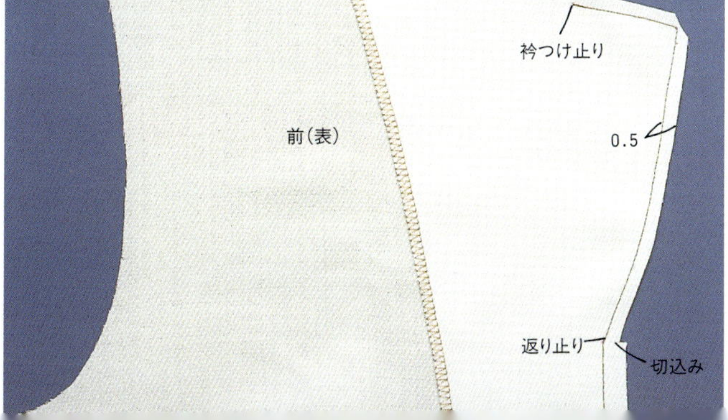

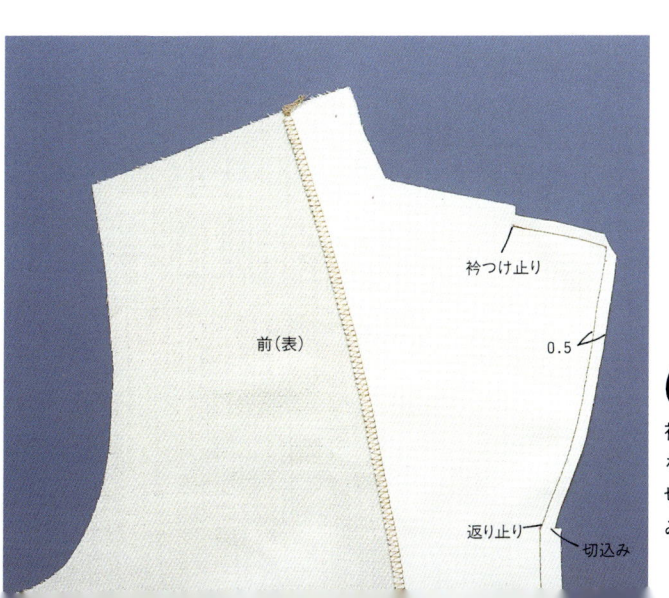

6 衿つけ止りから返り止りまでの縫い代を0.5cmぐらいにカットする。返り止りに切込みを入れ、衿つけ止りには切込みは入れない。

7 表に返し、衿つけ止りから前端をアイロンで整える。

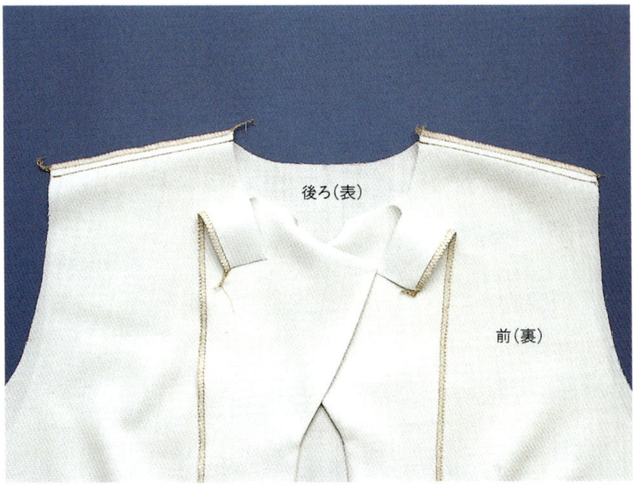

8 見返しをよけて、身頃の肩を縫い合わせ、ロックミシンをかける。

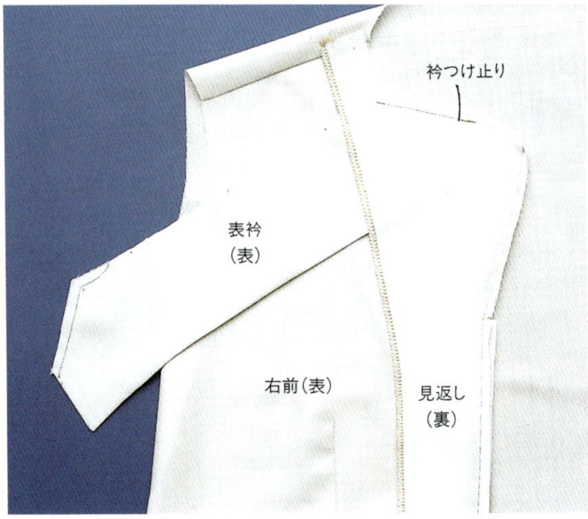

9 衿をつける。見返しをもう一度中表に戻し、右の身頃と見返しの間に衿をはさみ、まず右前の角から衿つけ止りまでを縫っておく。

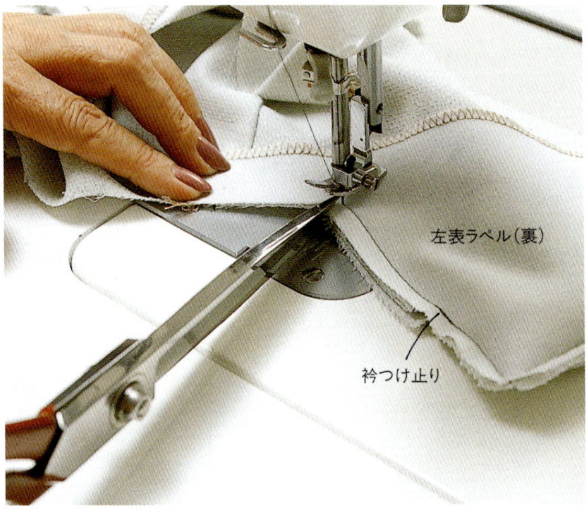

10 中表に戻した左前身頃と見返しの間に衿をはさみ、衿つけ止りから縫い始めて角まで縫う。角で針を刺したまま押え金を上げ、針のきわまで4枚一緒に切込みを入れる。

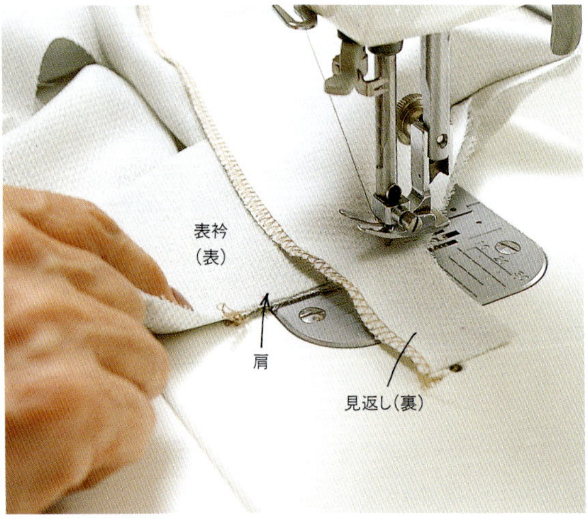

11 身頃と衿の肩を合わせて、衿に身頃衿ぐりをそわせる。

12 さらにその上に見返しをそわせる。

13 肩の印の1.5〜2cm手前まで縫い、針を刺した状態で押え金を上げ、4枚一緒に切込みを入れる。

14 切込み位置からは見返し、表衿をよけて、身頃と裏衿を縫い合わせる。右側の肩の1.5〜2cm先（前側）で返し縫いをして止める。

15 ***9***で縫った右前衿ぐりの角に、4枚一緒に切込みを入れる。

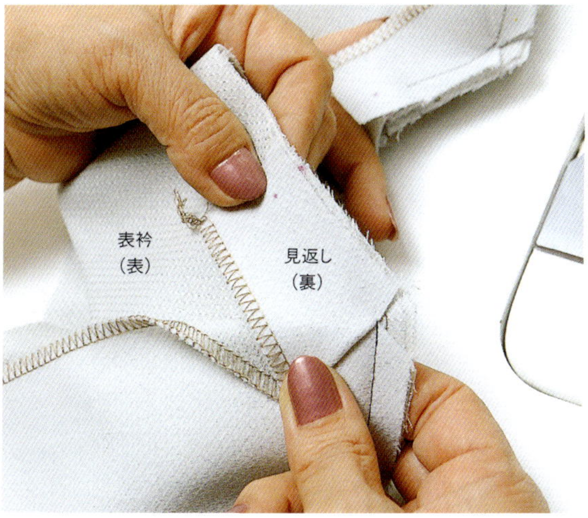

16 見返し、衿、身頃の肩を合わせてしっかり持つ。

17 肩の合い印を合わせたまま、***14***のミシン縫止り位置に、身頃側から4枚一緒に切込みを入れる。

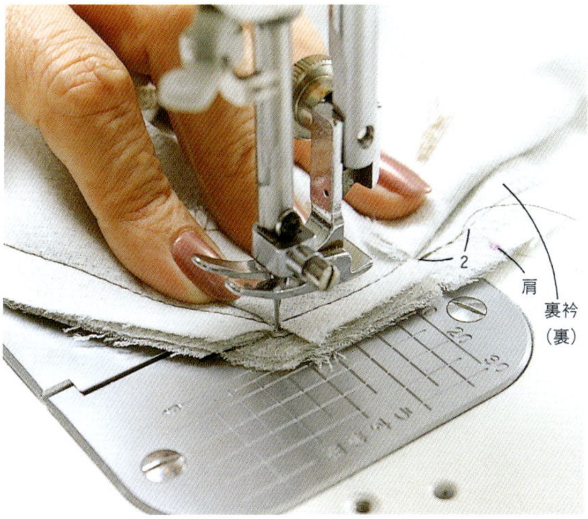

18 ***14***のミシン目に2cmぐらい重ねて縫い始めるが、***17***の切込みまでは見返しと表衿をよけて縫い、切込みからは4枚一緒に***15***で切込みを入れた角まで縫い、返し縫いをして止める。

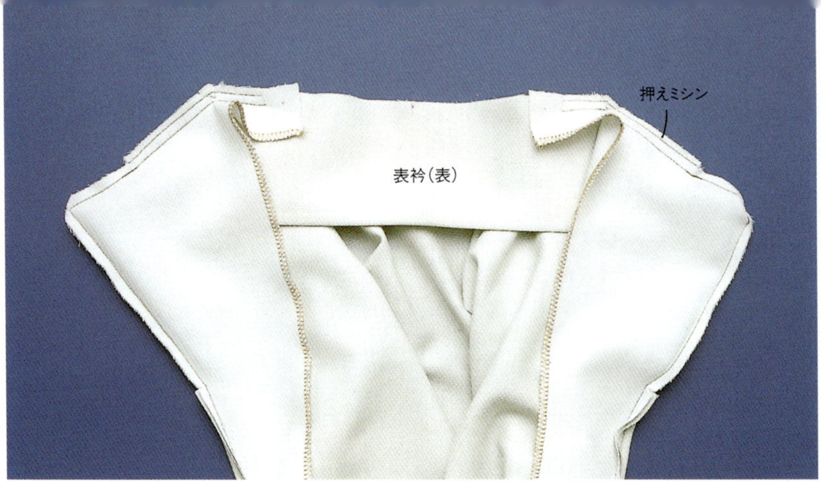

19

前衿つけ縫い代に切込みまで押えミシンをかける(縫い代を押さえ、薄く仕上げるため)。

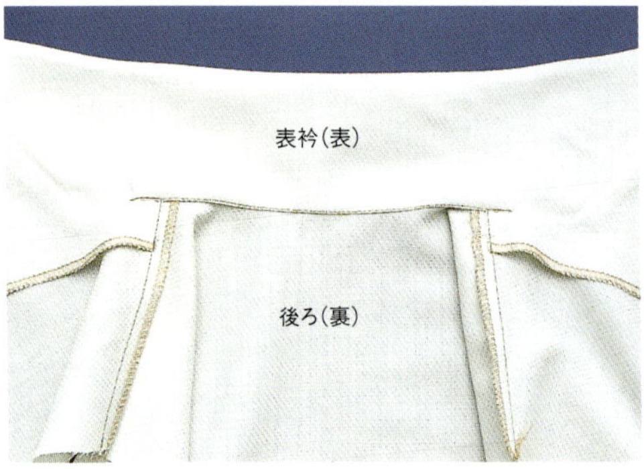

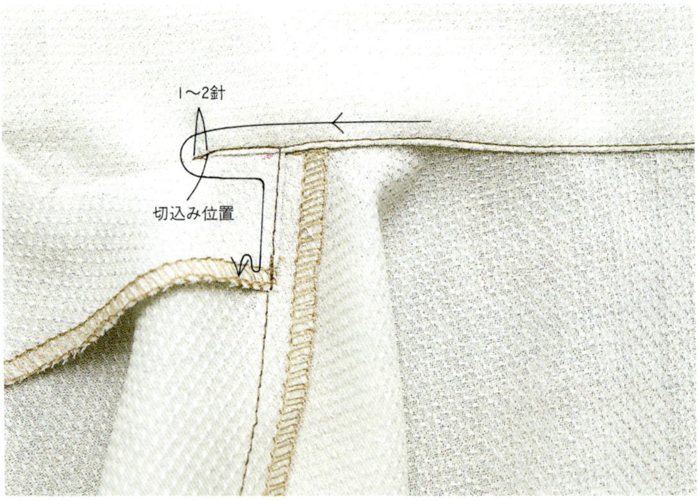

20

見返しを表に返して整え、表衿の後ろ衿つけ線の縫い代を折り込む。見返しの肩縫い代も折って、続けてミシンで止める。

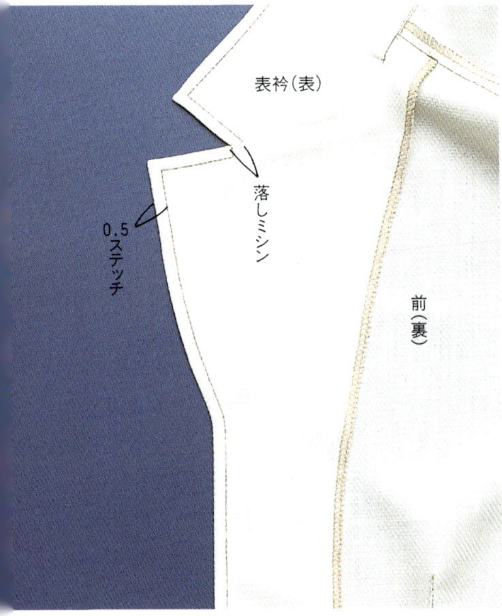

21

前端、衿外回りにステッチをかける。右前の裾から左前の裾まで、ぐるっと続けてかける。見返し側からかけるので、前端は裏ミシン目が出る。

22

出来上り。

●衿つけ縫い代を前は身頃側、後ろは衿側に倒す衿

ショールカラー

へちま衿とも呼ばれる衿。表衿は見返しまで続けて裁ちます。

●パターン、裁断

見返しまで続いた表衿は、後ろ中心をわにして裁つので、返り止りより下で見返しにはぎ目を入れる。はぎ目はボタンホール位置をさける。接着芯は表衿、見返し分を用意する。

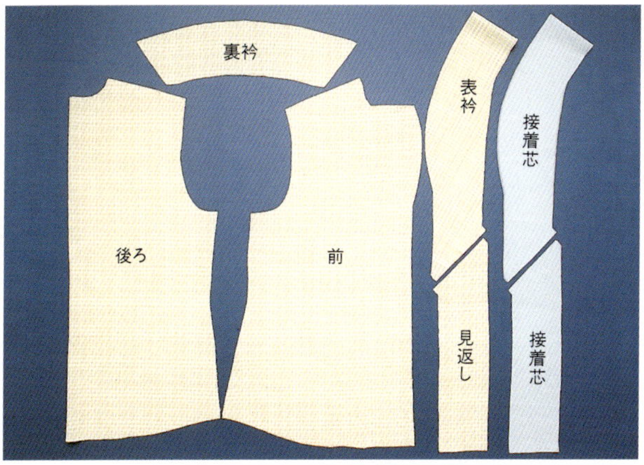

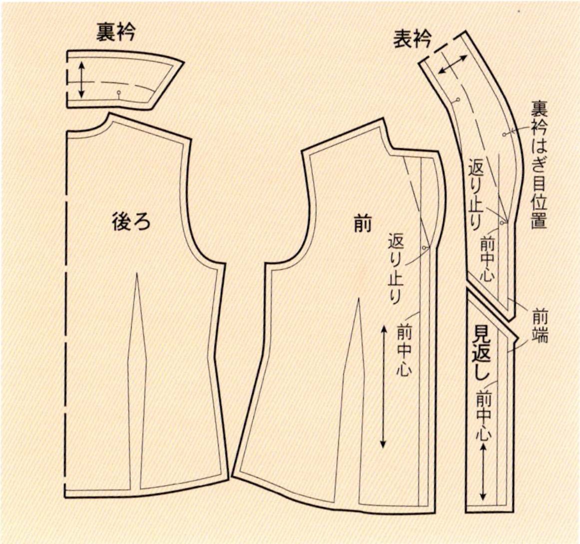

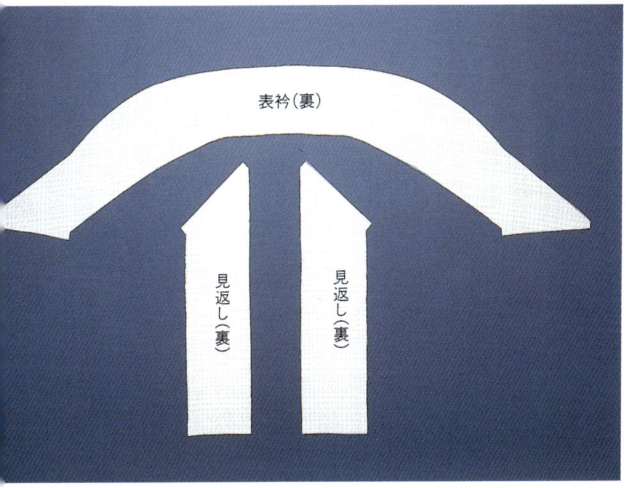

1 表衿、見返しに接着芯をはる。

2 表衿に合い印(後ろ中心、肩、返り止り、裏衿はぎ目位置)をつけ、見返しと縫い合わせる。縫い代は割り、見返し端にはロックミシンをかける。ロックミシンは肩の合い印の少し下で縫い消すようにかける。

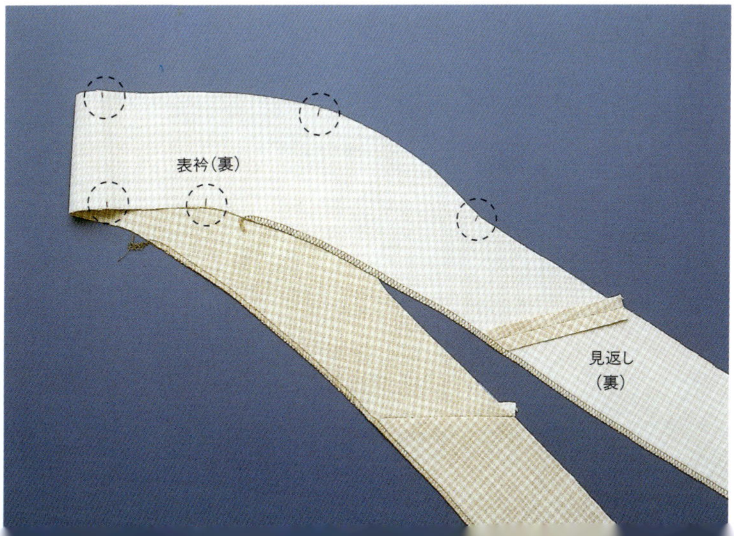

3

身頃の肩を縫い、縫い代をロックミシンで始末する。

4 身頃に裏衿をつける。まず左前身頃に裏衿を中表に合わせ、端から衿ぐりの角まで縫う。針を布に刺したまま押え金を上げ、針のきわまで2枚一緒に切込みを入れる。次に身頃衿ぐりを衿にそわせ、肩、後ろ中心の合い印を合わせながら、右前の衿ぐりの角まで縫う。角では左と同じように切込みを入れて右前の端まで縫う。縫い代は切込みを入れた角までは割り、残りは衿側に倒す。

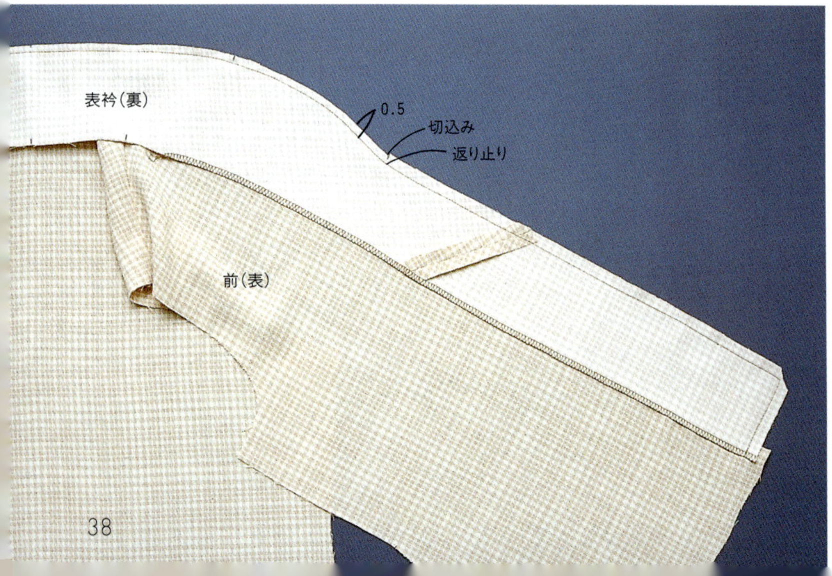

5 表衿、見返しと裏衿、身頃を中表に合わせ、見返しの裾から反対側の見返しの裾まで、合い印を合わせながらぐるりと縫う。次に、返り止りから衿外回りの縫い代を0.5cmにカットし、返り止りに切込みを入れる。裾の角は斜めにカットする。

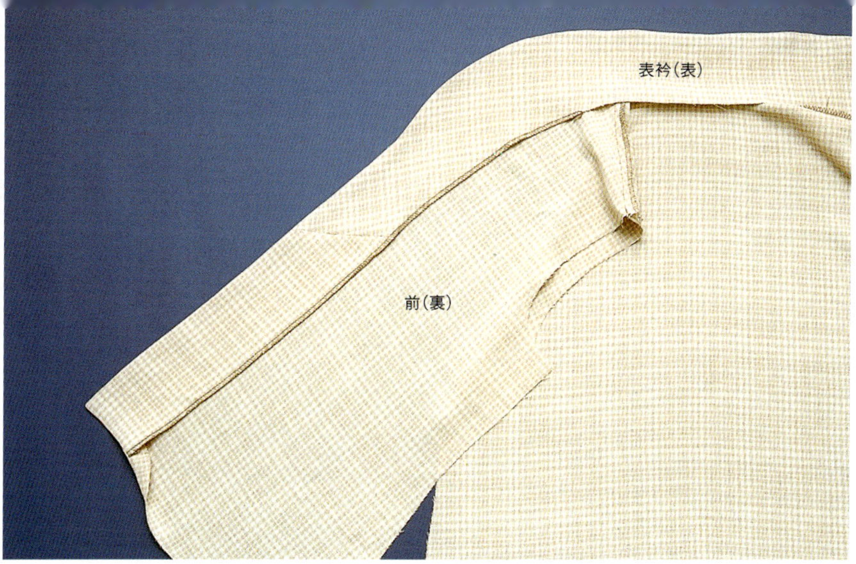

6

表に返してアイロンで整える。

7

表衿の後ろ衿つけ線の縫い代を折り込む。表衿のゆとり分を考慮し、後ろ中心、肩をまち針で止める。肩から前側はしぜんになじませ、衿のはぎ目位置から少し下で消えるようにまち針を打つ。

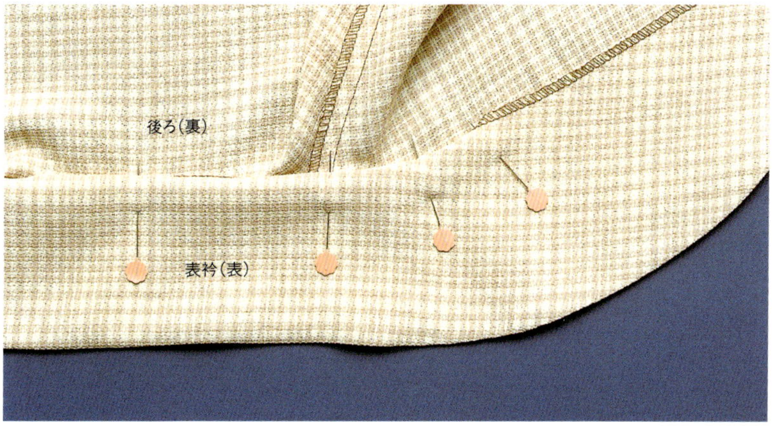

8

7で折った折り山のきわを表衿側からミシンで止める。

9

出来上り。

●衿つけ縫い代を身頃側に倒す衿

フラットカラー

衿こしがほとんどなく、衿ぐりにそって平らに折り返っている衿。衿つけ縫い代をバイアス布で始末する縫い方です。

●パターン、裁断

衿、衿ぐりとも1cmの縫い代をつけ、表衿と裏衿は同じ形に裁つ。衿つけの始末に使うバイアス布は、アイロンで伸ばしてから使用するので粗裁ちをしておく。粗裁ちは使いたい幅の倍ぐらい（ここでは二つ折りにして1.8cm幅で使用するので約7cm幅）、長さは使いたい長さのままで。接着芯は表衿、前見返し分を用意する。

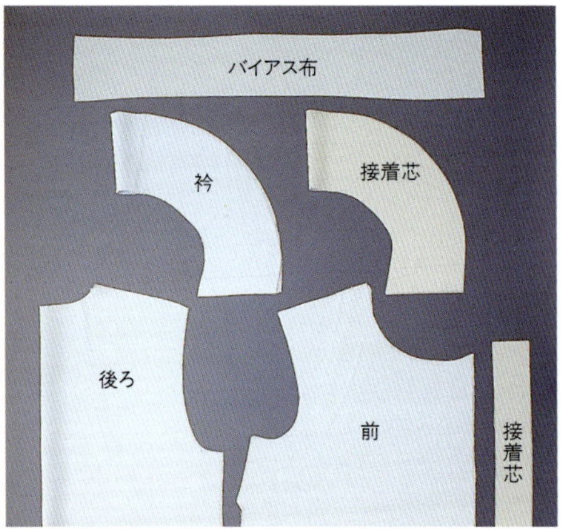

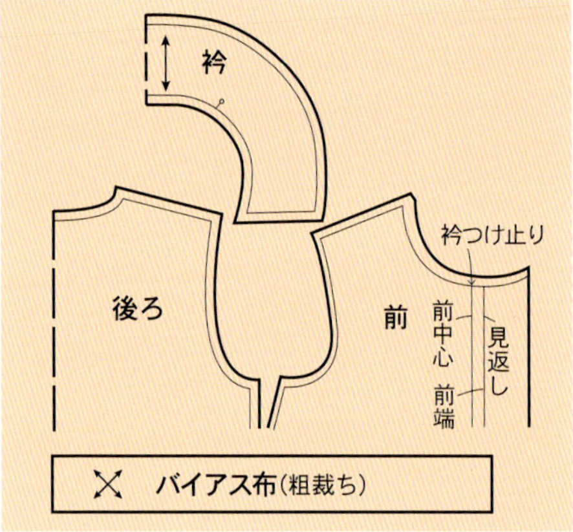

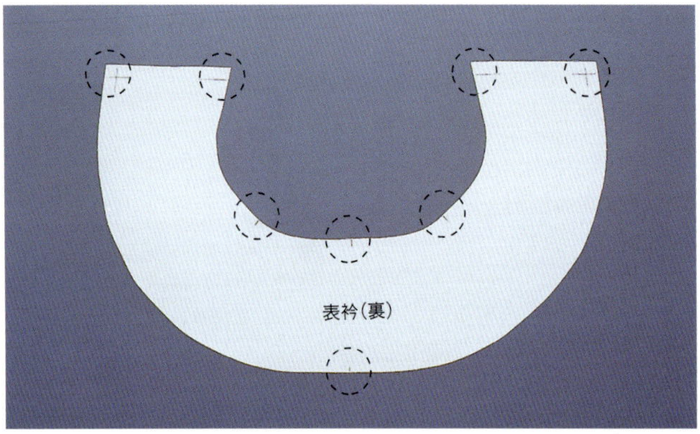

1 表衿の裏面に接着芯をはり、後ろ中心、肩、衿端の印をつける。

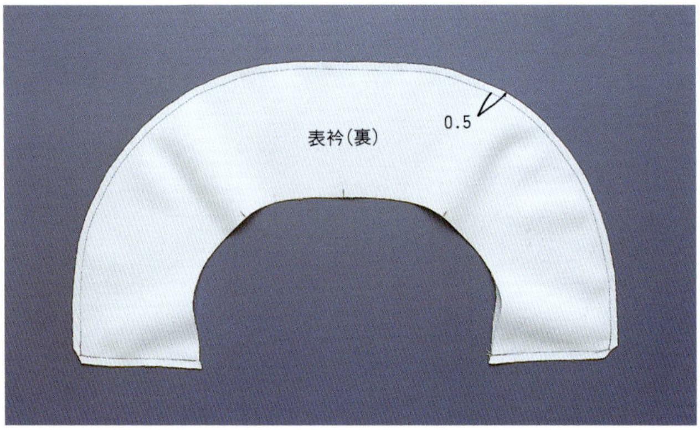

2 表衿、裏衿を中表に合わせ、衿先にゆとりを入れながら外回りを縫う。縫い代は0.5cmぐらいにカットし、角は斜めに裁ち落とす。

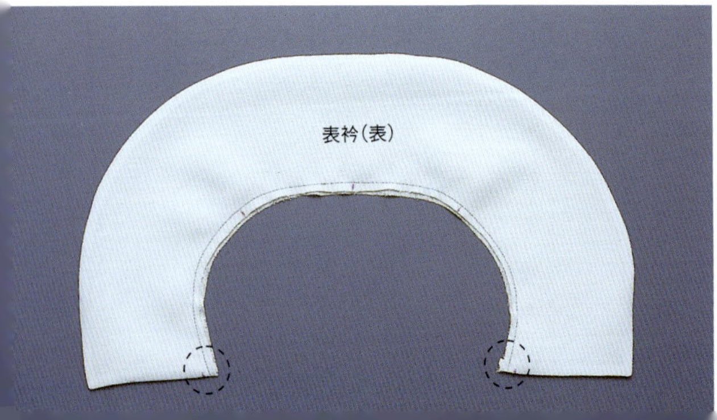

3 表に返してアイロンで整え、衿つけ線に縫い代押えミシンをかけて衿幅位置をしるす（8〜9ページ参照）。押えミシンをかけるときは、表衿を0.2〜0.3cm控えて表衿幅にゆとりを入れる。

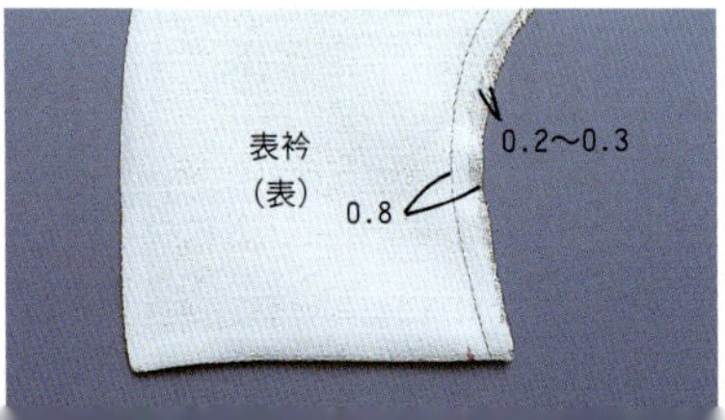

4 前身頃は見返しに芯をはり、前端を出来上りに折って見返し端にロックミシンをかける。見返しを中表に折り、衿つけ止りまでを縫う。衿つけ止りに切込みは入れない。

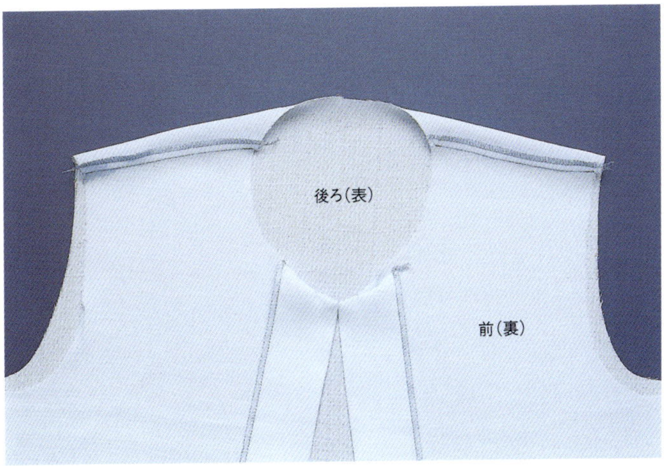

5 見返しを表に返して衿つけ止りまでをアイロンで整えてから、肩を縫い合わせる。肩縫い代は2枚一緒にロックミシンで始末し、後ろ側に倒す。

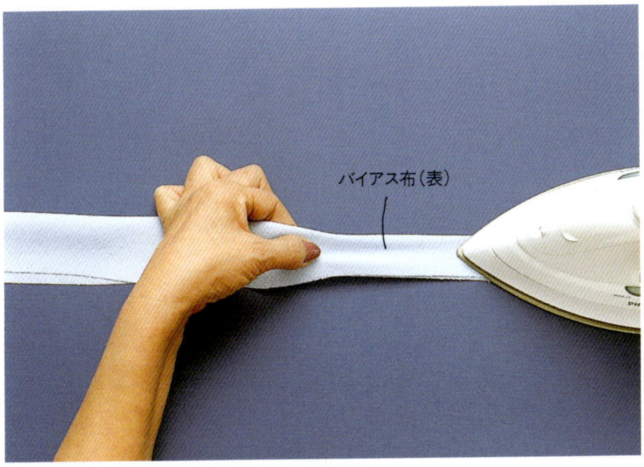

6 粗裁ちしたバイアス布を外表に二つ折りにし、アイロンで伸ばす。

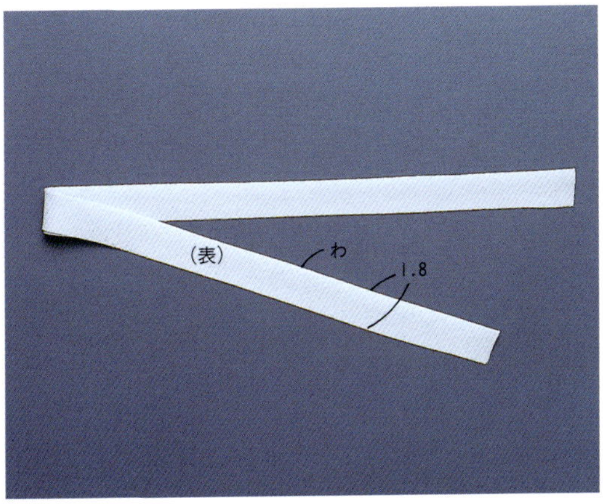

7 二つ折りのままバイアス布を1.8cm幅に裁つ。

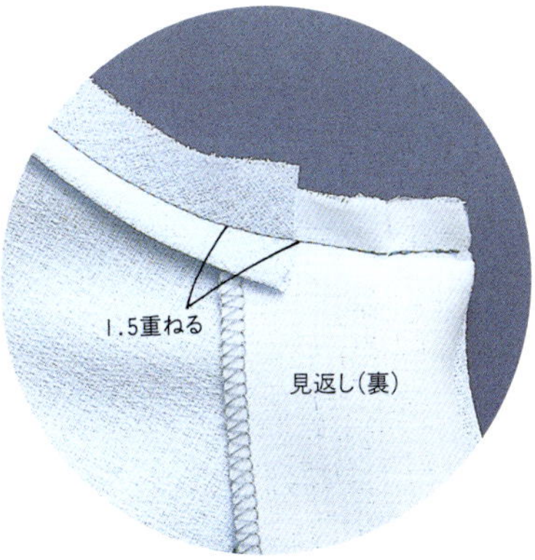

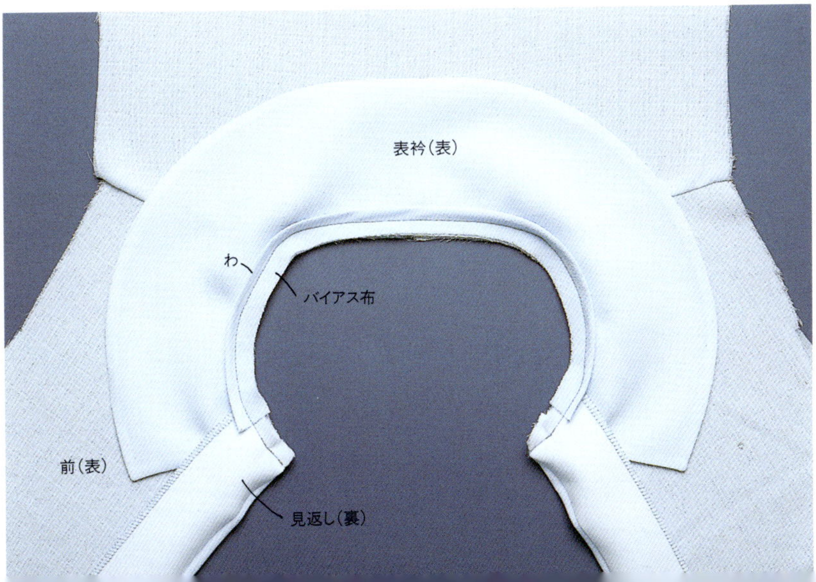

8 前見返しを中表に戻し、身頃に衿をのせる。左衿は衿幅の印を0.2〜0.3cmずらしてから(27ページ参照)、前見返しを重ね、衿つけ止りから見返し端の2cmぐらい手前まで縫い、バイアス布を見返しに1.5cmぐらい重ねてミシンをかける。

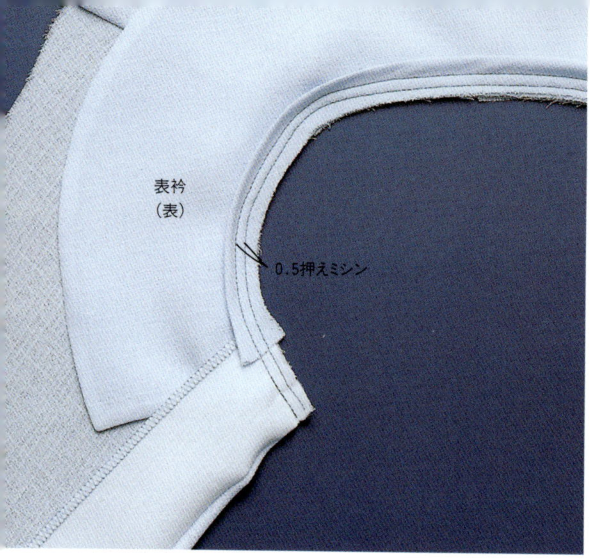

9 縫い代の厚みを押さえるために、衿つけミシンより0.5cmぐらい縫い代側に押えミシンをかける。

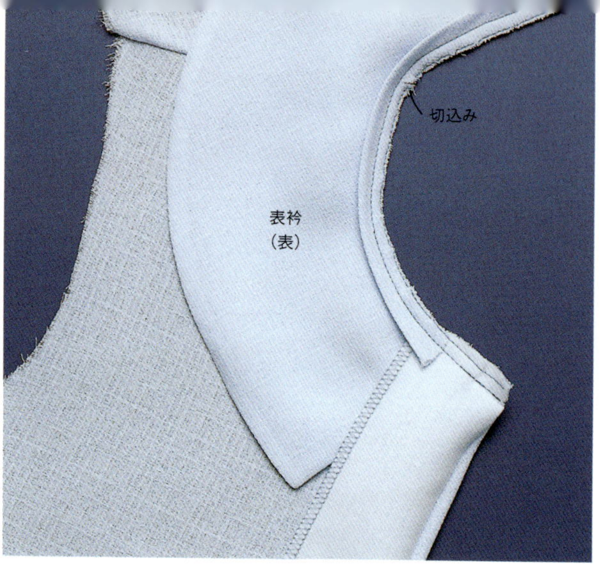

10 バイアス布を重ねた部分のみ、押えミシンのきわから縫い代をカットし、さらにカーブに切込みを入れる。

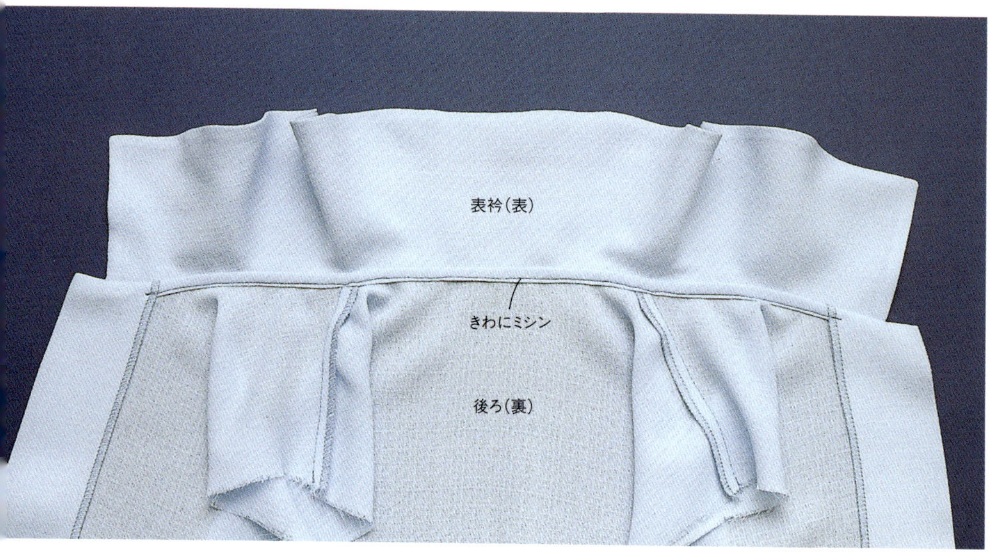

11 見返しを表に返し、衿つけ縫い代を身頃側に倒して、バイアス布のきわをミシンで押さえる。

12 出来上り。

●衿つけ縫い代を身頃側に倒す衿

セーラーカラー

フラットカラーの一種で、前衿ぐりをVネックにカットした幅の広い衿。衿は前端までつき、衿つけを見返しではさむ縫い方です。

●パターン、裁断

衿、衿ぐりの縫い代は1cm。表衿、裏衿は同じ形に裁ち、前見返しは身頃から裁ち出す。接着芯は表衿、前後の見返し分を用意する。

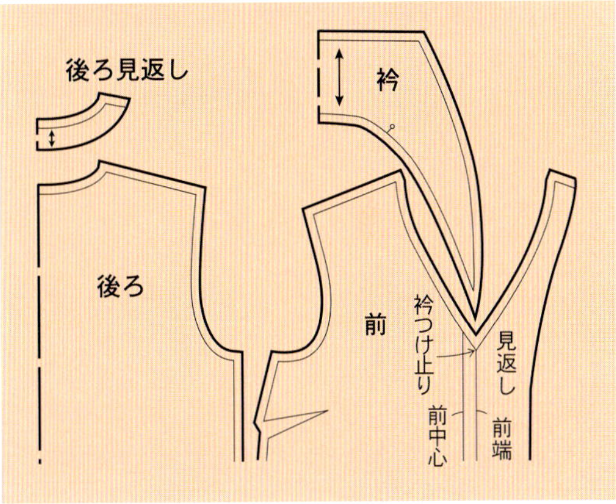

1 表衿、後ろ見返し、前見返しの裏面に接着芯をはる。

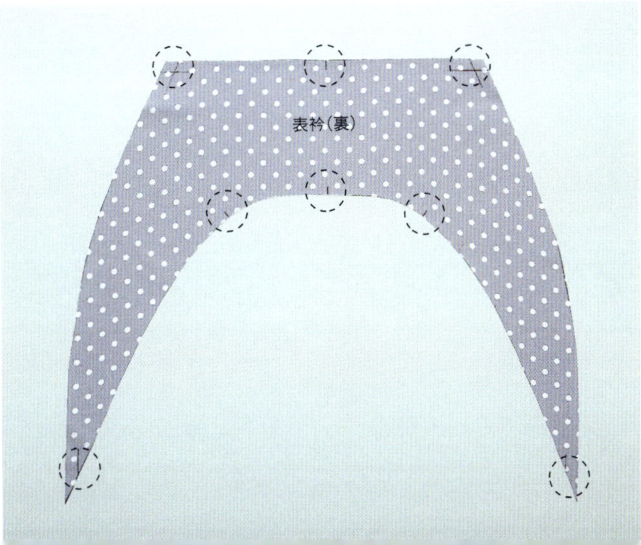

2 表衿の裏面に後ろ中心、肩、衿の角、衿幅の印をつける。

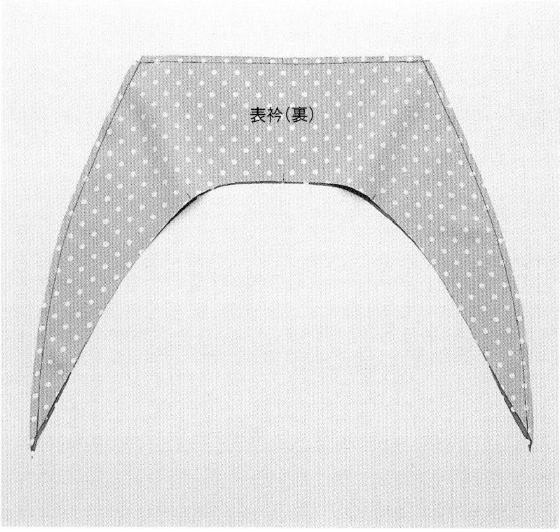

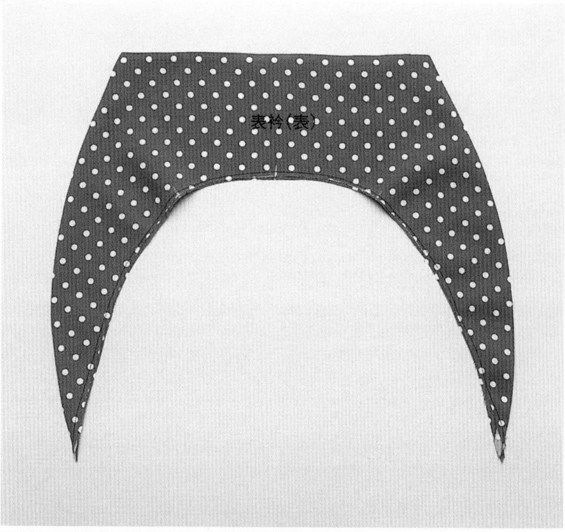

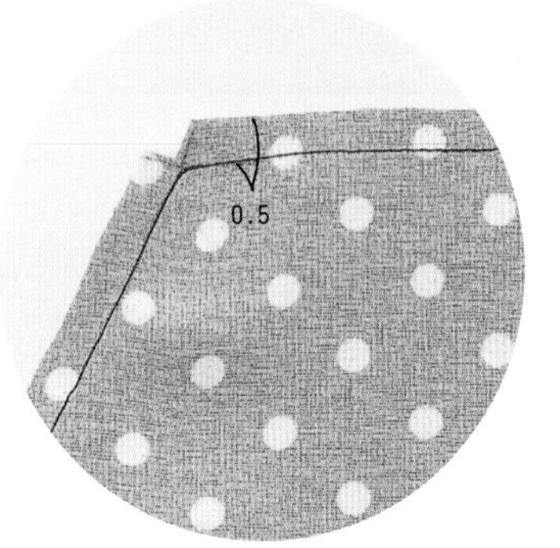

3

表衿と裏衿を中表に合わせ、表衿の衿先(背側の角)にゆとりを入れながら、衿外回りを縫う。縫い代は0.5cmぐらいにカットし、角はV字形に裁ち落とす。

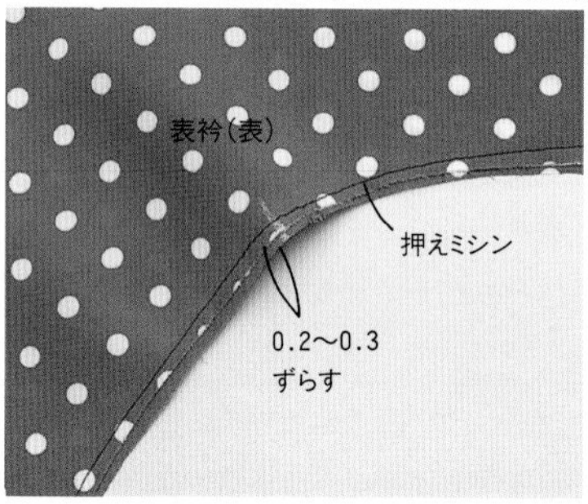

4

衿を表に返してアイロンで整える。つけ線は表衿を0.2〜0.3cm控えて縫い代に押えミシンをかけ、表衿幅にゆとりを入れる(8〜9ページ参照)。

5

身頃を縫う。前端をアイロンで出来上りに折ってから、身頃、見返しともそれぞれ肩を縫い合わせる。身頃の肩は縫い代を2枚一緒にロックミシンで始末し、後ろ側に倒す。見返しは縫い代を割ってから、外回りにロックミシンをかける。

6

前見返しに衿つけ止りをしるす。

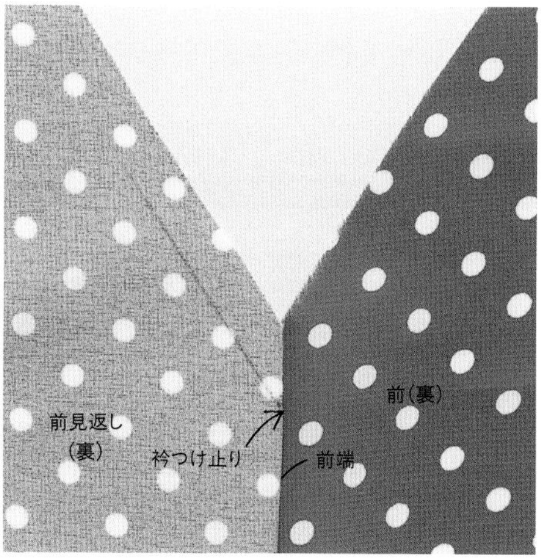

7 前端の折り山を衿つけ止りのきわまで切込み、衿をはさむ。

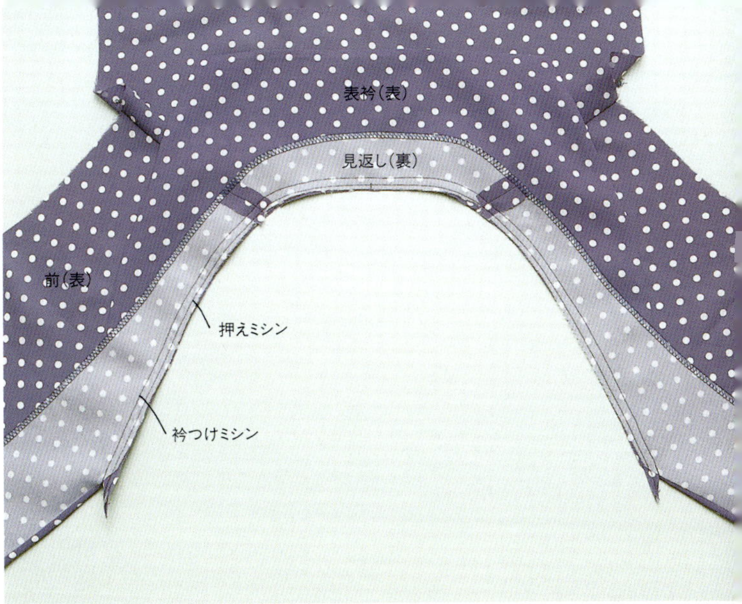

8 身頃と見返しで衿をはさみ、衿つけミシンをかける。さらに縫い代に押えミシンをかける。

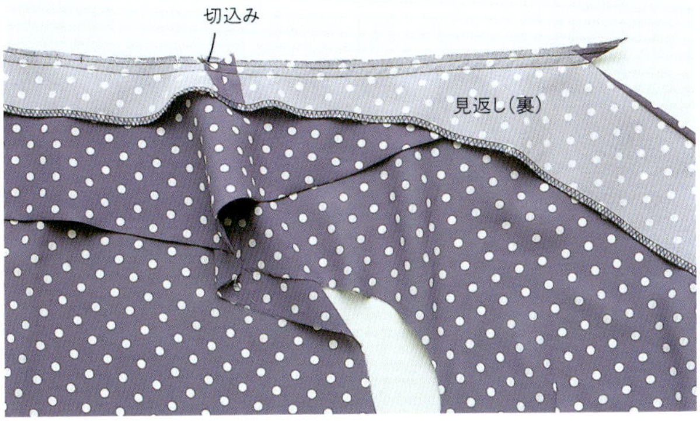

9 衿つけ縫い代のカーブの部分(肩の前後あたり)に切込みを入れる。肩は後ろ身頃側からミシン目のきわまで切込む。

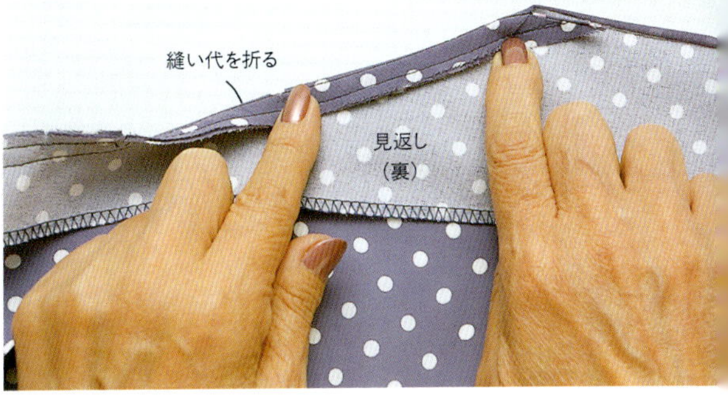

10 前端から飛び出している衿の縫い代は、まず衿つけ縫い代をミシン目にそって折ってみる。身頃の中におさまるときはそのまま、折った縫い代が前端から飛び出す場合は飛び出した分をカットする。

11 見返しを表に返して、衿つけ線のきわに見返し側からステッチをかけるが、衿つけ止りから5〜6cmはステッチはかけない。肩は、身頃の肩縫い目のきわに見返し側からミシンをかけて見返しを止める。

12 出来上り。

●衿つけ縫い代を身頃側に倒す衿

フリルカラー

ギャザーを寄せたフリルを衿にします。前は見返しで衿をはさみ、後ろ衿つけ縫い代はバイアス布でくるんで始末する縫い方です。

●パターン、裁断

衿、衿ぐりの縫い代は1cm、前見返しは前身頃から裁ち出す。バイアス布は粗裁ちをする。幅は玉縁幅（0.8cm）×4の2倍（約6.5cm）、長さは後ろ衿ぐり寸法で。接着芯は見返し分を用意する。

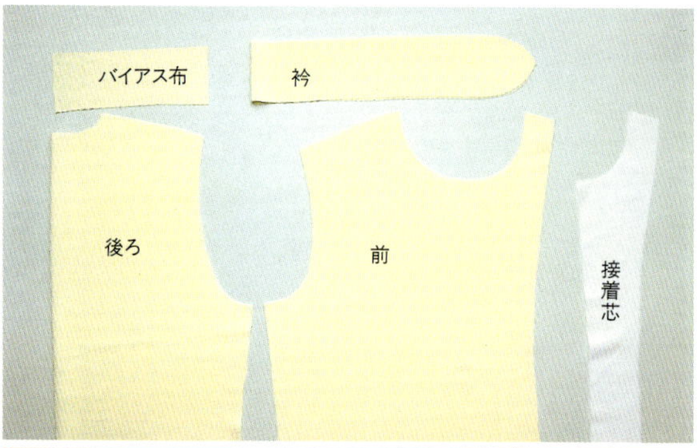

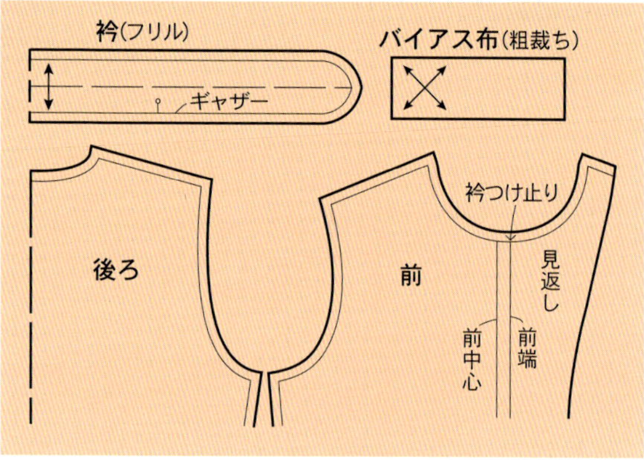

1 衿はアイロンで、幅を外表に二つ折りにする。

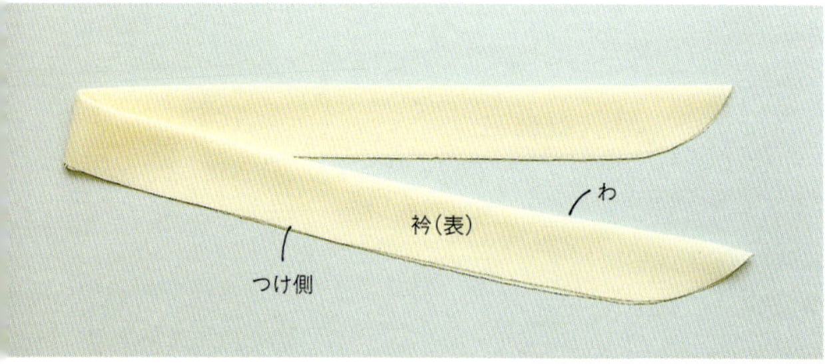

2 つけ側の布端から0.8cmの位置にギャザーミシンをかけ、身頃衿ぐり寸法に合わせてギャザーを寄せる。

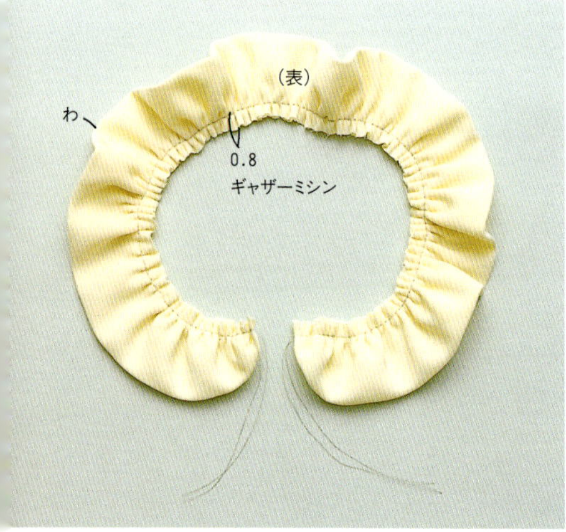

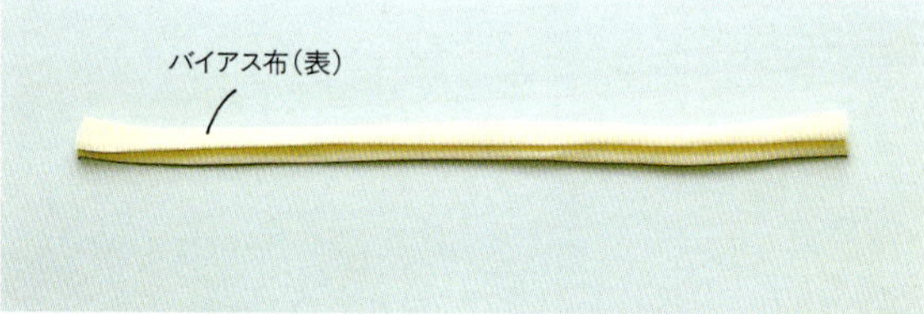

3 バイアス布は外表に折ってアイロンで伸ばし、二つ折りのまま1.8cm幅にカットし、それをさらに折って四つ折りにする（95ページ参照）。

4 前見返しに接着芯をはり、出来上りに折ってから、ロックミシンをかける。身頃の肩を縫い合わせ、縫い代は2枚一緒にロックミシンをかけ、後ろ側に倒す。

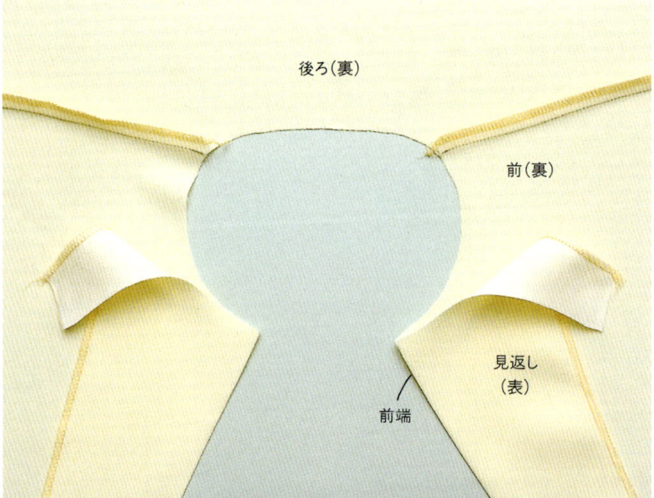

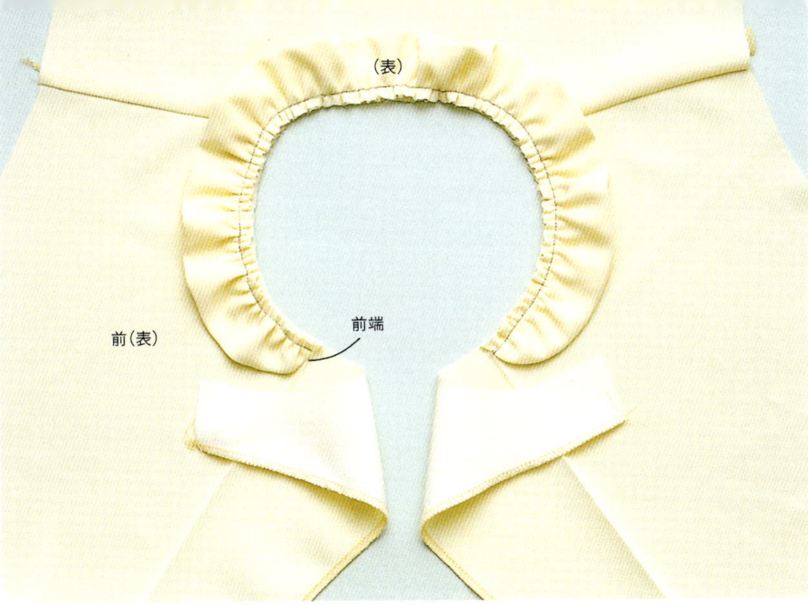

5

衿ぐりの表面にフリルを重ねる。フリルの端を前端(衿つけ止り)に合わせ、ギャザーミシンに重ねてフリル止めミシンをかける。

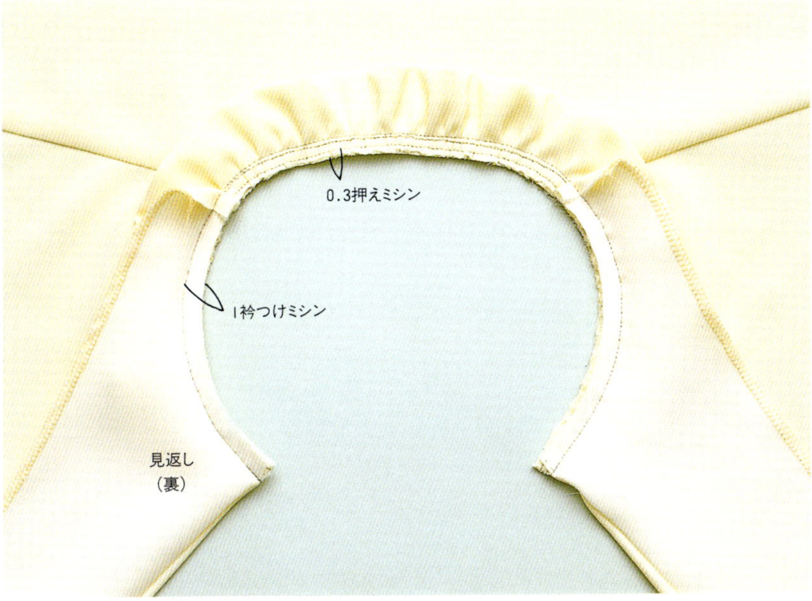

6

布端から0.3cmぐらいのところに縫い代押えミシンをかけてから、前見返しを中表に折ってフリルに重ねる。前端は切込みを入れる(45ページ参照)。見返しの肩縫い代を折り、1cmの縫い代でぐるっと衿ぐりを縫う。

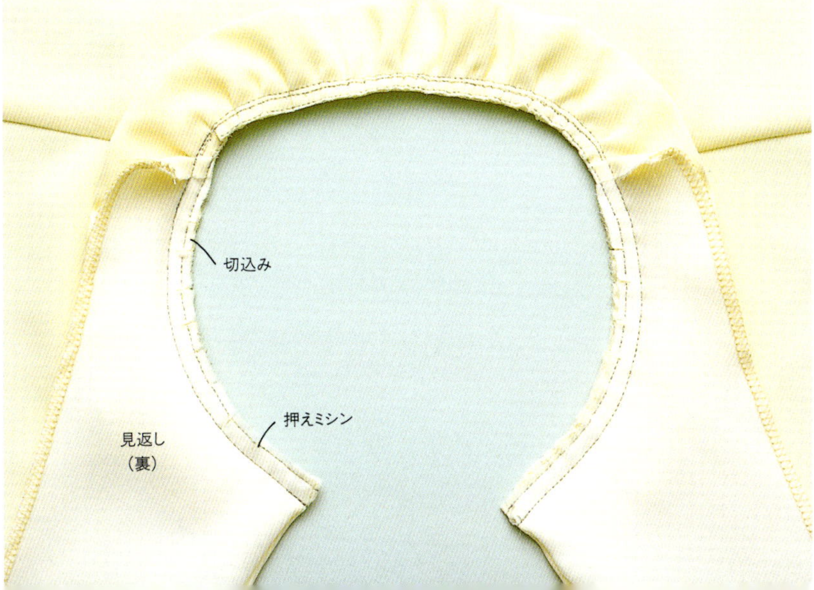

7

前衿つけ縫い代の端に押えミシンをかける。次に後ろ衿つけ縫い代は玉縁幅より少し細くカットし、前衿つけ縫い代には切込みを入れる。後ろの縫い代もカーブの部分だけに浅く切込みを入れておく。

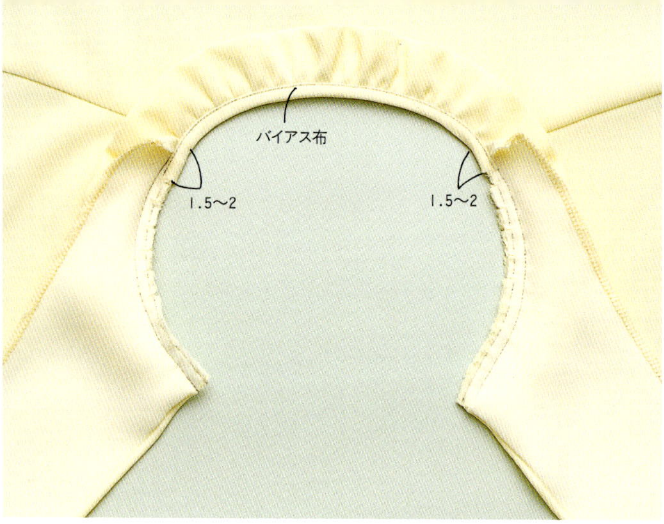

8

後ろ衿つけ縫い代を、四つ折りにしたバイアス布ではさんでミシンをかける。バイアス布は前見返しに1.5〜2cm重ねてつける。

9

見返しを表に返して整え、見返しの肩を身頃の肩縫い代にまつって止める。

10

前端から衿ぐりにぐるっとステッチをかける。ステッチは身頃の表面からかける。

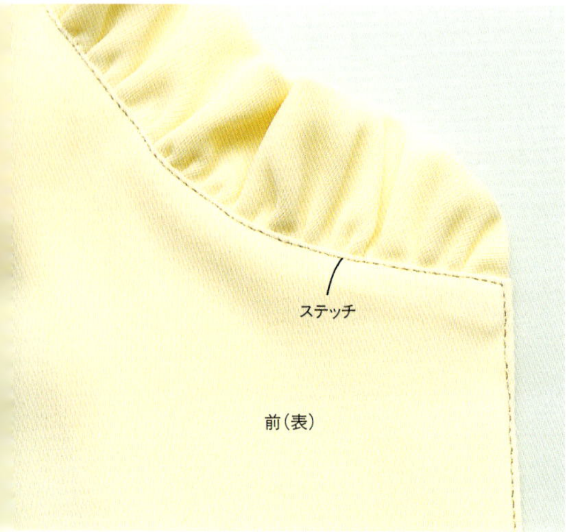

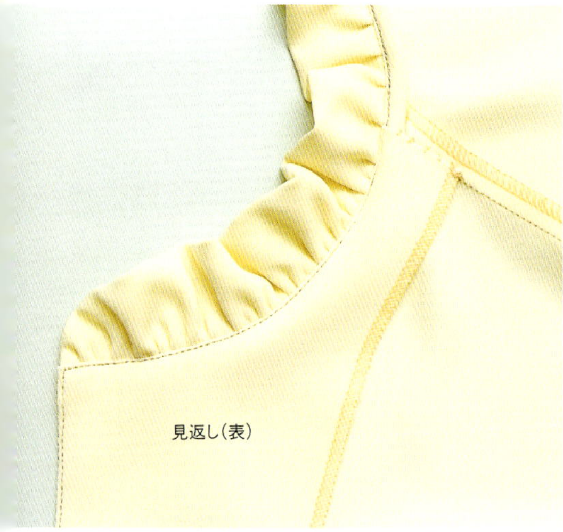

11

出来上り。

テーラード
カラー

テーラードカラー

裏つき仕立てのテーラードカラーの縫い方。表身頃に裏衿をつけ、裏身頃に表衿をつけてから、衿外回り、前端からラペル外回りを縫って返す方法です。

●パターン
表衿、表ラペルはゆとりを入れたパターンを作る。衿回り、ラペル回り、衿つけの縫い代はすべて1cm。

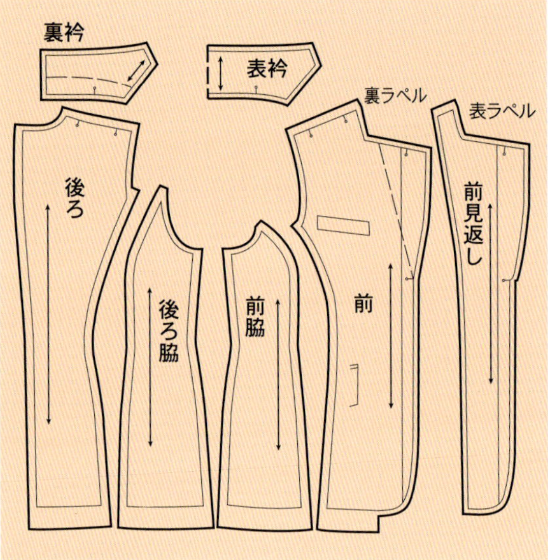

表布のパターン

裏布のパターン

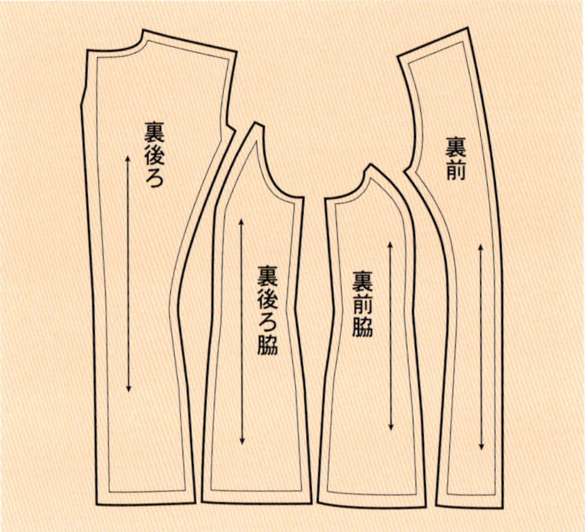

表衿のパターンの作り方

表衿は地衿となる裏衿のパターンに、返り線、外回りにゆとりを入れてパターンを作ります。

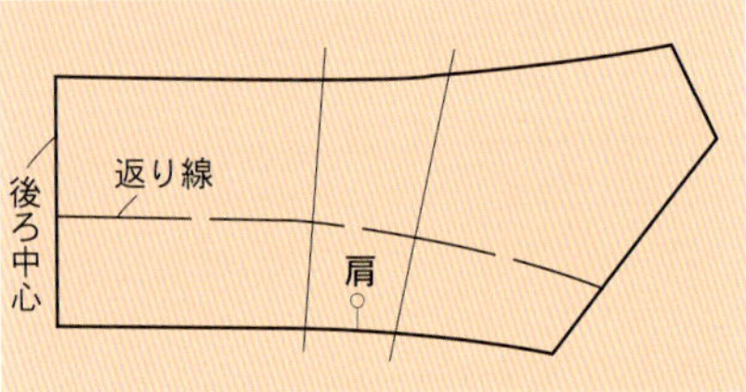

1
肩の前後に2、3か所直線を引く。

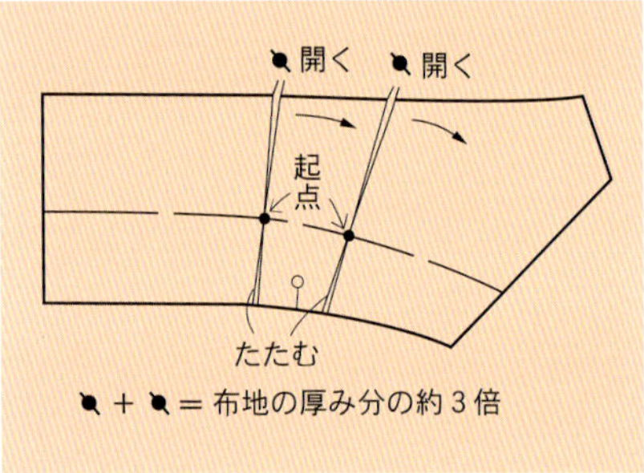

2
返り線位置を起点に、衿外回りを切り開き、つけ線側はその反動をたたむ。外回りで開く分量は、合計で布地の厚み分の約3倍の寸法。

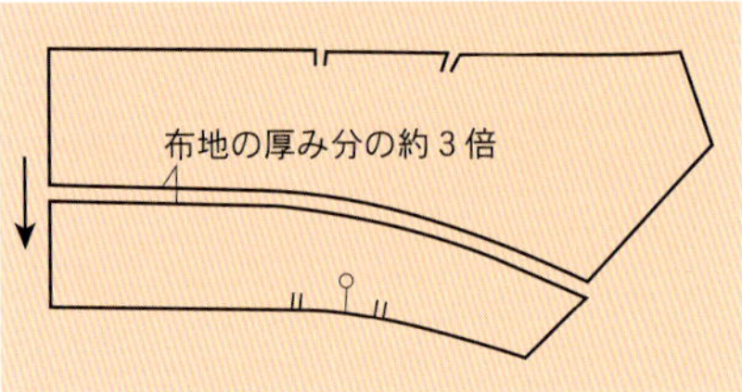

3
返り線位置を布地の厚み分の約3倍の寸法、切り開く。

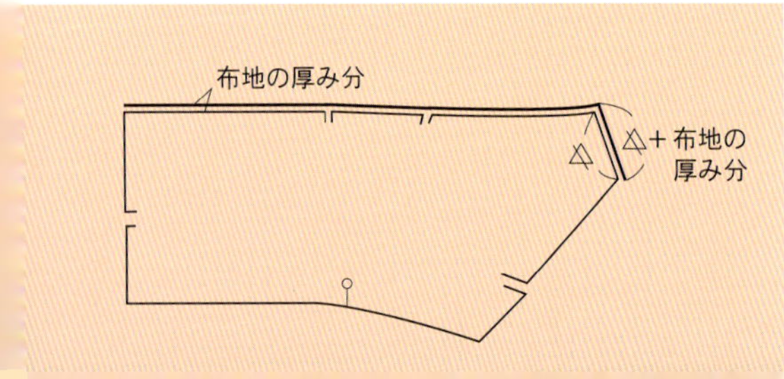

4
衿の外回りに布地の厚み分の寸法を追加する。

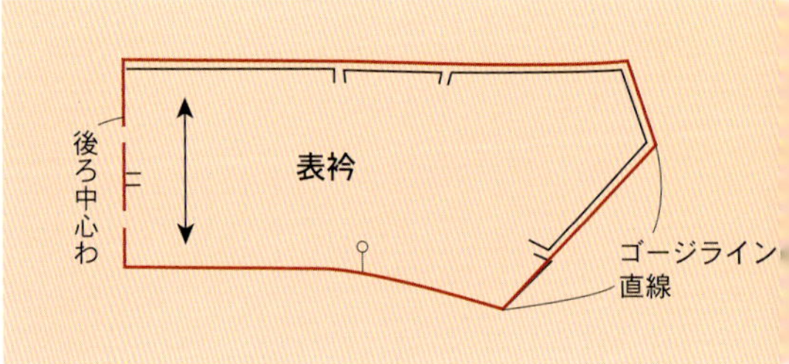

5
ゴージラインを直線で結ぶ。この後、縫い代をつける。

表ラペルのパターンの作り方

返り線、ラペル外回りにゆとりを入れてパターンを作ります。

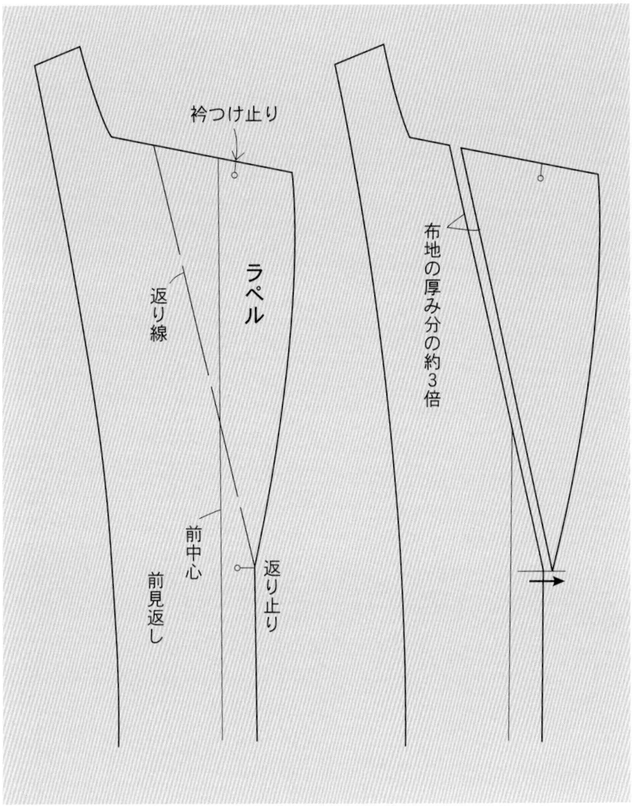

1 返り線を返り止りで平行に移動して、布地の厚み分の約3倍の寸法を切り開く。

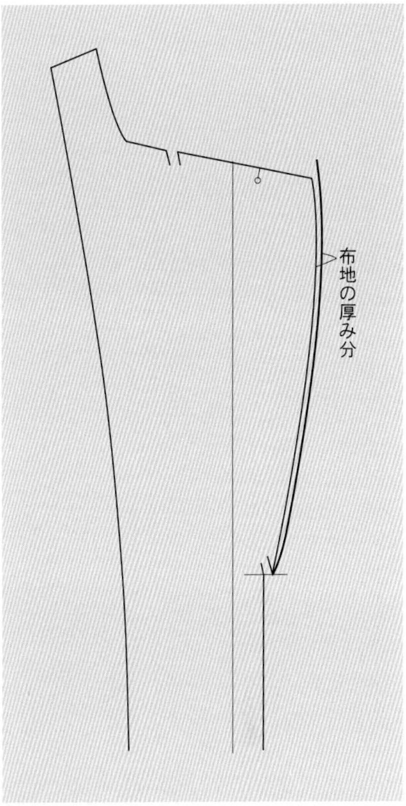

2 ラペルの外回りに布地の厚み分の寸法を追加する。

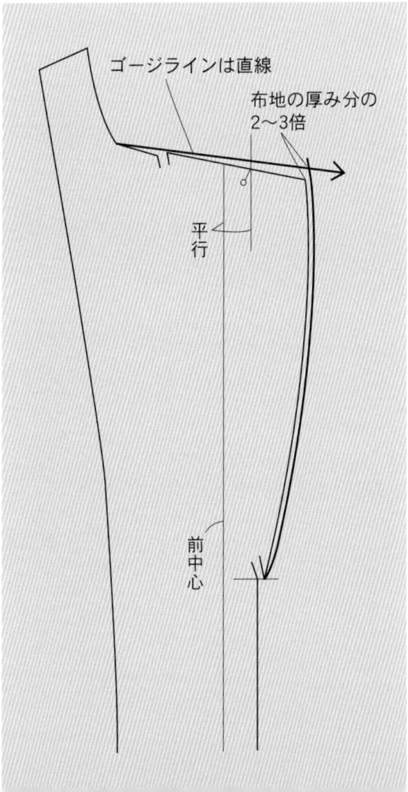

3

*2*で引いたラペル外回りの延長線上で布地の厚み分の2〜3倍の寸法を追加し、ゴージラインを直線で引く。

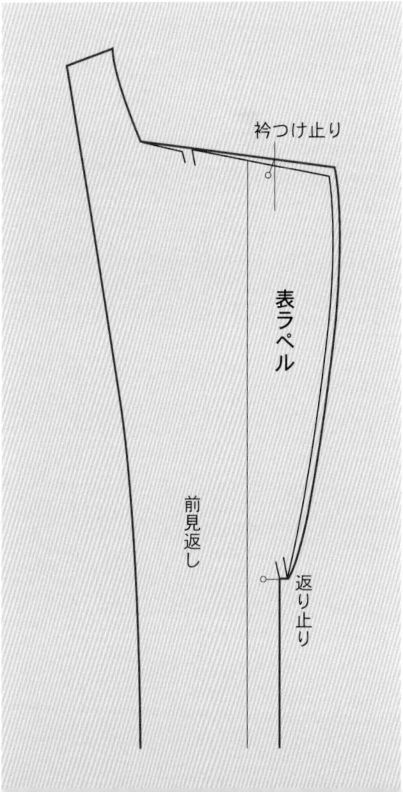

4

衿つけ止りは平行線上に移動する。返り止りはなだらかな線に修整しない。この後、縫い代をつける。

裁断

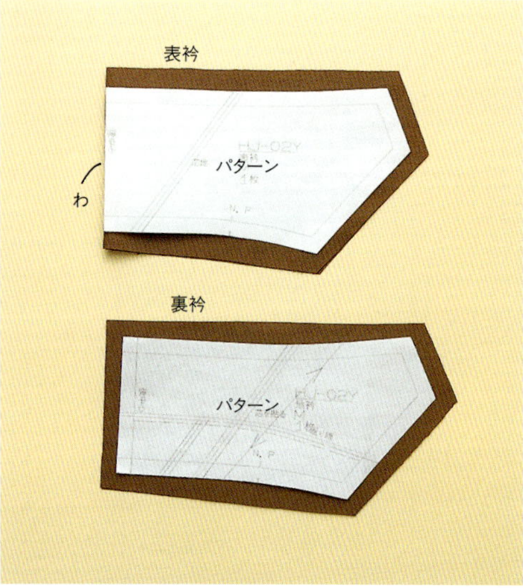

1 衿は表衿、裏衿とも周囲に多めに縫い代をつけて粗裁ちをする。

2 後ろ身頃はパターンどおりに裁つ。前身頃は衿ぐり、袖ぐり、裾に、見返しは衿ぐり、裾にそれぞれ多めに縫い代をつけて粗裁ちをする。

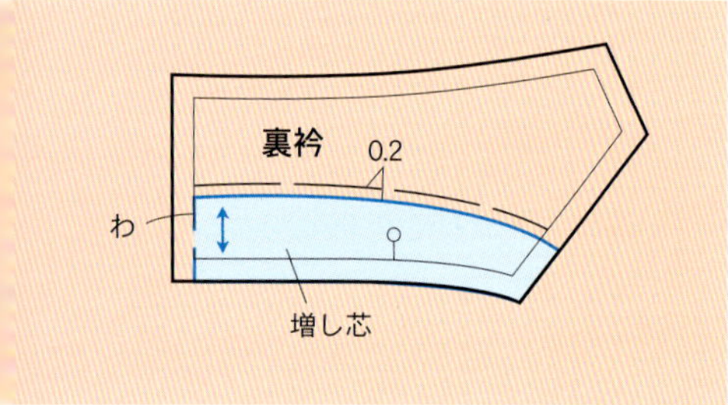

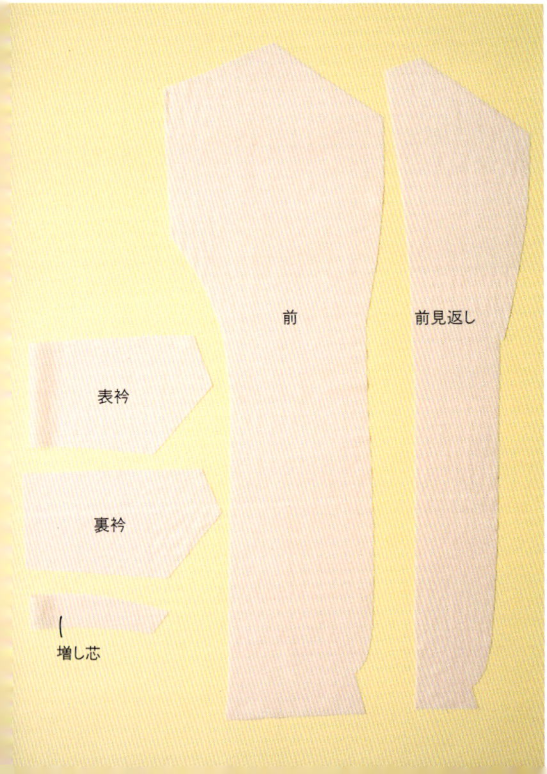

3 接着芯は前身頃、見返し、表衿、裏衿を、粗裁ちした表布と同じ形に裁つ。布目も表布と同じ。裏衿にはる増し芯は、後ろ中心をわにして裁つ。

4 裏布の前身頃、後ろ身頃はパターンどおりに裁つ。

衿の芯はりと印つけ

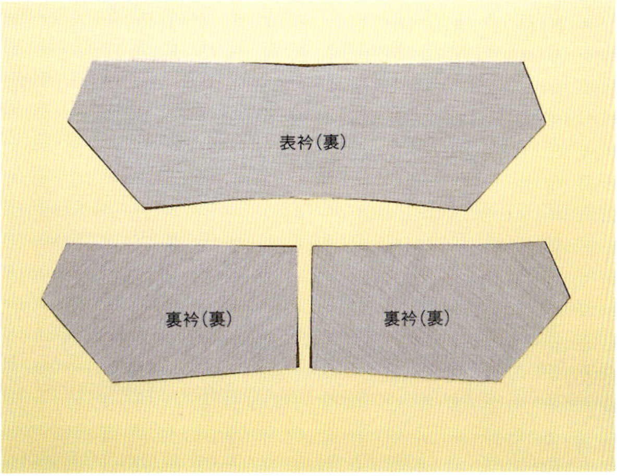

1 粗裁ちした表布の裏面に接着芯をはる。

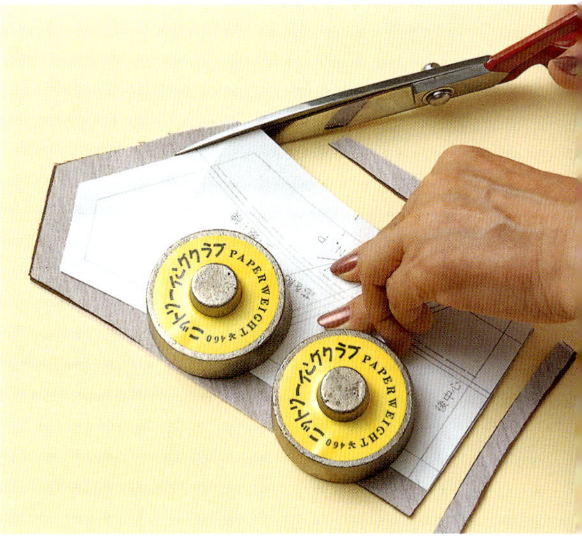

2 表衿、裏衿とも芯をはった表布にパターンを合わせ、重しで押さえてパターンどおりにカットする。

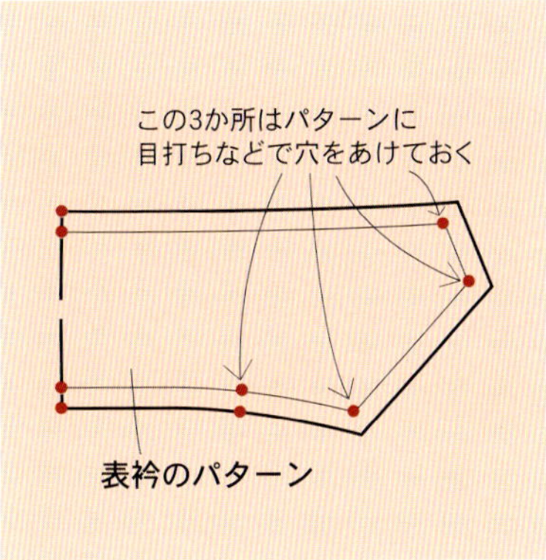

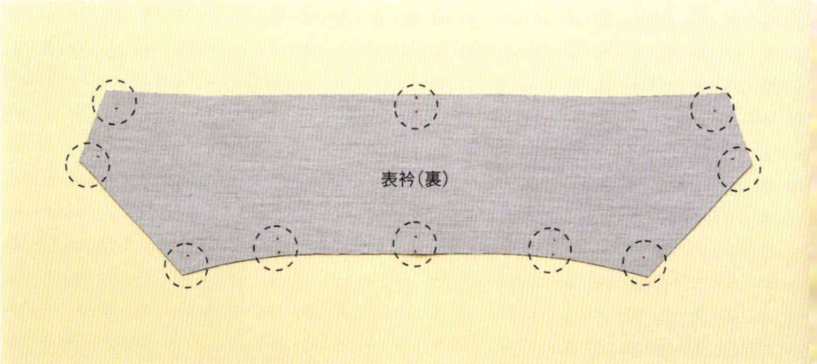

3 表衿は図示した位置に、消えるペンを使って点で印をつける。

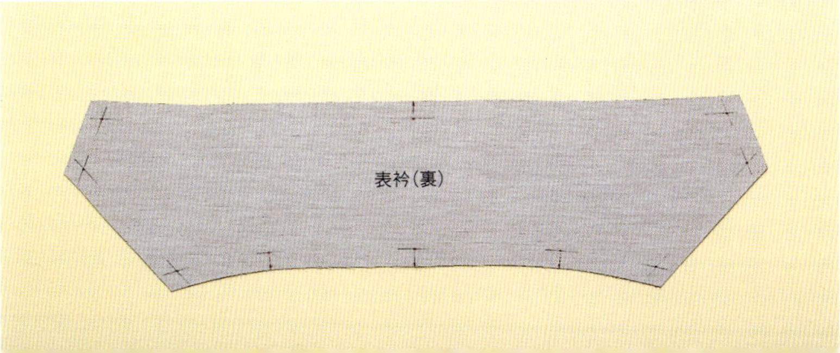

4 印の位置をさらに鉛筆でしるす。角は出来上り線にそって十字にしるす。これで表衿の芯はりと印つけは出来上り。

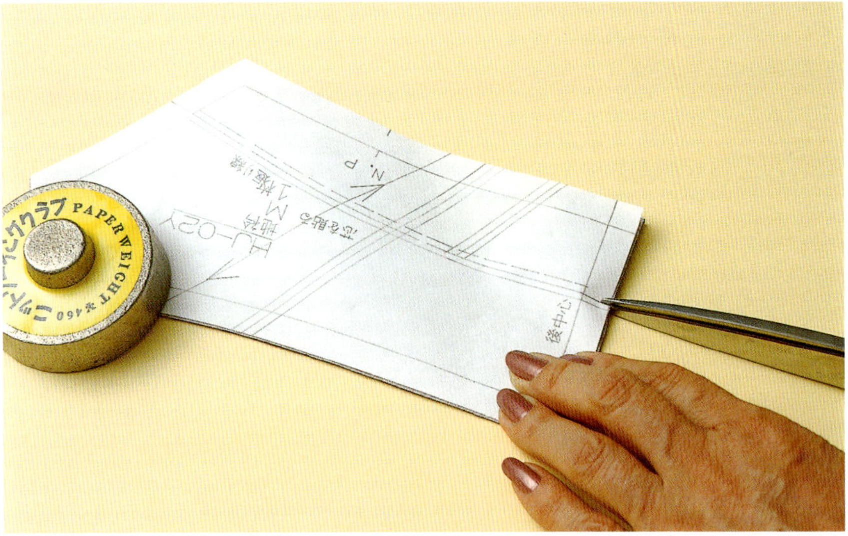

5

裏衿を作る。パターンどおりに裁った裏衿は、後ろ中心とゴージラインの増し芯位置にノッチ（浅い切込み）を入れる。

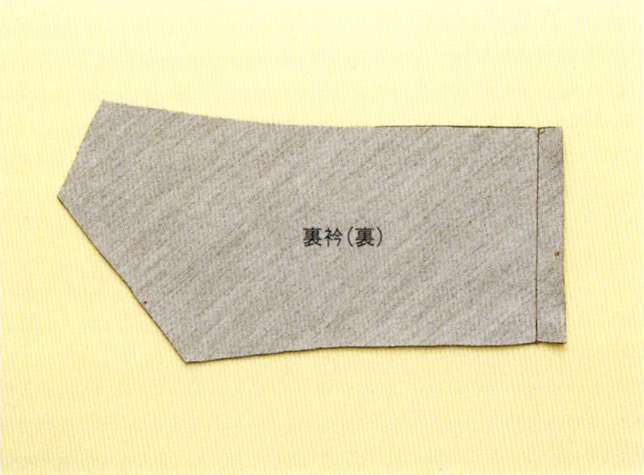

6

2枚の裏衿を中表に合わせ、後ろ中心を縫う。裏衿の後ろ中心は布目がバイアスになっているので、ミシンをかけるときに伸ばさないように、押え金の下に厚紙を当てて縫うといい。

7

後ろ中心の縫い代を割り、増し芯をはる。次につけ線側にだけ、表衿と同じ要領で印をつける。

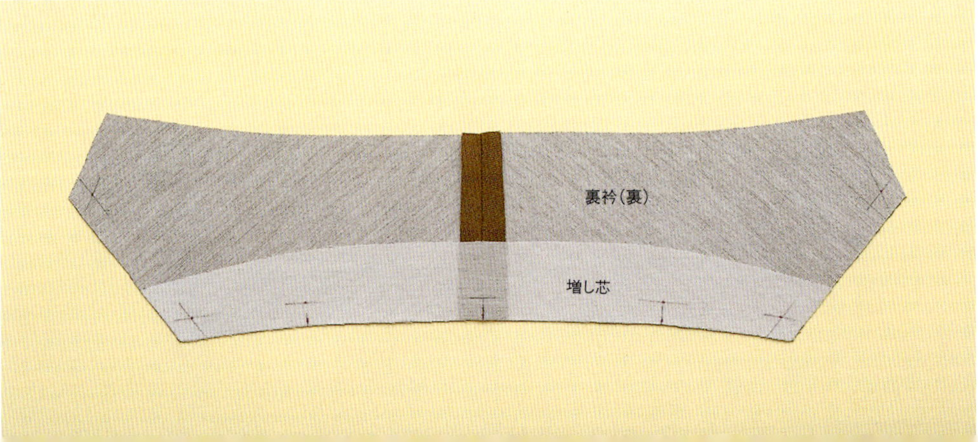

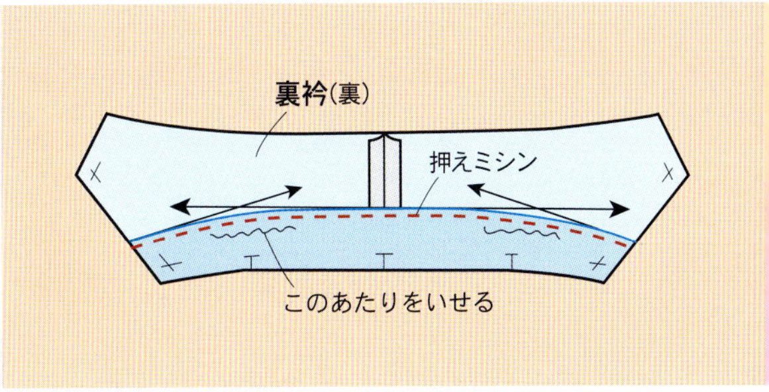

8 増し芯の返り線側に増し芯押えミシンをかける。
まずカーブの手前あたりまで、平らに縫う。

9 カーブのあたりにきたら、肩の合い印をはさんで、
左手の2本の指でつけ側をしっかり押さえる。

10 合い印の位置を直線にすると、外回り側
が浮く。

11 浮いた分を右手でなじませ
るように落ち着かせ、カーブ
のあたりをいせ込みながらミ
シンをかける。

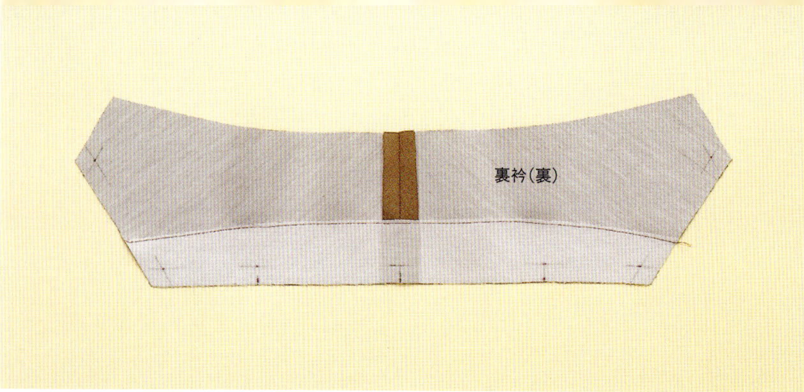

12 後ろ中心までの直線の部分は平らにミシンをかける。反対側も同じように、肩のあたりのカーブの部分をいせ込みながら、ミシンをかける。

13 このようにいせ込みながら押えミシンをかけると、衿を折り返したとき、肩のあたりの折り山がとがることなくスムーズに折り返る。

身頃の芯、テープはりと印つけ

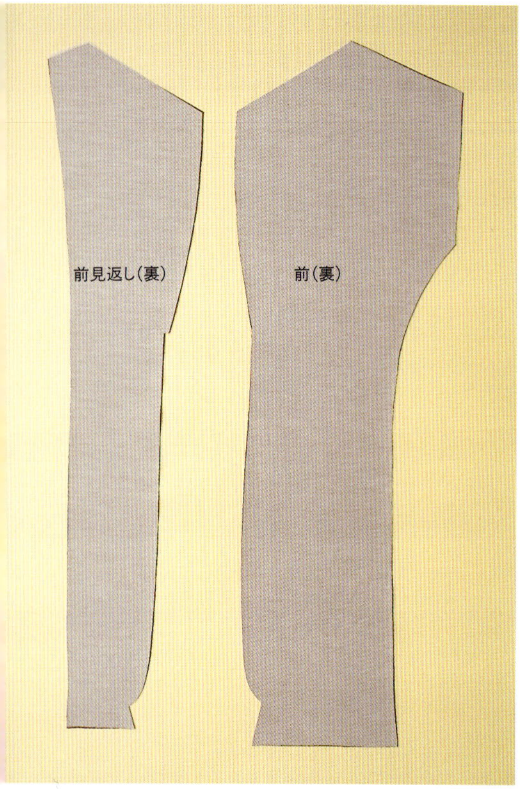

1 粗裁ちした前身頃、前見返しに、粗裁ちした接着芯をはる。

2 身頃、見返しの印つけパターンの図示した位置に目打ちなどで穴をあける。

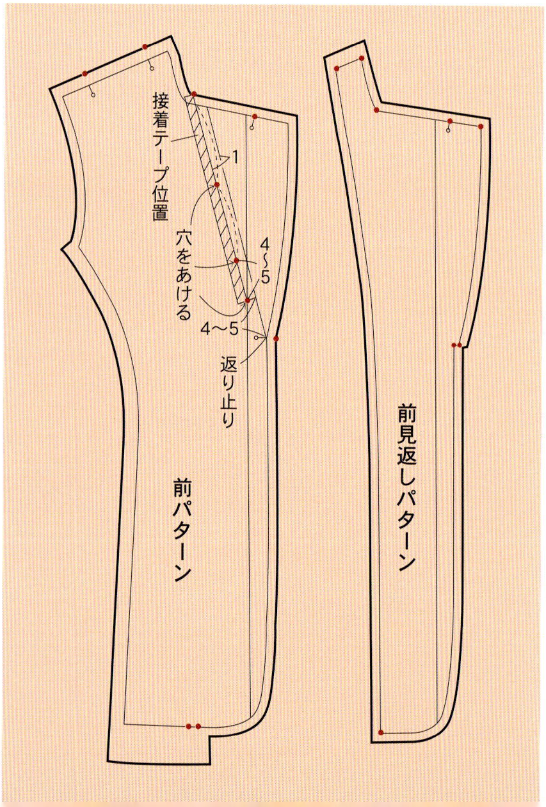

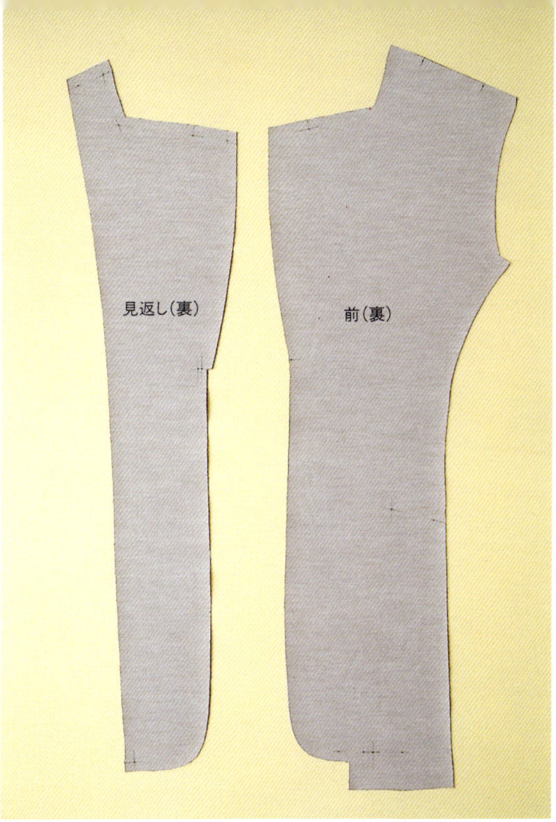

3

粗裁ち部分をパターンどおりに裁ち直す。パターンの穴の位置を消えるペンなどで点でしるし、さらにその位置を鉛筆でしるす。

4 テープ芯をはる。返り線より1cm身頃側に接着テープをはる。テープは1cm幅の接着ストレートテープを使い、*3*でしるした位置に合わせて、接着テープを平らに置き、まず衿つけ線からAの印までをアイロンではる。次に接着テープつけ止りをテープにしるす。

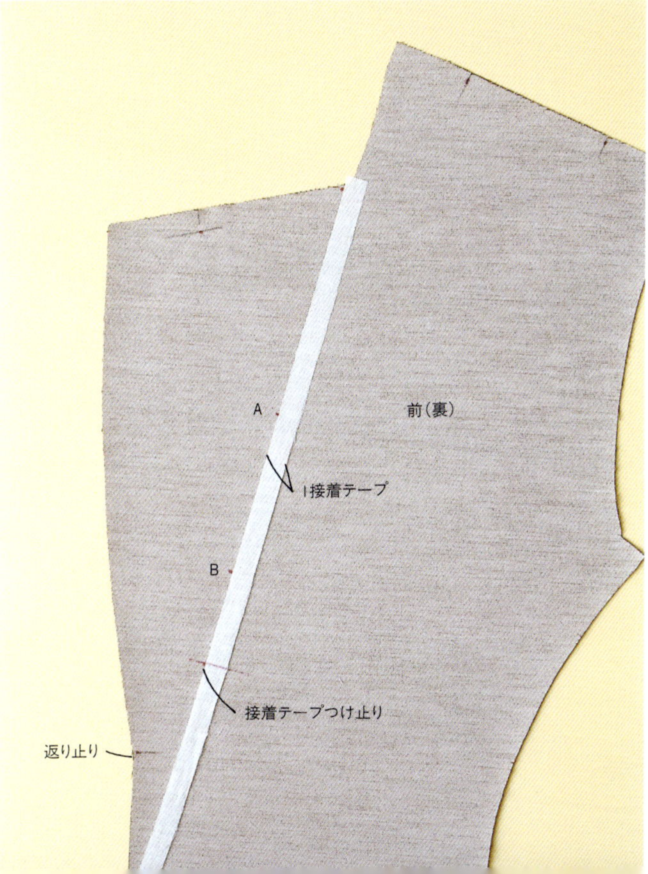

5 接着テープを下に引いて、合い印の位置を0.3〜0.4cmぐらいずらす。このいせ分はAからBの間に入れる。

6

接着テープつけ止りから下の余分をカットし、つけ止りからBの印までを、平らにアイロンではる。

7

AからBの間をはる。身頃のいせ分をバストポイントに向けてバランスよく入れ、上からアイロンで押さえて接着テープをはる。いせてテープをはるのは胸のふくらみを出すためと、ラペル折り山が落ち着くため。

8

前肩線には1.5㎝幅のストレートテープをはる。肩の接着テープは、出来上りのラインがテープの中心になるようにはる。

9

返り線近くにはったテープの中心をミシンで止める。

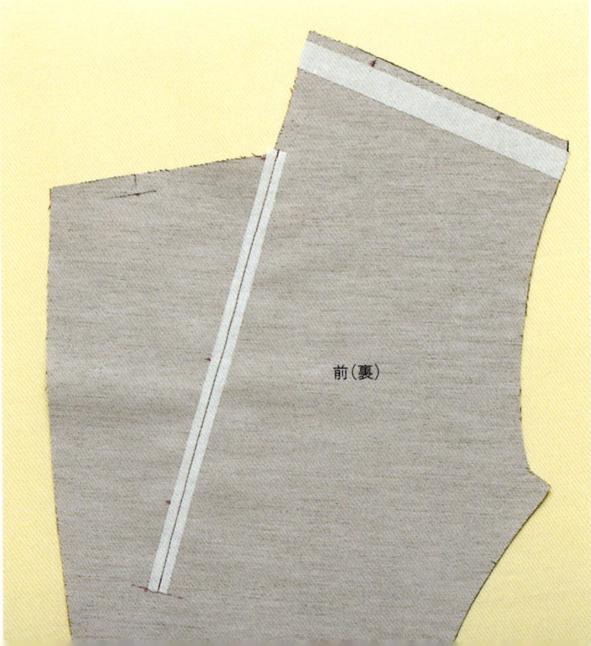

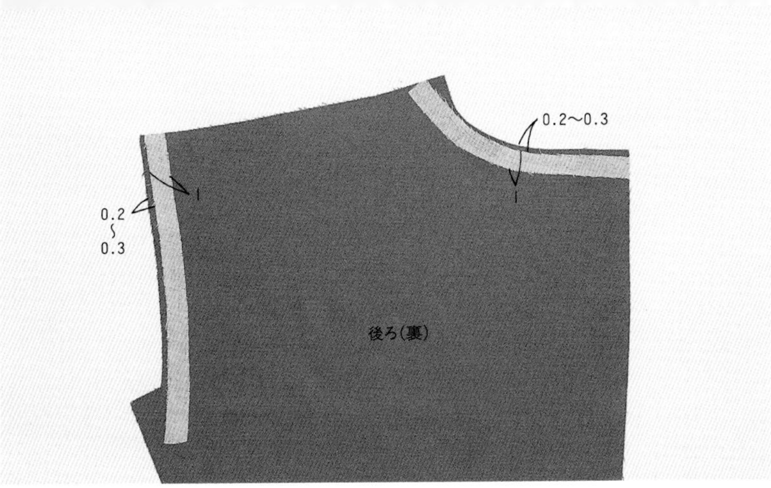

10
後ろ身頃は衿ぐり、袖ぐりの縫い代に、1cm幅のハーフバイアステープをはる。

表、裏身頃を縫い上げる

1 表前身頃はパネルラインを縫い合わせてポケットを作る。後ろ身頃は後ろ中心、パネルラインを縫い合わせる。次に肩、脇を縫う。縫い代はアイロンで割る。

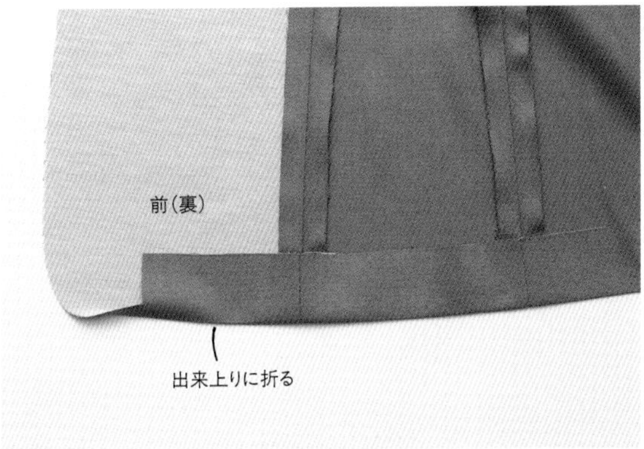

2 表身頃の裾折り代を、前端の丸みの1cmぐらい手前までアイロンで折り上げる。

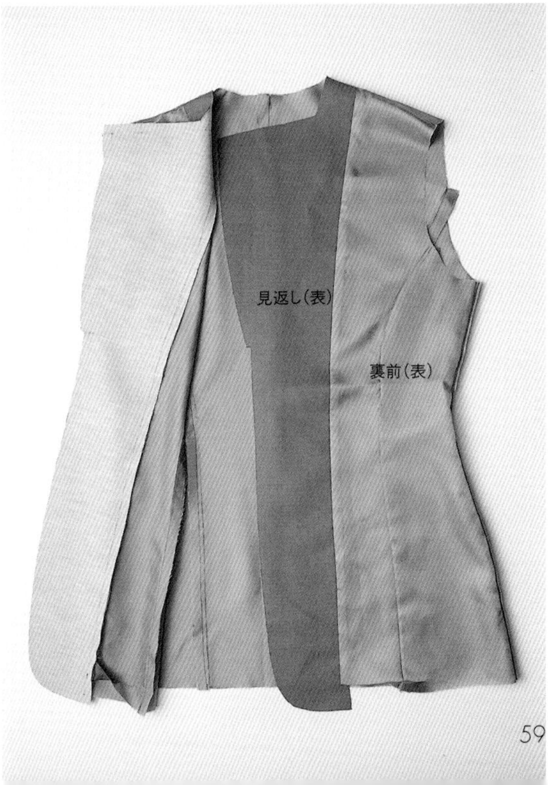

3 裏身頃は各切替え線を縫い合わせ、肩、脇を縫う。縫い代は片側に倒してアイロンをかける。

表身頃に裏衿をつける

1 表身頃の衿ぐり線に裏衿を中表に合わせる。

2 衿つけ止りを合わせてまち針を刺す。

3 衿つけ止りがずれないようにまち針をまっすぐ立てて刺し、指でしっかり布を押さえる。

4 布をしっかり押さえたまま、まち針を抜いて、衿つけ止りより少し縫い代側をまち針で止める。

5 衿つけ止りにミシン針を落とす。

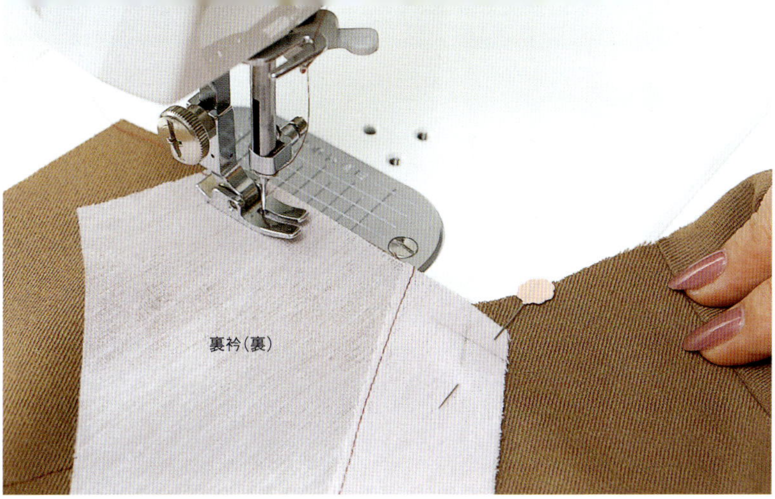

6

押え金を下ろし、まず3針縫って3針返し縫いをしてから縫い始め、3〜4針進んだところで4のまち針を抜き、衿つけ線の角にまち針を打つ。まち針は布を平らにした状態で縫い代に止める。

7

角まで縫い進み、角の印で針を刺したままミシンを止め、押え金を上げる。

8

角のまち針を抜き、縫い進む方向に身頃の向きを変え、ミシン針のきわまで、縫い代に切込みを入れる。次に針を刺したまま衿を身頃衿ぐり線側に回す。

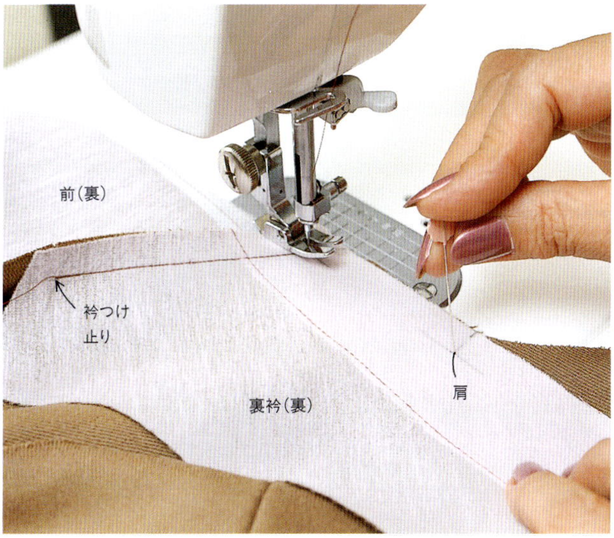

9

身頃の衿ぐり線を衿のつけ線にそわせ、平らな状態で衿の合い印と肩縫い目を合わせて、ずれないようにまっすぐまち針を刺す。

10

ずれないように布をしっかり押さえてまち針を抜き、縫い進む方向に対して直角に、合い印の少し後ろ側をまち針で止める。

11 肩の合い印まで縫い進み、合い印にミシン針を刺したままミシンを止める。

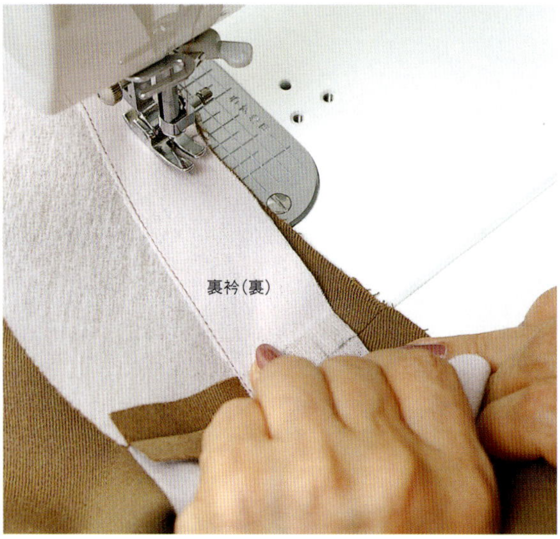

12 身頃の後ろ衿ぐりを縫い進む方向にし、身頃と衿の後ろ中心を合わせる。

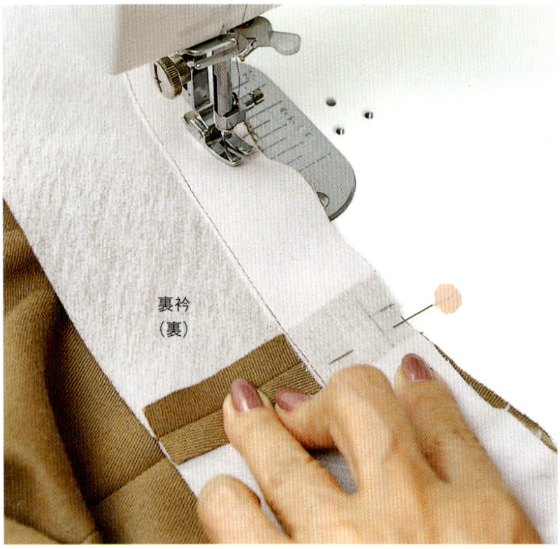

13 後ろ中心を合わせて*3*、*4*と同じ要領でずれないように注意してまち針で止める。すると衿が余って、身頃がつれぎみになる。

14 後ろ中心から肩に向かって直線の部分を平らに合わせ、まち針で止める。

15 肩と*14*で止めたまち針の間に、身頃の縫い代に3～5か所、なじむ程度に浅く切込みを入れる。

16 まち針の手前まで縫ったら、まち針を抜いてから縫い進む。

17 後ろ中心まで縫ったら、針を刺したままミシンを止め、後ろ衿ぐりの直線の部分を合わせて、まち針で止める。

18
後ろ中心のまち針を抜き、左側と同じ要領で、身頃肩縫い目と衿の肩の合い印を合わせてまち針で止める。

19
まち針の間の身頃の衿ぐり縫い代に、浅く切込みを入れる。

20 肩までミシンで縫い、いったんミシンを止め、最初と同じ要領で衿つけの角にまち針を打つ。

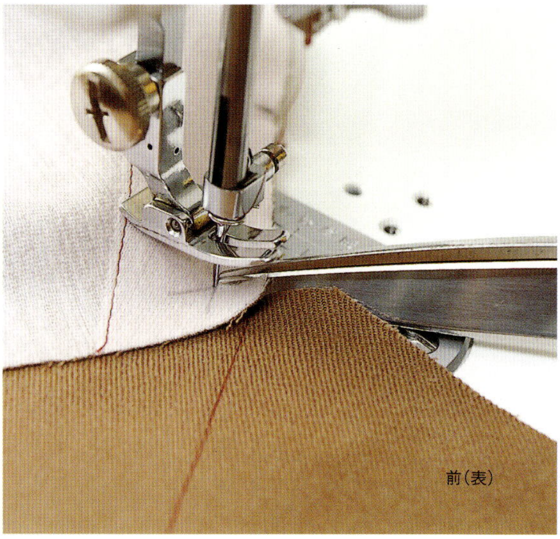

21 角まで縫ってまち針を抜き、ミシン針を刺したままミシンを止めて押え金を上げ、向きを変えて針のきわまで縫い代に切込みを入れる。

22 衿つけ止りまでをまっすぐ合わせ、衿つけ止りがずれないように注意して、衿つけ止りより縫い代側にまち針を打つ（60ページ参照）。

23 衿つけ止りまで縫い、返し縫いをして止める。印の位置できっちり縫い止める。

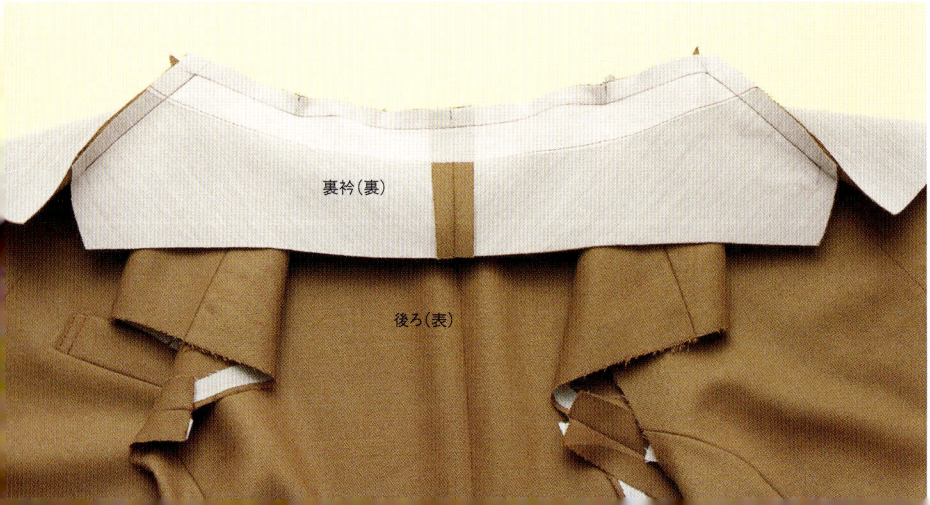

24 裏衿つけミシンをかけ終わった状態。

25 後ろ身頃の衿ぐりに入れた切込みを少し深くし、肩は縫い目のきわまで斜めに切込みを入れ、衿つけ縫い代を割る。

26 衿つけのとき切込みを入れた角は、長いほうの縫い代を上にして割る。ラペルは、衿の縫い代端の位置までをアイロンで割る。

27 裏衿つけの出来上り。

裏身頃に表衿をつける

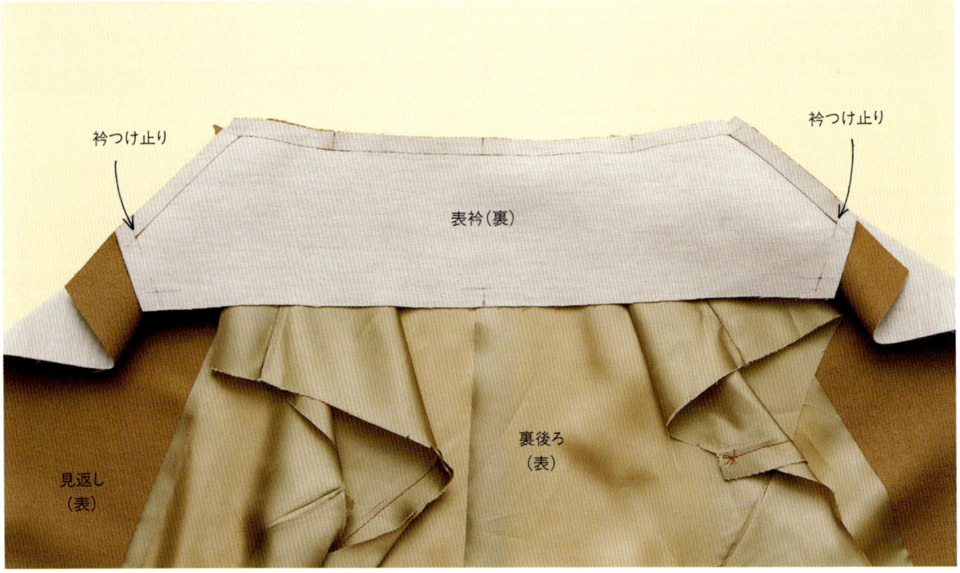

1
裏身頃と表衿を中表に合わせ、衿つけ止りから衿つけ止りまでを、裏衿つけと同じ要領で縫う。

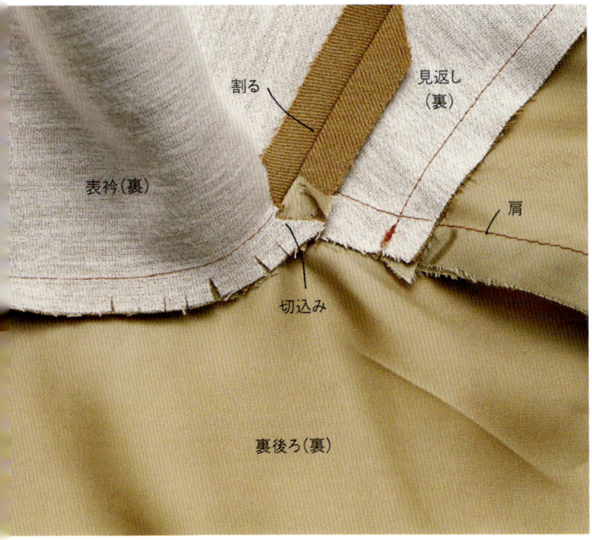

2 後ろ衿つけ縫い代は切込みを入れて、身頃側に倒す。

3 前衿つけ縫い代は割る。

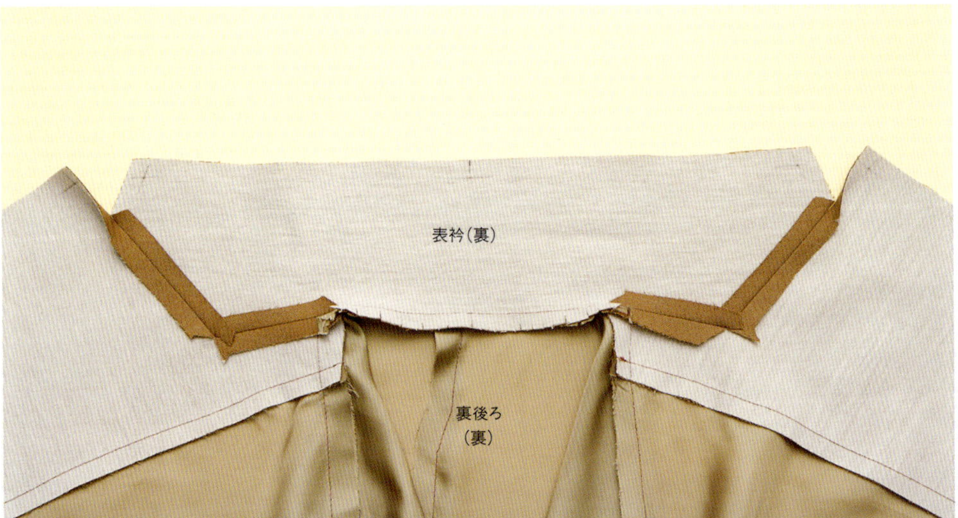

4
表衿つけの出来上り。

衿外回りを縫う

1 表衿と裏衿を中表に合わせ、左前の衿つけ止りをきちんと合わせる。

2 ミシン針を下ろしてから、表衿を上にしてその針をはさむように衿つけ止りの角を針にぶつける。

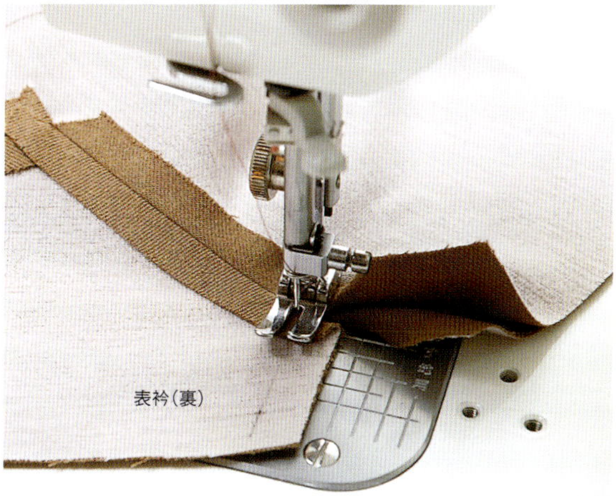

3 衿先を縫う方向に置き、押え金を下ろす。

4 2針縫ったら返し縫いを2回繰り返してから衿つけ縫い代分までを縫い、いったんミシンを止めて、2枚の衿先を合わせる。

5 押え金を上げ、小ばさみの先でゆとりを入れて、押え金を下ろす。

6 ゆとりを逃がさないように注意して、衿先の角まで縫う。

7 布を回して向きを変え、衿外回りを平らに重ねて合わせる。

8
指で表衿を少し押して、*5*、*6*の衿幅に入れたゆとりと同じくらいのゆとりを表衿に入れる。

9
*5*と同じ要領でゆとりを入れて押え金を下ろし、ゆとりを逃がさないようにして*5*、*6*と同寸法ぐらいまで縫う。

10 表衿と裏衿の後ろ中心を合わせ、後ろ中心から5〜6cmは平らに合わせる。

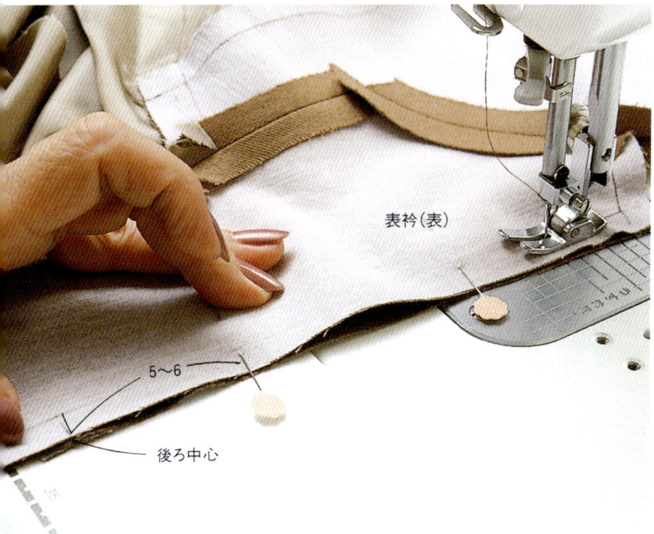

11 平らに合わせた位置にまち針を打ち、肩を中心に残りのゆとりが入るようにまち針を打つ。

12 前寄りのまち針くらいまでは平らに縫い、そこから次のまち針まではゆとりを入れながら縫う。

13 後ろ中心から反対側も同じ要領で縫い、表衿外回りの肩あたりと衿先にゆとりを入れながら、衿つけ止りまで縫う。

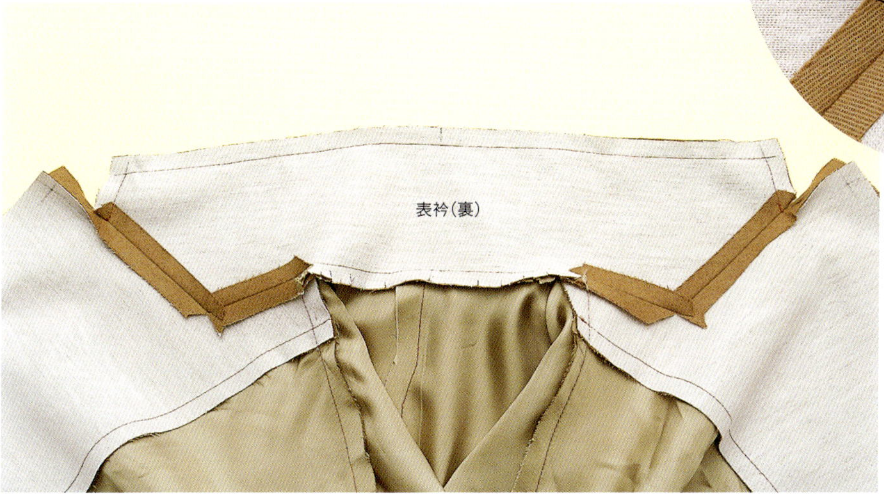

14 衿つけ止りは返し縫いをして止める。

左前端から左ラペル外回りを縫う

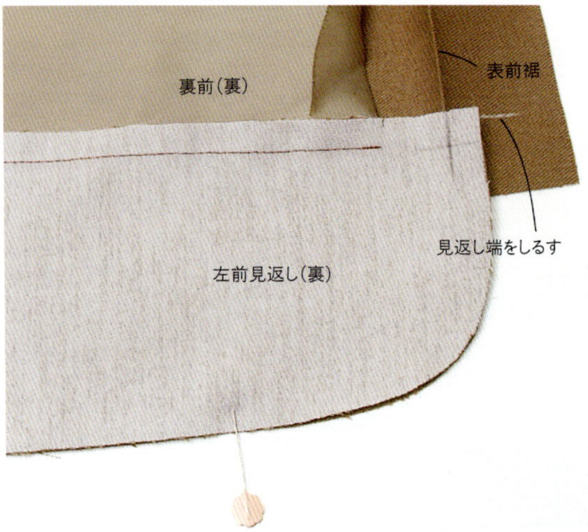

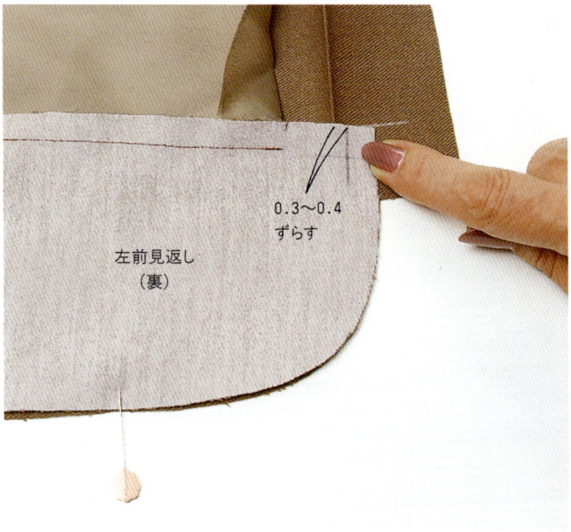

1 身頃表面の裾に見返し端位置をしるしておく。左前身頃と見返しを中表に合わせ、見返し端位置を印に合わせる。見返しの裾出来上り位置を表裾の折り山に合わせ、裾から8～10cmぐらい上の位置をまち針で止める。

2 表裾の折り山位置より見返しを下に0.3～0.4cmずらし（見返し控え分の約2倍）、そのままミシンにのせる。

3 ずらした分の半分よりも少し裁ち端側にミシンをかける。返し縫いをして縫い始め、丸みの始まりあたりから表身頃側をいせぎみにしてゆとりを入れながら、まち針の手前まで縫う。

4 返り止りの印を合わせてまち針で止め、*3*の位置から返り止りの1～3針手前まで縫う。

5 身頃と見返しを平らに合わせ、返り止りから5～7cm上をまち針で止める。

6 まち針で止めた部分をめくると、ずれていることがわかる。

7 布端のずれをそろえて、まち針を止め直す。

8

見返し返り止りの、角になって出っ張っている部分を少しねじるようにして裁ち端をそろえ、浮いた分を入れ込みながら押え金を下ろして3〜5針縫う。

9

身頃側ラペルの先を控えるようにしてずらす（表ラペルのゆとり分の確保）。

10

ラペルの角から、ラペル上端の幅と同寸法ぐらい手前まで縫い、そこからは表ラペルにゆとりを入れながらラペルの角まで縫う。

11

角から衿つけ止りまでのラペル上端は、縫い代を起こして表ラペル側にゆとりを入れながらミシンをかける。

12

衿つけ止りできっちり止め、返し縫いをする。衿つけ止りあたりが縫い代の厚みで縫いにくい場合は、厚紙を押え金の下に入れ、左右の厚みをそろえてミシンをかけるといい。

右ラペル外回りから右前端を縫う

1 表ラペル側からミシンをかけるので、右身頃は衿つけ止りから縫い始める。右前身頃と見返しを中表に合わせ、左身頃と同じ要領で身頃と見返しの布端を合わせ、表ラペルにゆとりを入れながら、衿つけ止りから返り止りの1〜3針手前まで縫う。

2 返り止りから下の前端の裁ち端をそろえる。

3 返り止りの出っ張った部分を少しねじるようにして裁ち端をそろえ、浮いた分を入れ込みながら押え金を下ろして3〜5針縫う。

4 前端から見返し裾までは、左身頃と同じ要領で縫う（70ページ参照）。

5
衿外回り、左右のラペルから前端を縫い終わった状態。

表に返して整える

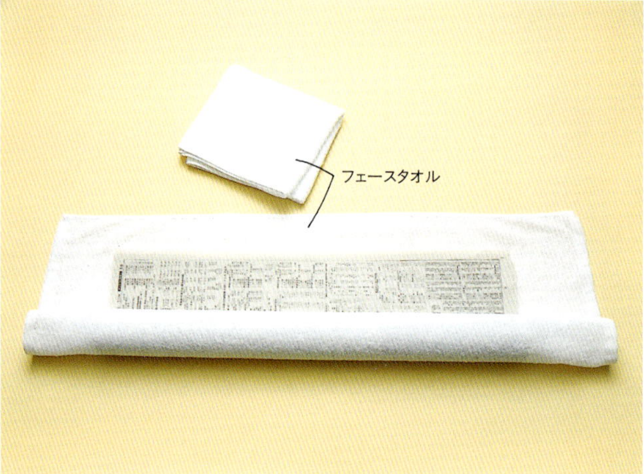

1 表に返す前に、まず縫い代を軽くアイロンで割る。新聞紙をフェースタオルで巻いただけの簡単なアイロン台を利用すると便利。新聞紙の量を増やしたり、新聞紙を折ってタオルでくるむなど、使う場所に合わせて大きさや形を簡単に調節できる。

2 前端からラペル外回りは丸めた新聞紙（朝刊1部分ぐらい）をタオルでくるんだアイロン台を使って縫い代を割る。

3 裾の丸みも *2* と同じ要領で縫い代を割る。

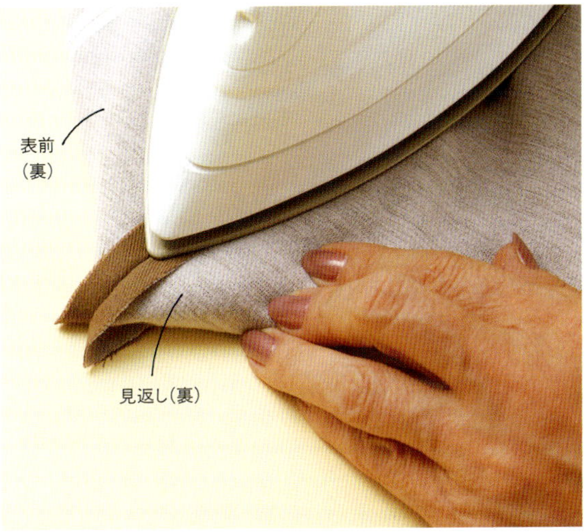

4 ラペルの先や衿先は、折った新聞紙をタオルでくるんだアイロン台を使って縫い代を割る。

5 縫い代は閉じていたのが開く程度に軽く割るだけでいい。

6 裾の丸みの部分の縫い代に、2枚一緒にぐし縫いのミシンをかける。縫始めと終りは返し縫いをしないで糸端を長めに残しておく。

7 身頃側のぐし縫いのミシン糸を引いて、縫い代を縮める。

8 ラペルの返り止りに、ミシン目の少し手前まで2枚一緒に切込みを入れる。

9 ラペル、衿先の縫い代を斜めにカットする。身頃、裏衿側はミシン目から0.5cmぐらい残し、2枚の縫い代に差をつけてカットする。

10 衿つけ止りの衿の縫い代を、斜めにカットする。

11 衿先の縫い代を表衿側にきちんと折る。

12 折った縫い代を押さえたまま、衿先だけ表に返す。

13 ラペルの先も、衿先と同じように縫い代を折って表に返す。

14

ミシン針で衿先、ラペルの先を整える。

15

裾から全体を表に返す。

16

衿とラペルの外回りにアイロンをかける。表身頃側から、裏衿、裏ラペルを控えながら、布端だけにアイロンをかけるような気持ちで、アイロンの端を使ってかける。余分なところにアイロンをあてると、あたりやこて光りが出るので気をつける。

17

前端にアイロンをかける。見返し側から、見返しを控えながら*16*と同じ要領でかける。

18 アイロンのすんだ状態。

衿つけ縫い代の中とじ

1 裏身頃を上にして身頃を平らに置き、裏衿側から衿つけ線の後ろ中心にまち針を刺して、表、裏身頃の後ろ中心を合わせる。

2 表衿を上にして平らに置いたまま、後ろ中心、肩、ゴージラインの位置で、返り線より外側をまち針で止める。

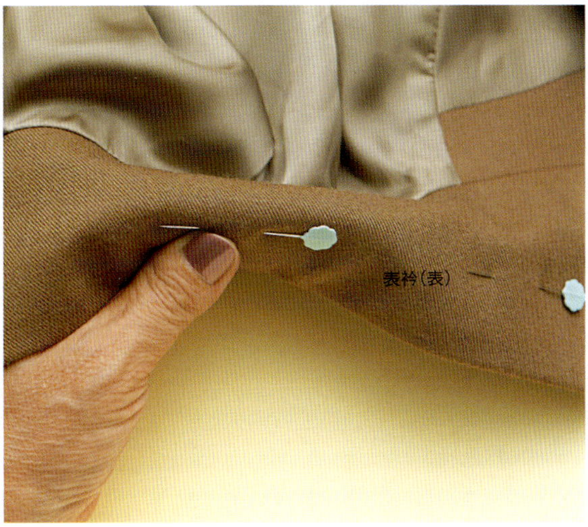

3 後ろ中心の裏衿側に指を入れ、その指に衿を巻きつけるようにして衿を折り、表衿幅のゆとりを確保する。

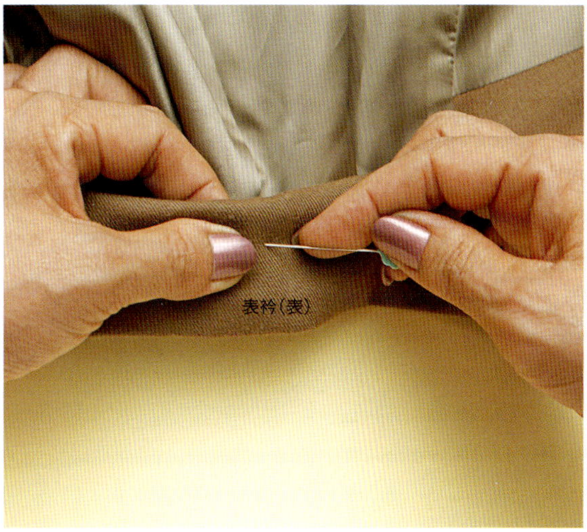

4 そのゆとりを逃がさないようにしながら、衿をつまむようにしてまち針を打ち直す。

5 肩、ゴージラインも同様に折り返りのゆとりを確保し、まち針を打ち直す。

6 裾から裏布をめくり、表衿と裏衿の衿つけ縫い代をとじる位置を確認する。

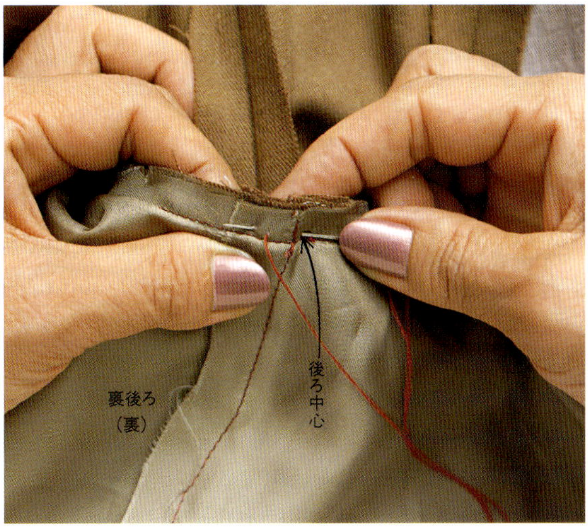

7 衿つけ縫い代の後ろ中心を合わせ、まず、後ろ中心だけ縫い止める。中とじはしつけ糸またはロックミシン糸の2本どりで。

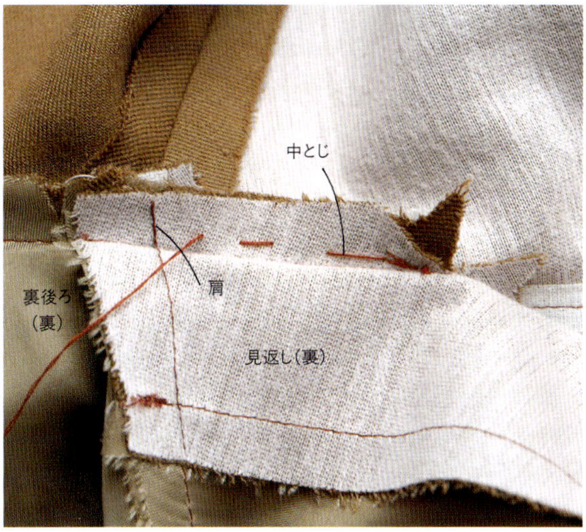

8 衿つけの角からもう一方の角までを中とじする。まず始めは2〜3回返し縫いをしてしっかり止めてから、肩の少し手前まで平らに粗くとじる。

9 肩縫い目位置は、中とじの糸が必ず見返し側で渡るようにする。これは裏衿側のゆとりを糸でつぶさないようにするため。

10 反対の角まで同じように縫い代をとじる。

11 表に返すと返り線にゆとりが入って仕上がる。普通の布の場合は、これで衿の中とじは完了。

12 柔らかい布、垂れる布の場合は、ゴージラインも中とじをする。衿つけ止りを返し縫いでしっかり止め、衿つけの角までをとじる。このとき、ゴージラインは表衿側のほうが長い。そのゆとりは返り線位置で浮かしておきたいので、返り線の位置は、裏衿側に大きめに糸を渡してとじる(表衿側のゆとり分を糸で押さえないようにするため)。

13 出来上り。

衿ぐり

ラウンドネック、見返し始末
ラウンドネック、バイアステープ始末
ラウンドネック、玉縁仕立て
ラウンドネック、ヨーク切替え
Vネック、見返し始末
Vネック、玉縁仕立て
スクエアネック、バイアステープ始末
スクエアネック、ヨーク切替え
ボートネック、見返し始末
ボー結びの玉縁仕立て
フリルをはさんだ玉縁仕立て
衿ぐりから裾まで続けた玉縁仕立て

●衿ぐり

ラウンドネック、見返し始末

首にそった丸い衿ぐりを見返しで縫い返す方法。後ろボタンあきのデザインです。

●パターン、裁断

衿ぐりの縫い代は身頃、見返しとも1cm、後ろ端見返しは後ろ身頃から裁ち出す。接着芯は各見返し分を用意する。

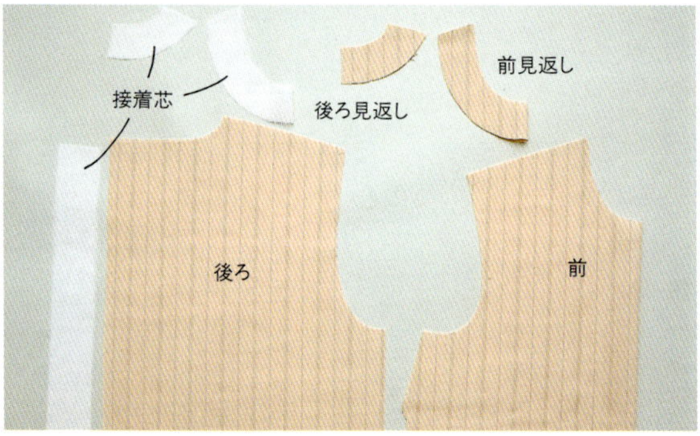

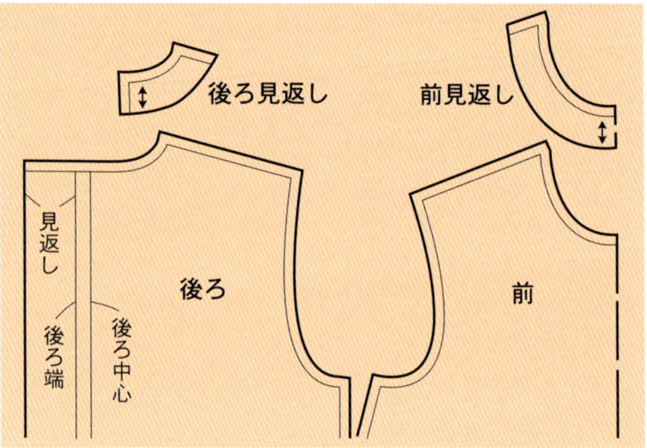

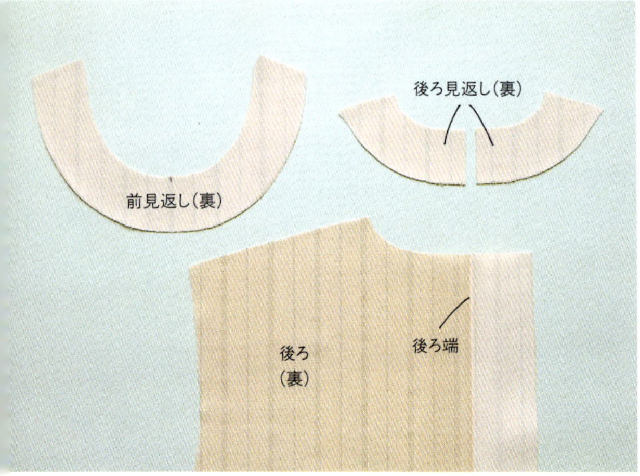

1 各見返しの裏面に接着芯をはる。前見返しは前中心に合い印をつける。

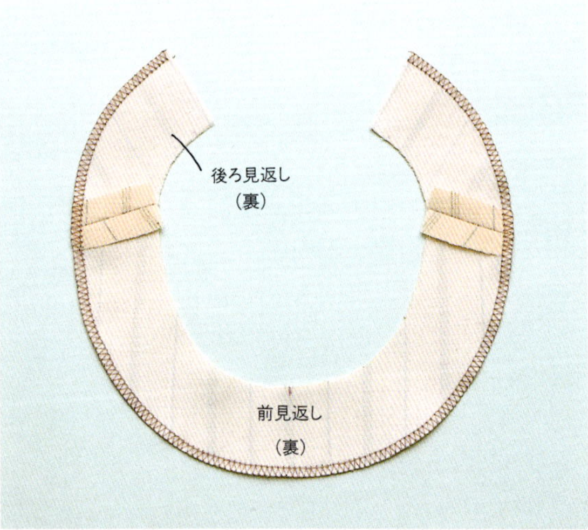

2 前見返しと後ろ見返しの肩を縫い合わせる。縫い代を割り、外回りにロックミシンをかける。

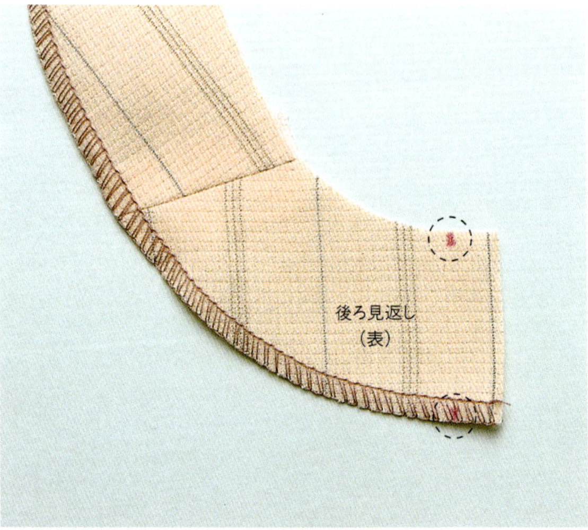

3 後ろ見返しの表面に、後ろ端見返しとの合い印をしるす。

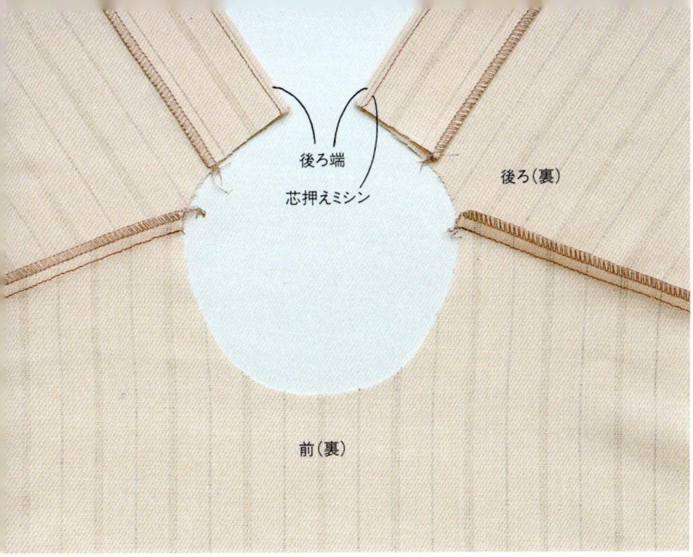

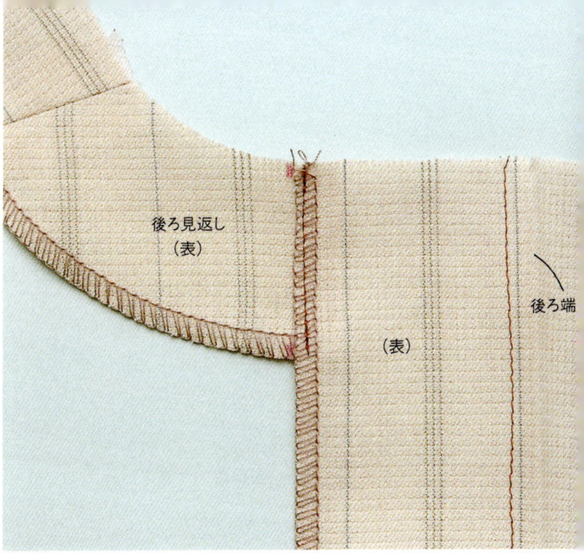

4 後ろ端は、見返しをアイロンで出来上りに折って芯押えのミシン、ロックミシンをかける。次に前後身頃を中表に合わせて肩を縫う。縫い代は2枚一緒にロックミシンで始末し、後ろ側に倒す。

5 後ろ見返しの合い印に合わせて後ろ端見返しを重ね、表面からミシンで押さえる。

6 身頃と見返しを中表に合わせて衿ぐりをミシンで縫う。

7 縫い代に切込みを入れる。特に肩は後ろ側の縫い代をミシン目のきわまで斜めに切り込む。

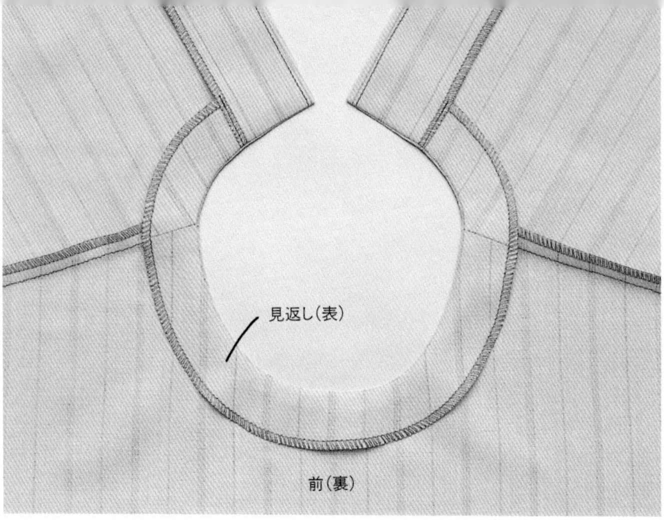

8

表に返し、見返しを少し控えてアイロンで整える。

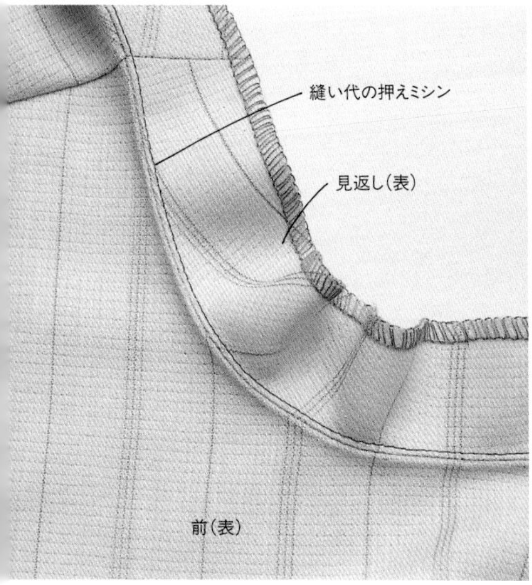

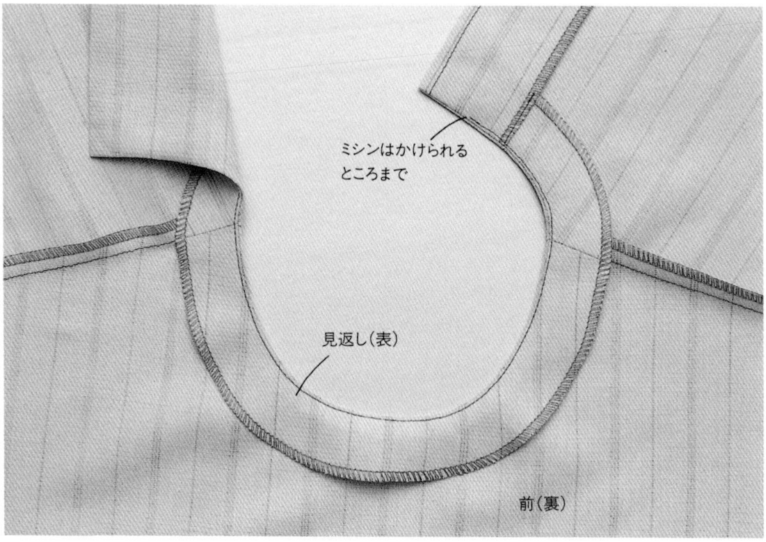

9

身頃をよけて、見返しの衿ぐりのきわに縫い代の押えミシンをかける。後ろ端側は角まで縫えないので、かけられるところまで縫う。

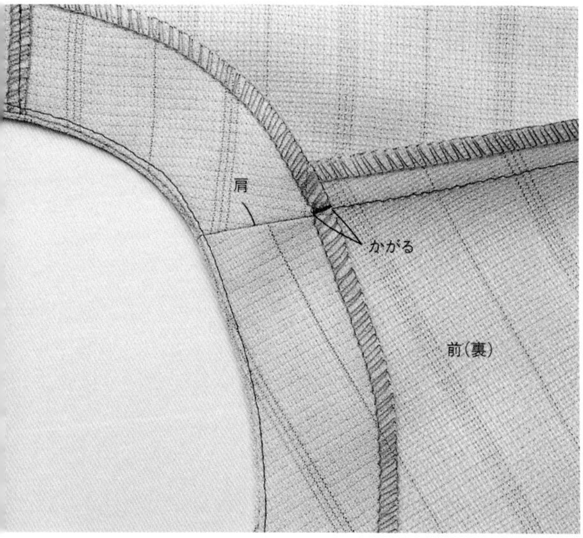

10

見返し端を肩縫い目にそって、肩縫い代に止める。

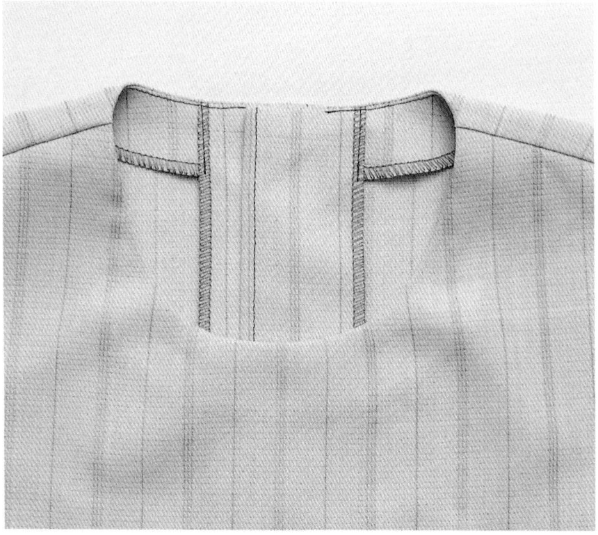

11

出来上り。

●衿ぐり

ラウンドネック、バイアステープ始末

丸い衿ぐりを共布のバイアステープで縫い返す方法。バイアステープは共布を二つ折りにして使います。後ろボタンあきのデザインで。

●パターン、裁断

衿ぐりの縫い代は1cm。バイアステープ用のバイアス布は必要な幅（ここでは二つ折りにして1.8cm幅で使用するので3.6cm）の約2倍（約7cm）、長さは衿ぐりのつけ寸法で粗裁ちをする。後ろ端見返しは身頃から裁ち出し、接着芯は見返し分を用意する。

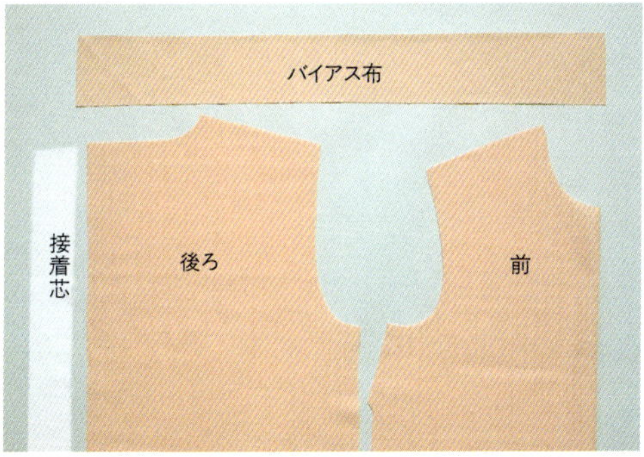

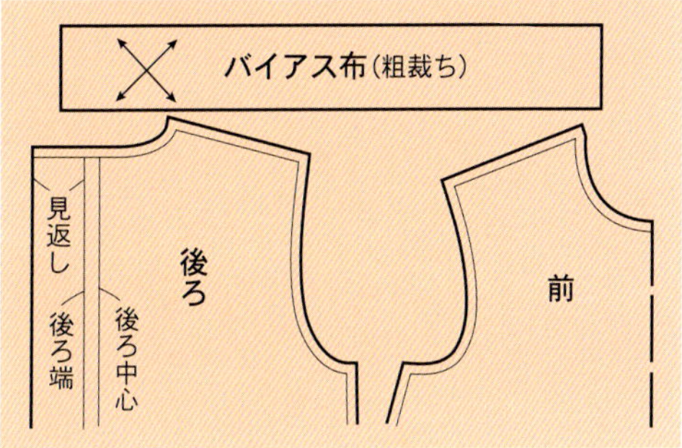

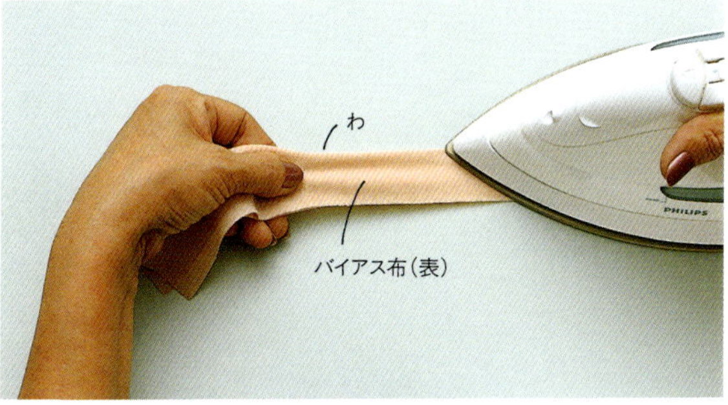

1

バイアス布を外表に半分に折り、アイロンで伸ばす。

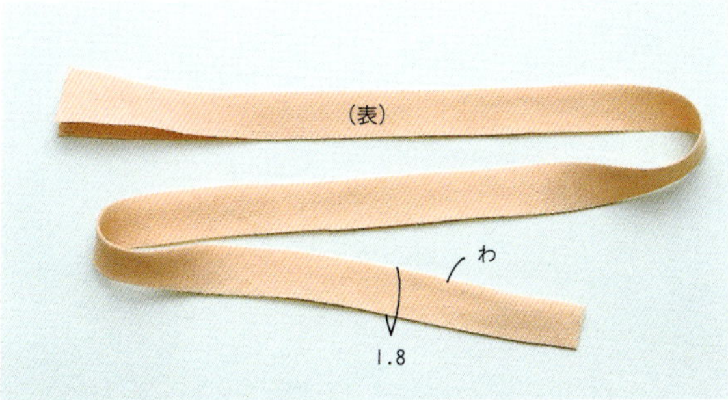

2

伸ばしたバイアス布を二つ折りのまま、1.8cm幅にカットする。

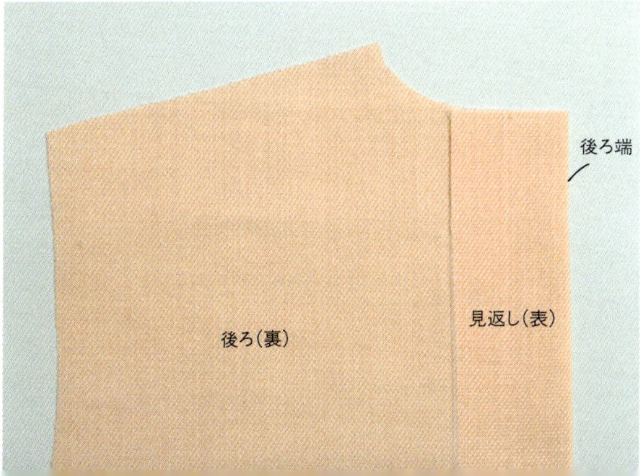

3

後ろ端見返しに接着芯をはり、出来上りにアイロンで折る。

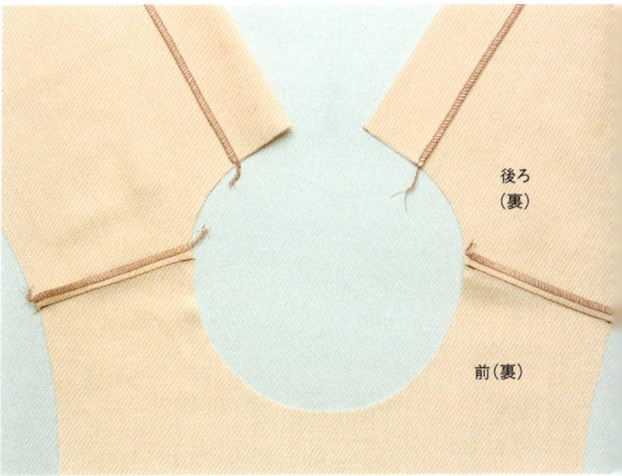

4

見返し端にロックミシンをかけ、前後身頃の肩を縫い合わせる。肩縫い代はロックミシンで始末して後ろ側に倒す。

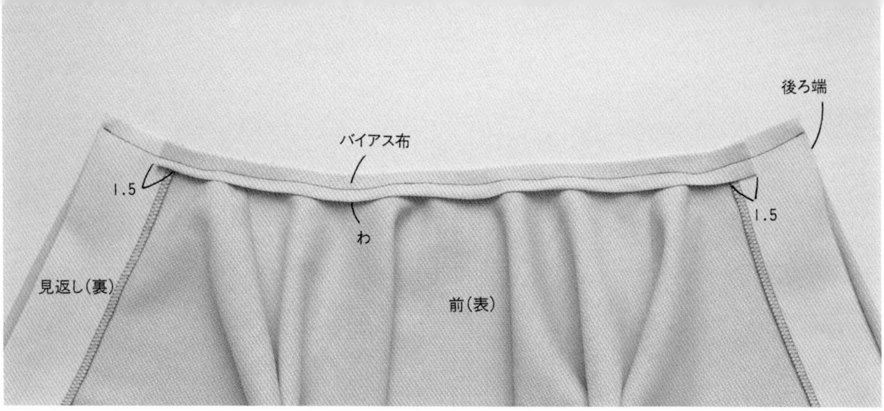

5
後ろ端見返しを中表に折り、見返し端の2〜3cm手前まで縫い、バイアス布を見返しに1.5cmぐらい重ね、衿ぐりとバイアス布の布端を合わせて縫う。

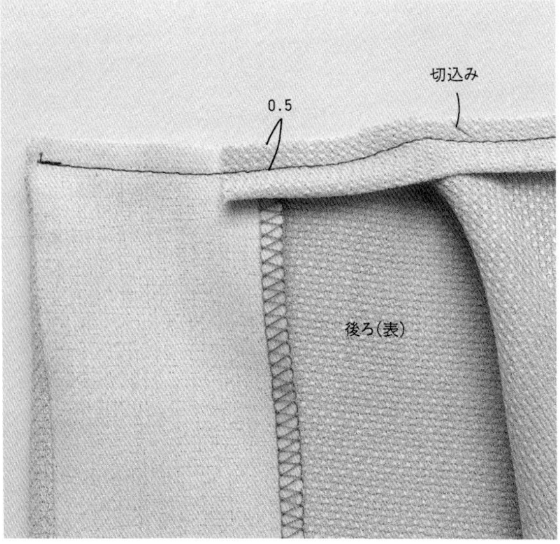

6 縫い代を0.5cmぐらいにカットし、カーブの部分に切込みを入れる。特に肩は後ろ側の縫い代を、ミシン目のきわまで斜めに切込む。

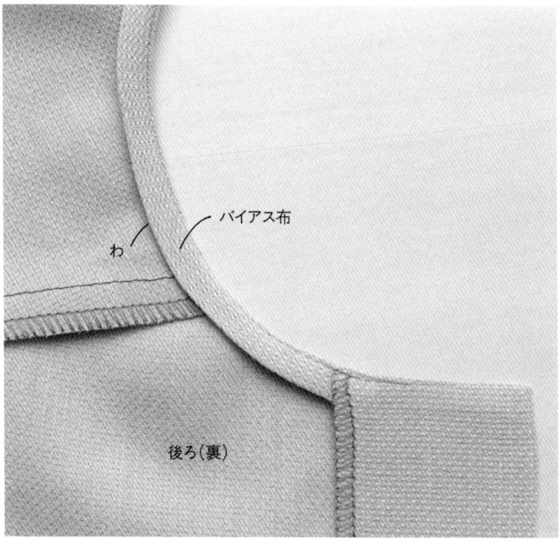

7 見返し、バイアス布を表に返し、バイアス布を少し控えてアイロンで衿ぐりを整える。

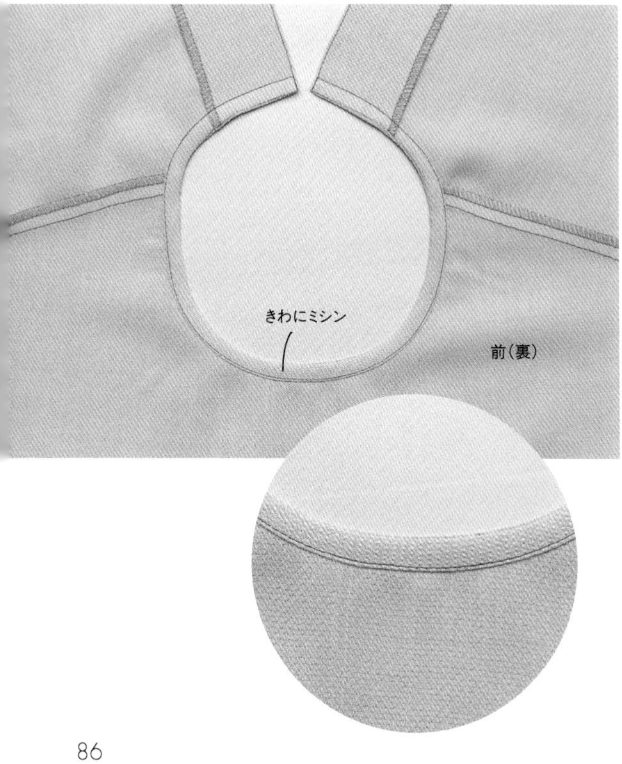

8 見返し側から後ろ端にステッチをかけ、続けてバイアステープの端をステッチで押さえる。

9 出来上り。

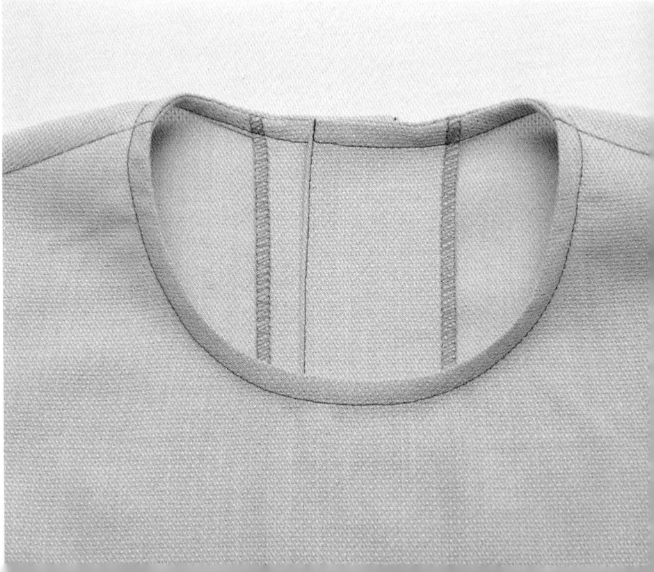

●衿ぐり

ラウンドネック、玉縁仕立て

丸い衿ぐりをバイアス布でくるんで縁とりをする方法。バイアス布は二つ折りにした共布を使います。後ろボタンあきのデザインです。

●パターン、裁断

衿ぐりは縫い代をつけないで裁ち、後ろ端見返しは身頃から裁ち出す。玉縁布は必要な幅（ここでは二つ折りにして2.4cm幅で使用するので4.8cm）の約2倍（9〜10cm）、長さは前後の衿ぐり寸法で粗裁ちをする。接着芯は後ろ端見返し分を用意する。

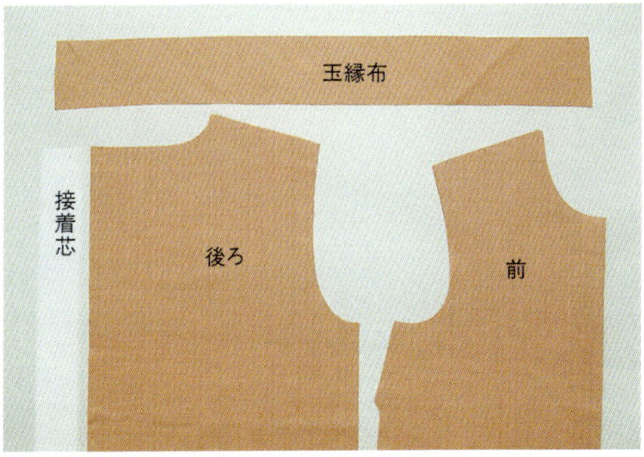

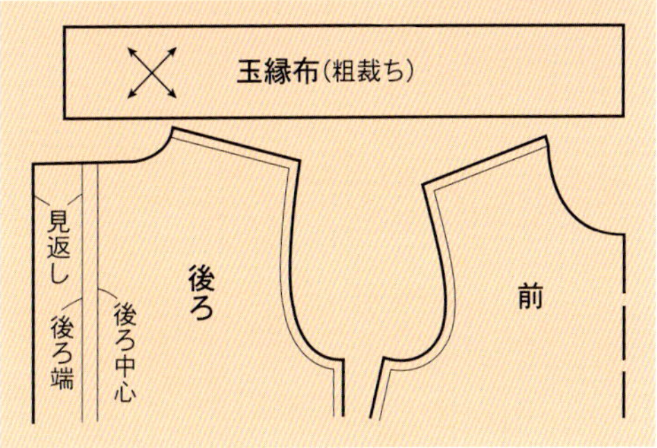

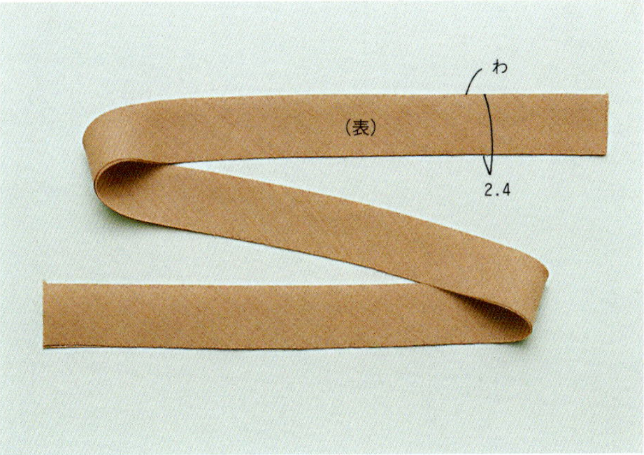

1

バイアス布を外表に二つ折りにしてアイロンで伸ばし（85ページ参照）、玉縁幅×3＋0.3cm（ここでは玉縁幅を0.7cmにするので2.4cm）にカットする。

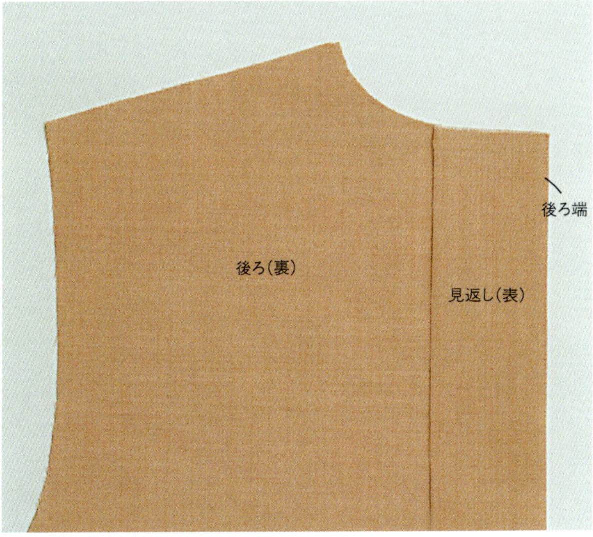

2

後ろ端見返しの裏面に接着芯をはり、見返しをアイロンで出来上りに折る。

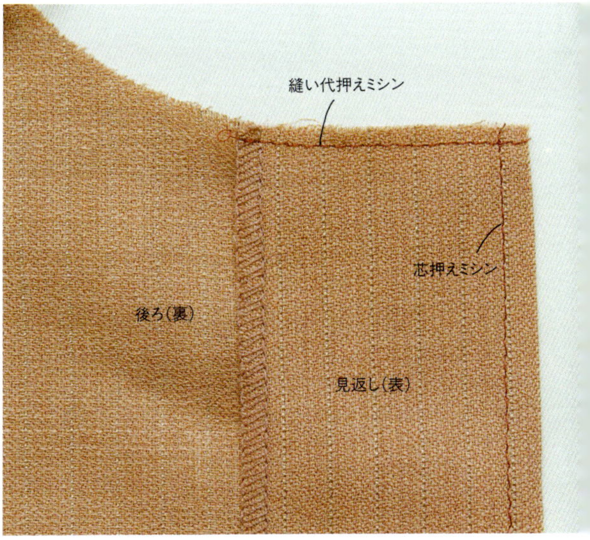

3

見返しにロックミシン、芯押えミシンをかけてから、見返し上端の縫い代押えミシンをかける。次に肩を縫い合わせ、縫い代をロックミシンで始末して後ろ側に倒す。

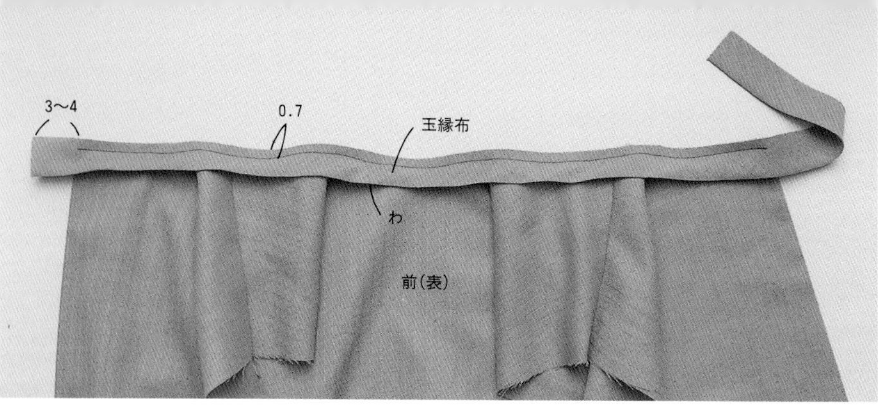

4

衿ぐりに二つ折りにした玉縁布を中表に合わせる。端は3～4cmバイアス布を出して、玉縁幅(0.7cm)でミシンをかける。

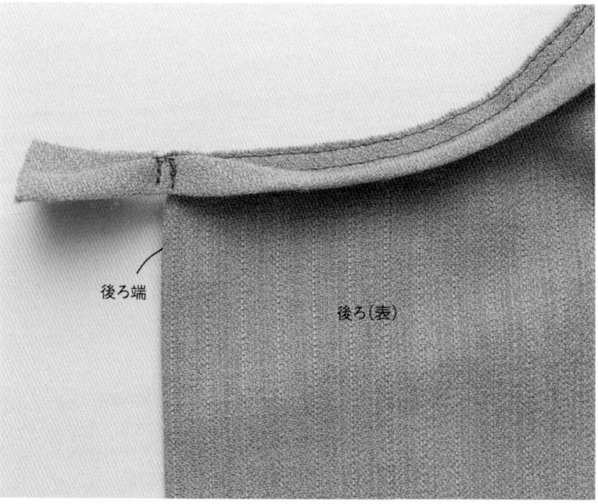

5 布端から0.2～0.3cmぐらいのところに縫い代押えミシンをかけ、ミシン目のきわから縫い代をカットする。

6 玉縁布の端を図のように折って、見返し側からバイアス布の後ろ端を縫う。さらに0.3cmぐらい外側にもう1本ミシンをかけ、ミシン目のきわから余分を裁ち落とす。

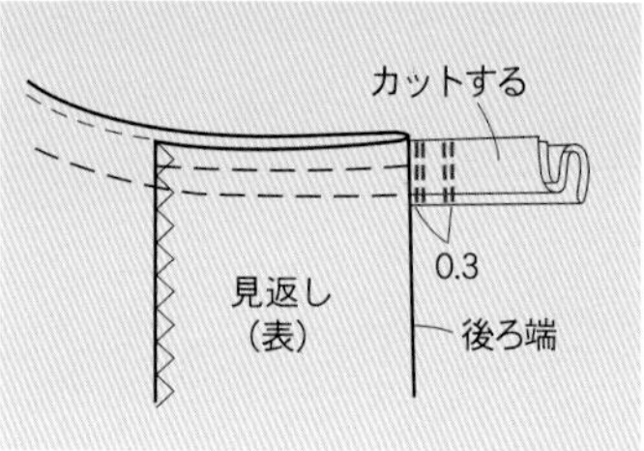

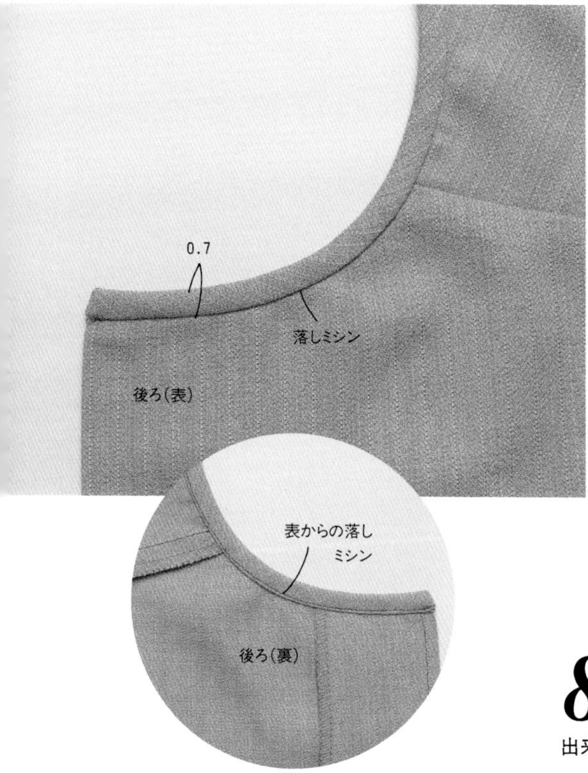

7 バイアス布を表に返し、布端をバイアス布でくるむ。身頃表面から落しミシンをかけて、裏側のバイアス布を止める。

8 出来上り。

●衿ぐり

ラウンドネック、ヨーク切替え

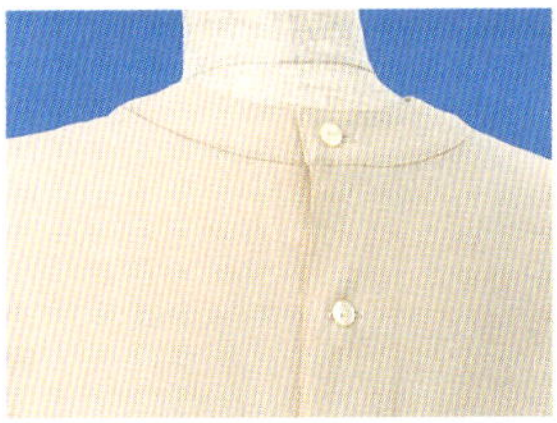

丸い衿ぐりと平行に切替えを入れたデザインの縫い方。後ろボタンあきの場合です。

●パターン、裁断

衿ぐり、ヨーク切替え線の縫い代は1cm。前、後ろとも表ヨーク、裏ヨークは同じ形に裁つ。後ろ端見返しは身頃から裁ち出す。接着芯は前後の表ヨーク、後ろ端見返し分を用意する。

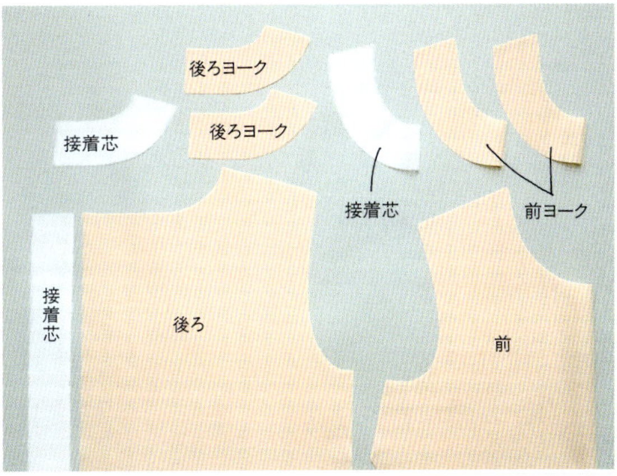

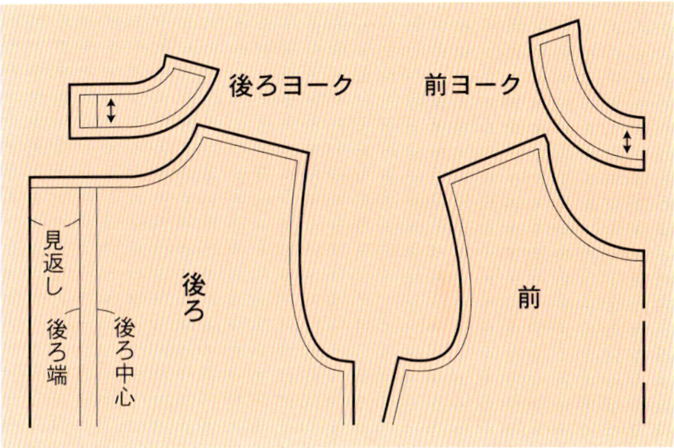

1 後ろ端見返しの裏面に接着芯をはり、見返しを出来上りに折って見返し端にロックミシンをかける。後ろ端にステッチをかけ、続けて見返し衿ぐりの縫い代をミシンで押さえておく。次に前後身頃の肩を縫い、ロックミシンをかける。

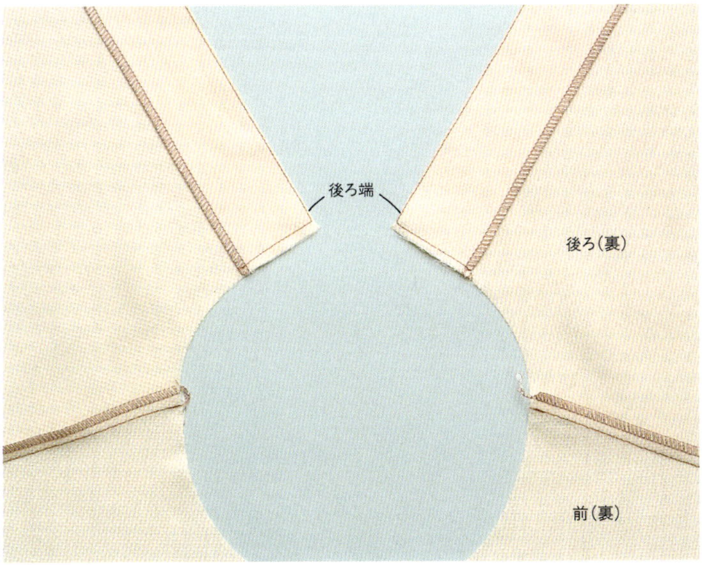

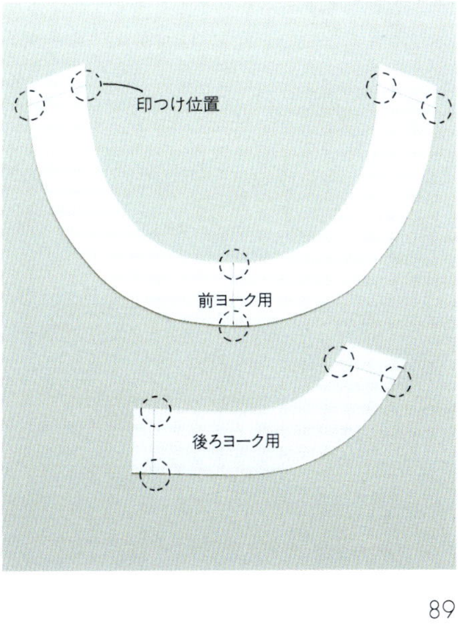

2 厚紙でヨークの紙定規を作る。前ヨークは中心から左右対称に開いた形で、肩にだけ縫い代をつける。後ろヨークは後ろ端と肩に縫い代をつけて作る。

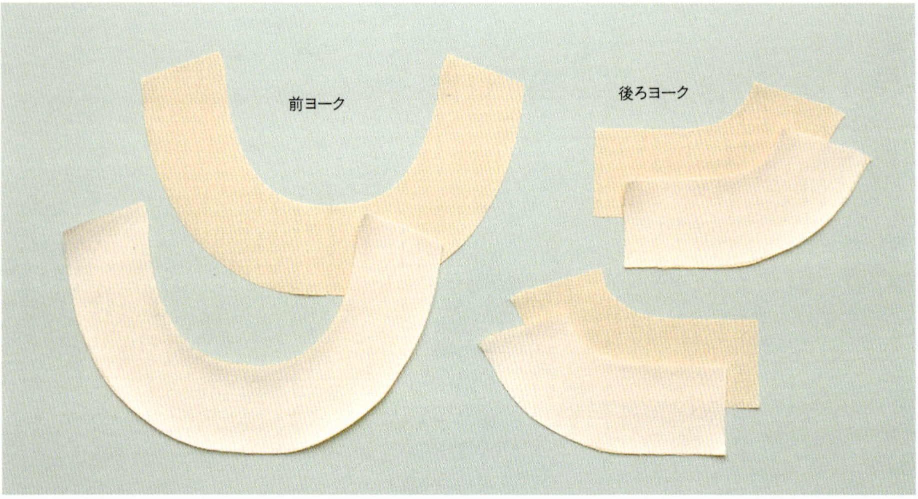

3

前ヨーク、後ろヨークとも表ヨークの裏面に接着芯をはる。

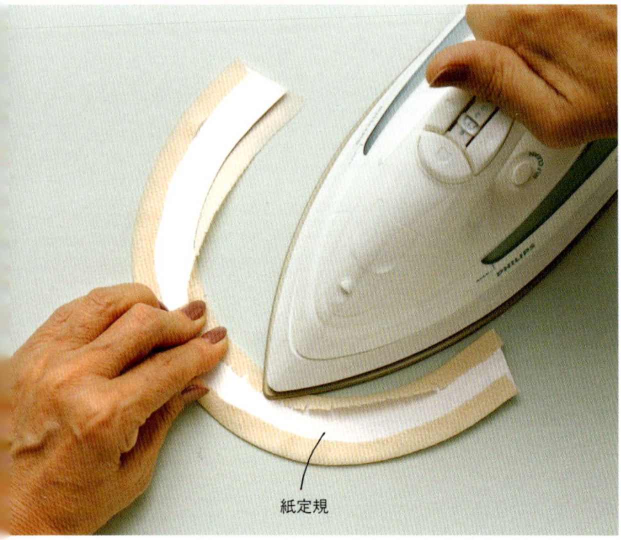

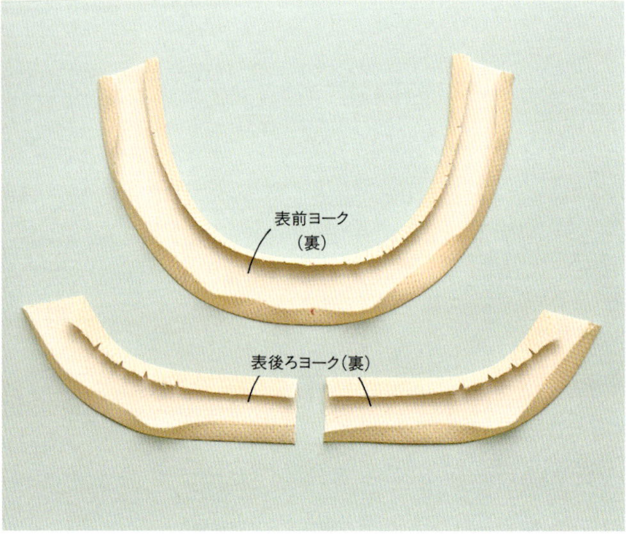

4 紙定規を使って表ヨークの縫い代を折る。表ヨークの裏面に紙定規をのせ、まず外回りの縫い代をアイロンで折る。次に衿ぐりの縫い代に浅く切込みを入れて衿ぐりを折る。p.89 *2*で示した印つけ位置に合い印を入れる。

5

表ヨーク、裏ヨークともそれぞれ肩を縫い合わせて縫い代を割る。

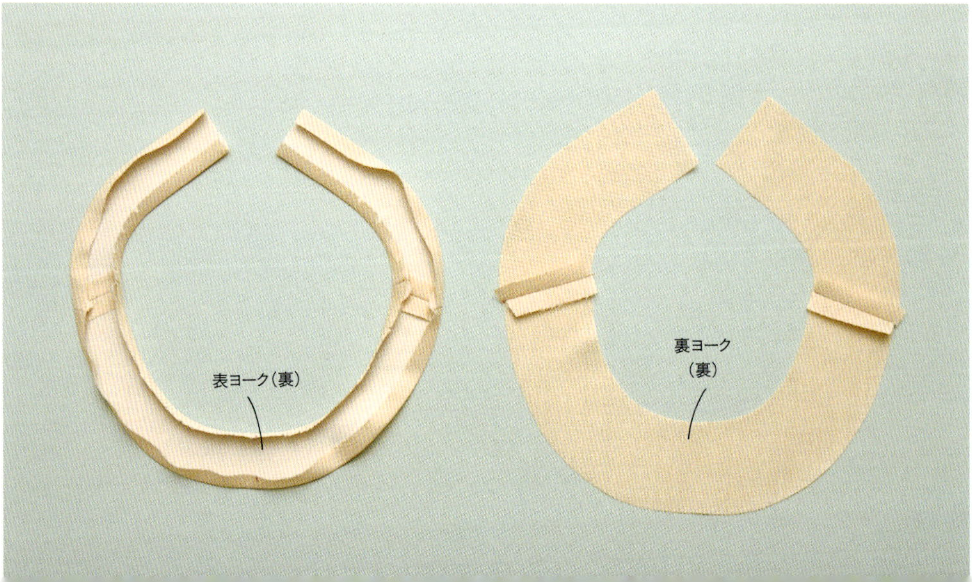

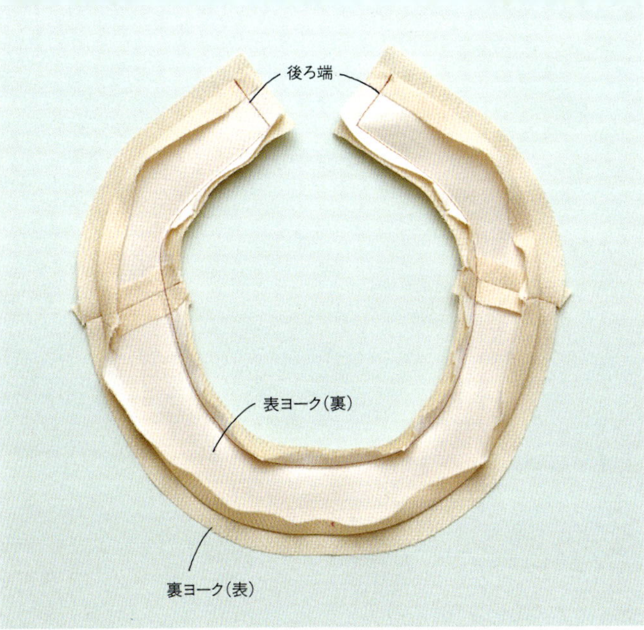

6 表ヨークと裏ヨークを中表に合わせ、後ろ端から衿ぐりを縫う。衿ぐりは表ヨークのアイロン折り山より0.1cmぐらい縫い代側を縫う。

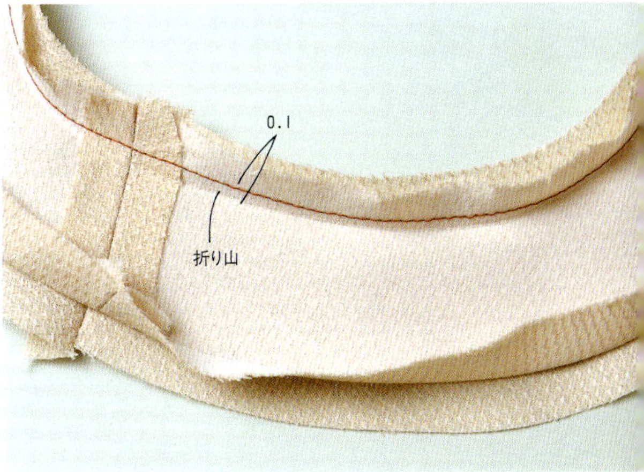

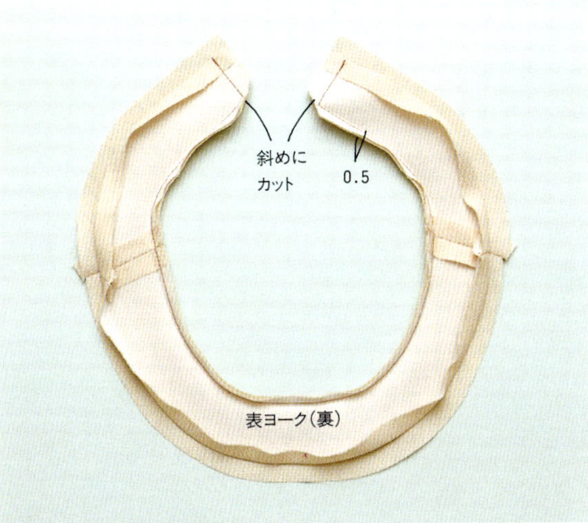

7 衿ぐりの縫い代を0.5cmぐらいにカットし、角の縫い代は斜めに裁ち落とす。衿ぐりはカーブの部分の縫い代に切込みを入れる。特に肩は後ろ側の縫い代をミシン目のきわまで斜めに切り込む。

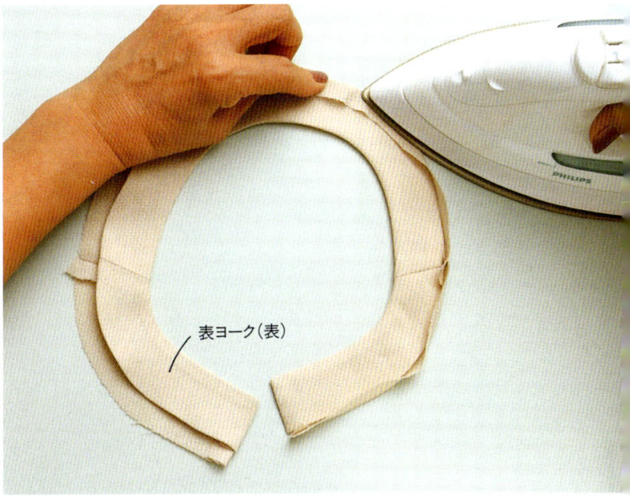

8 表に返して後ろ端、衿ぐりをアイロンで整える。次に裏ヨーク外回りの縫い代を、表ヨークを包むようにアイロンで折る。

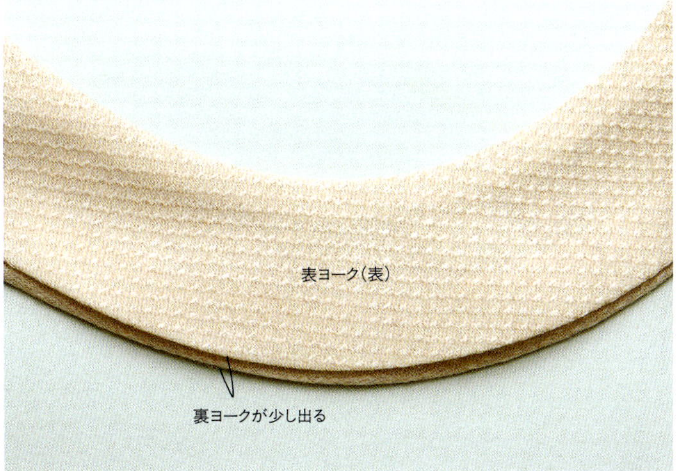

9 裏ヨーク外回りの縫い代を表ヨークとの間に入れて整えると、裏ヨークのほうが少し出る。

10 身頃にヨークをつける。表ヨーク、表身頃を上にし、ヨークを開いて間に身頃をはさむ。

11 ヨークの間に身頃をはさみながら、肩、前中心の合い印を合わせて、カーブなりに表ヨークのきわにミシンをかけていく。

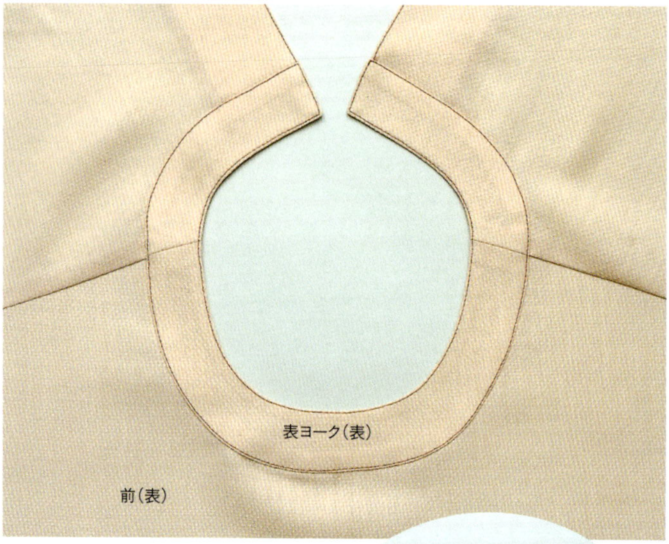

12 ヨークつけのミシンから続けて、ヨークの後ろ端から衿ぐりにもステッチをかける。

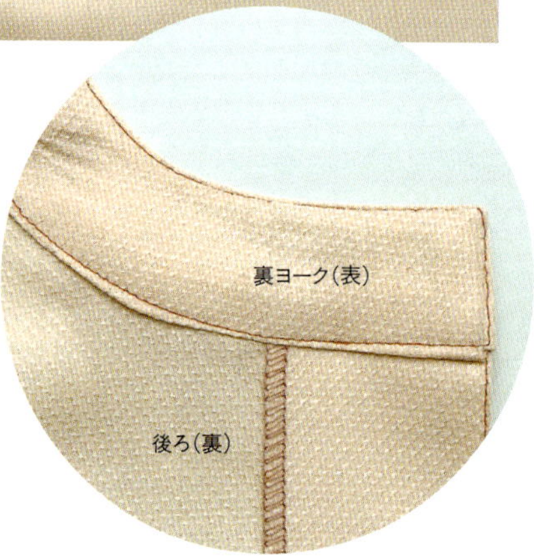

13 出来上り。

●衿ぐり

Vネック、見返し始末

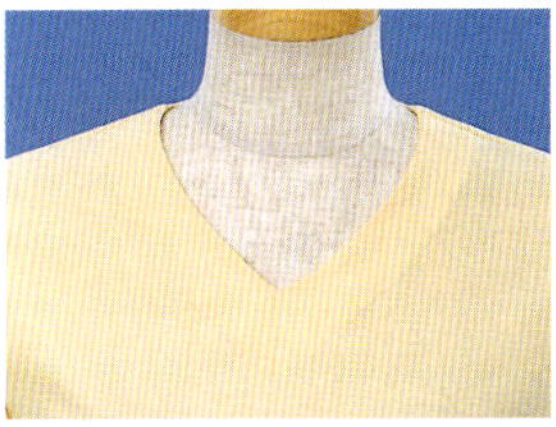

V字形の衿ぐりを見返しで縫い返す方法。後ろボタンあきのデザインです。

●パターン、裁断

衿ぐりの縫い代は身頃、見返しとも1cm、後ろ端見返しは身頃から裁ち出す。接着芯は各見返し分を用意する。

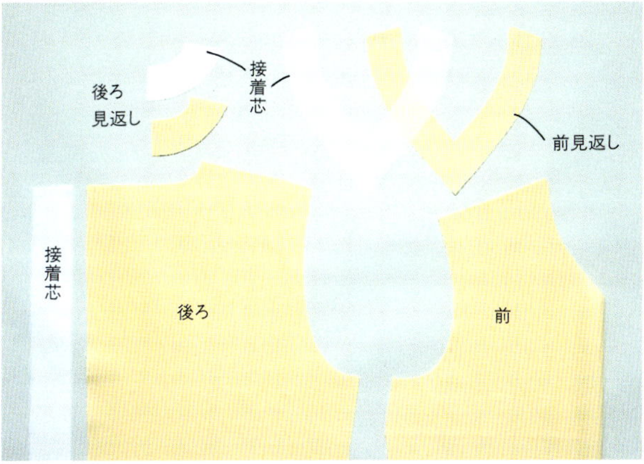

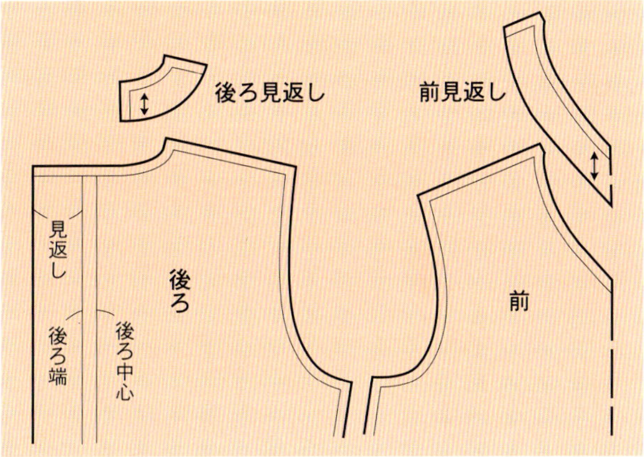

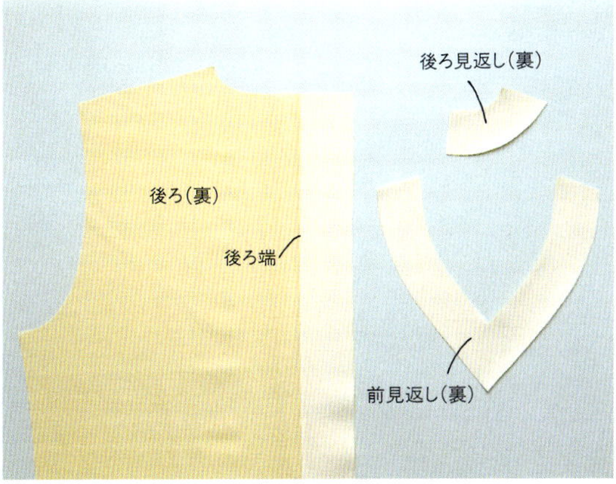

1 各見返しの裏面に接着芯をはる。

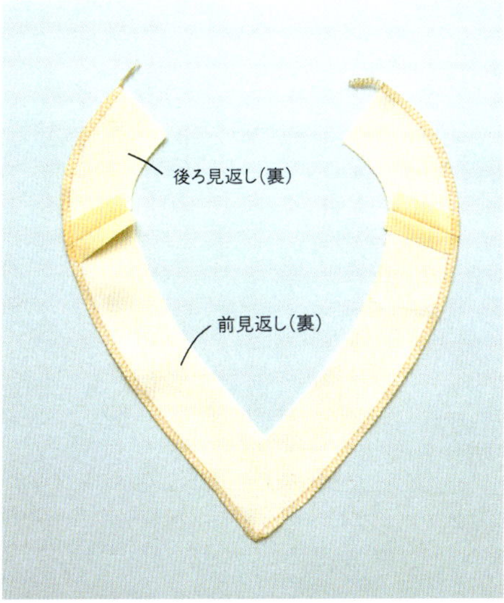

2 前後衿ぐり見返しの肩を縫って縫い代を割り、外回りにロックミシンをかける。

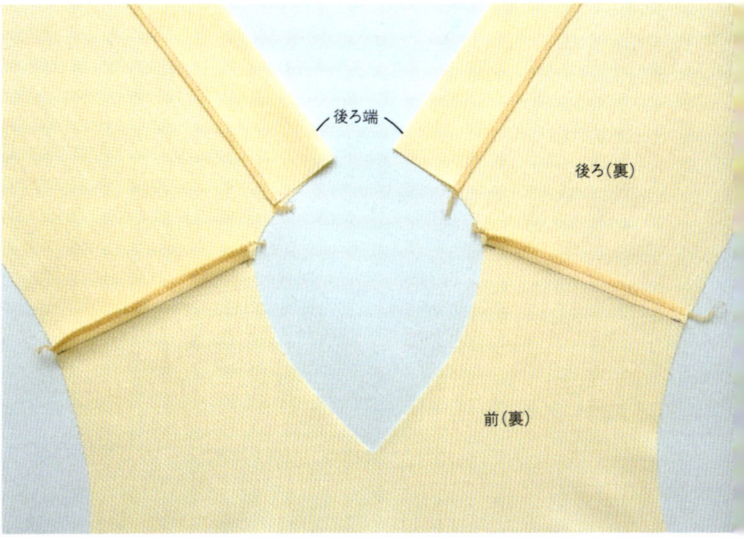

3 後ろ端見返しを出来上りに折ってロックミシンをかける。前後身頃の肩を縫い、縫い代にロックミシンをかけて、後ろ側に倒す。

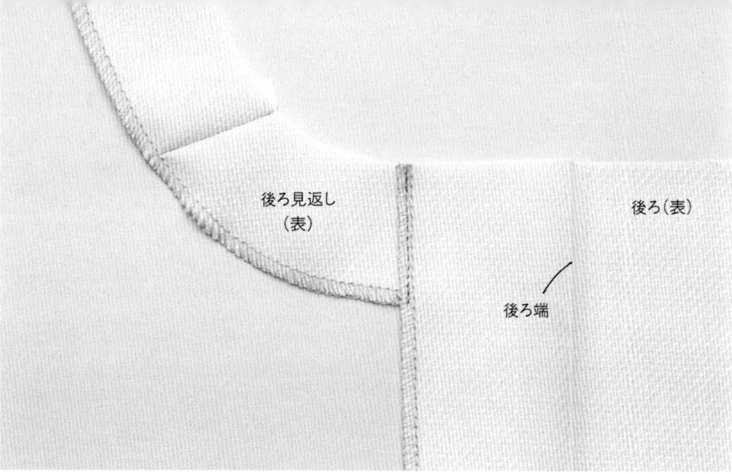

4 後ろ衿ぐり見返しに後ろ端見返しを重ね、上からミシンで押さえる（82ページ*3*、83ページ*5*参照）。

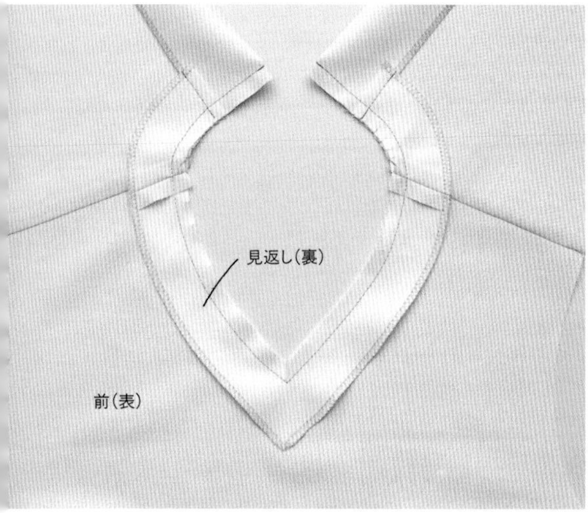

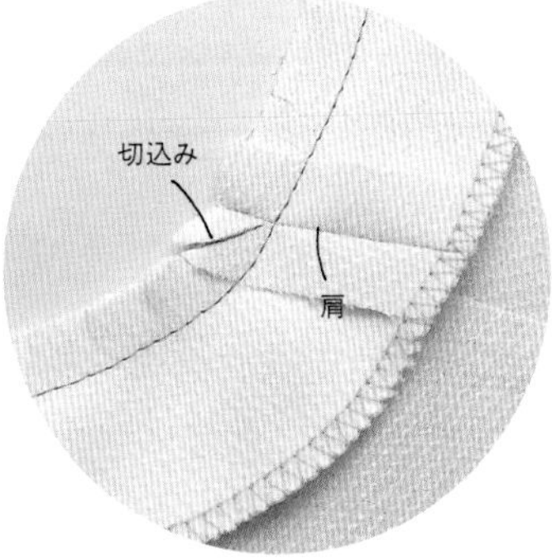

5 身頃と見返しを中表に合わせ、衿ぐりを縫う。V字の角と肩は縫い目のきわまで縫い代に切込みを入れ、カーブの部分にも切込みを入れる。

6 見返しを表に返してアイロンで整え、後ろ端から衿ぐりまで続けて表面からステッチをかける。最後に見返し端を肩縫い代にかがって止める。

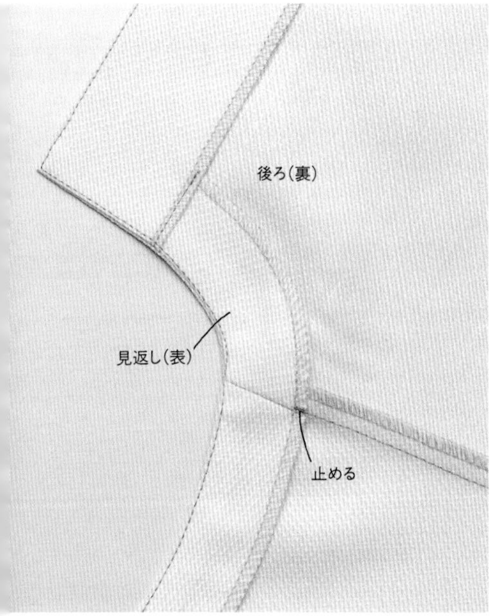

7 出来上り。

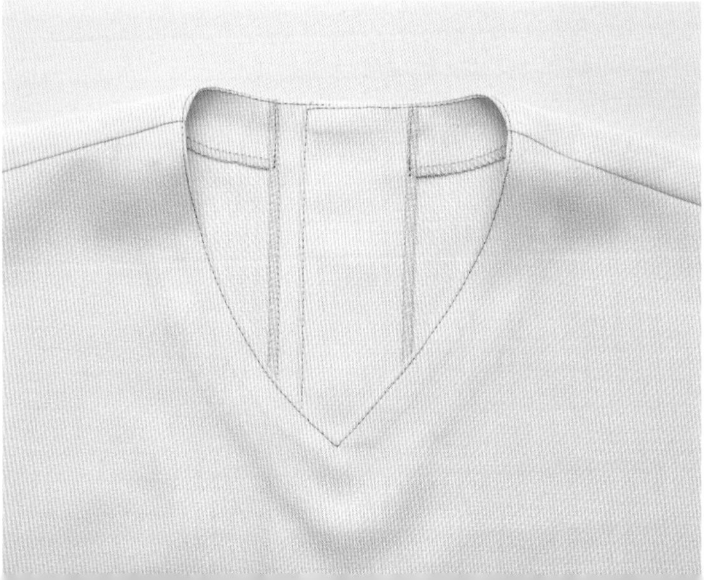

●衿ぐり
Vネック、玉縁仕立て

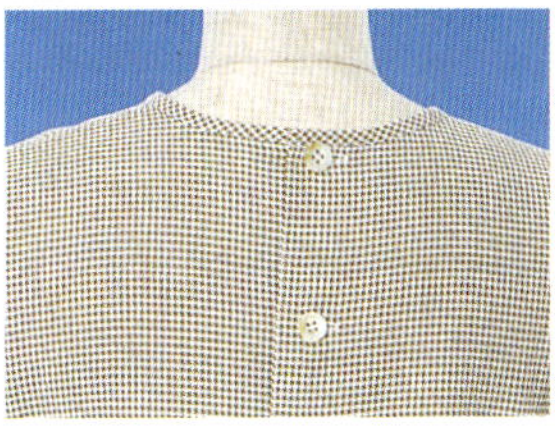

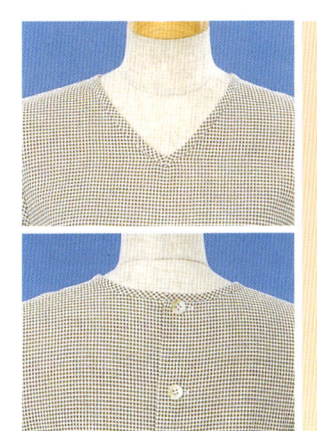

V字形の衿ぐりをバイアス布でくるんで縁とりをする方法。バイアス布は四つ折りにして使います。後ろボタンあきのデザインです。

●パターン、裁断
身頃衿ぐりは縫い代をつけないで裁ち、後ろ端見返しは身頃から裁ち出す。玉縁用のバイアス布は、幅は玉縁幅（0.8cm）×4の約2倍（約6.5cm）、長さは衿ぐり寸法で粗裁ちをする。接着芯は後ろ端見返し分を用意する。

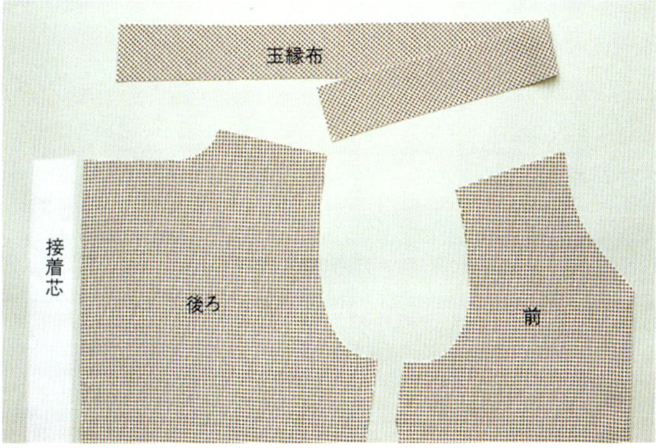

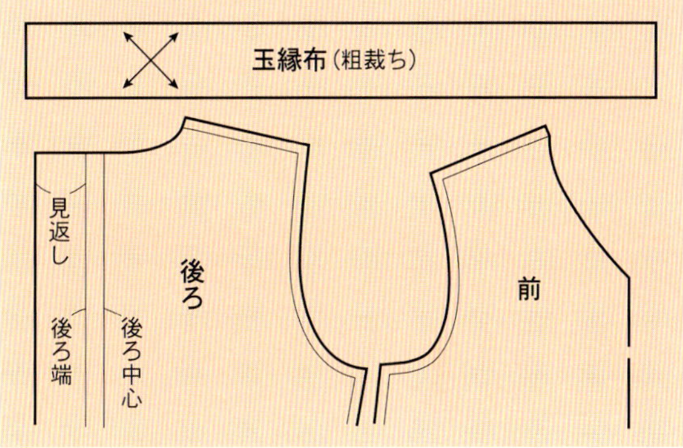

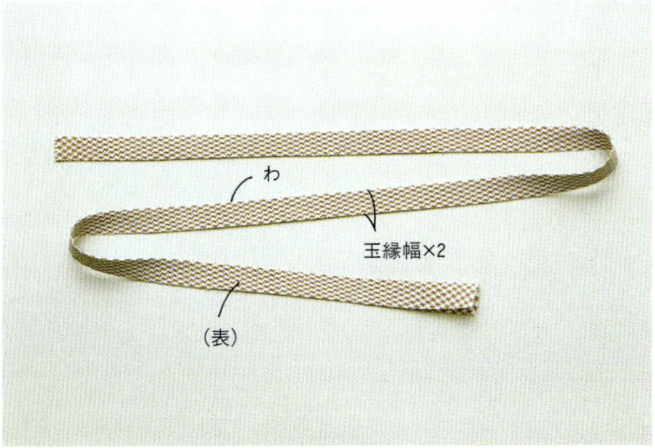

1 バイアスの玉縁布を外表に二つ折りにし、伸ばしてアイロンをかける（85ページ参照）。二つ折りのまま、玉縁幅の2倍の幅でカットする。

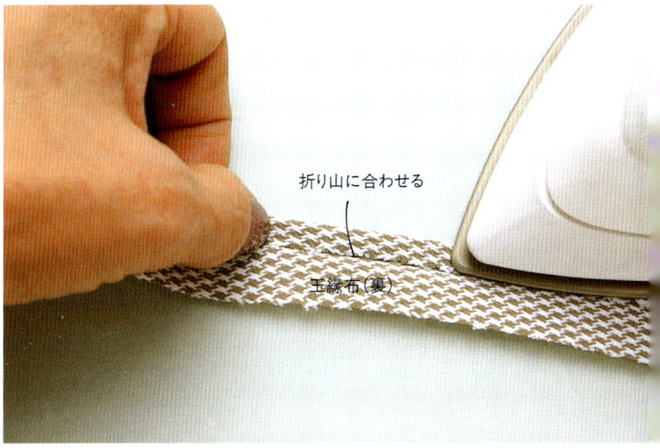

2 玉縁布を開き、片方の布端を中心の折り山に合わせて半分に折る。

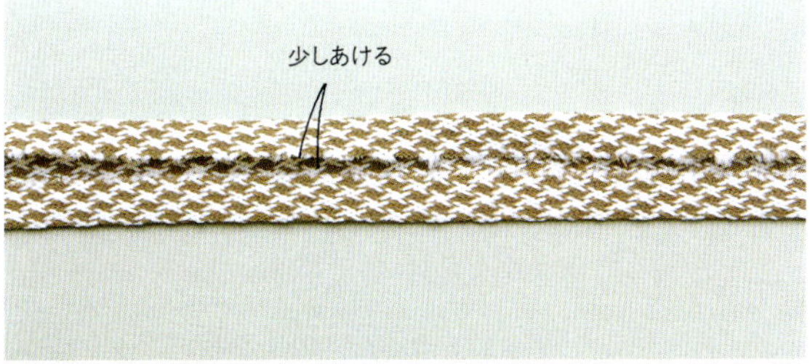

3 もう一方の布端は折り山より少し離して折る。

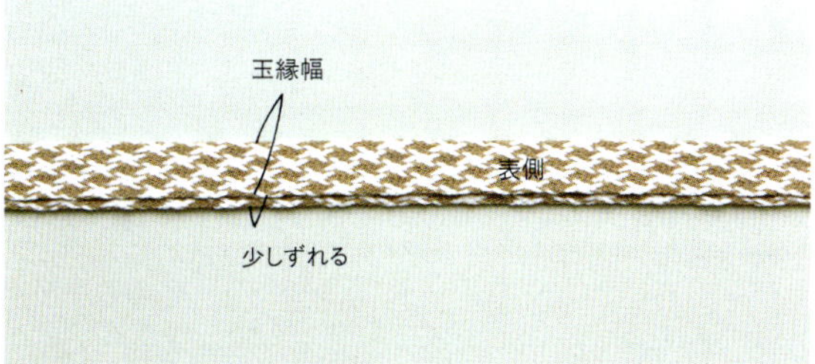

4 *3*を*1*の折り山で折って四つ折りにすると、*2*と*3*の折り山が少しずれる。幅の狭いほうを表側として身頃につける。

5 後ろ端見返しの裏面に接着芯をはり、見返しを出来上りに折って端にロックミシンをかける。後ろ端にステッチをかけ、続けて見返し上端にも押えミシンをかける。

6 前後身頃を中表に合わせて肩を縫う。縫い代はロックミシンをかけて後ろ側に倒す。

7 四つ折りにした玉縁布の表側(幅の狭いほう)を上にしてミシンをかける。まず四つ折りのまま端から3～4cmを縫ってから、玉縁布の間に、衿ぐりをはさみながら、玉縁布のきわにミシンをかける。

8 Vの先端の5～6cm手前まで縫ったら、Vの中心(前中心)に玉縁幅より少し狭く切込みを入れる。

9 切込みを開き、Vの衿ぐりを直線にして、玉縁布で衿ぐりをはさみながらミシンをかける。身頃がはずれないように、小ばさみなどを使って、衿ぐりを押し込んで縫う。

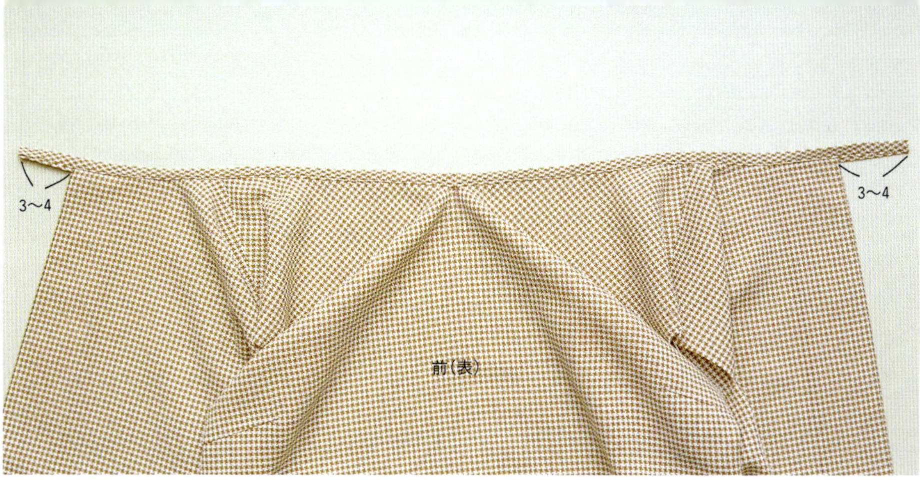

10
縫終りも3〜4cm玉縁布だけにミシンをかけて縫い止める。

11
玉縁布の端を裏側へ折り、3〜4回重ねて止めミシンをかける。余分な玉縁布は止めミシンのきわからカットする。

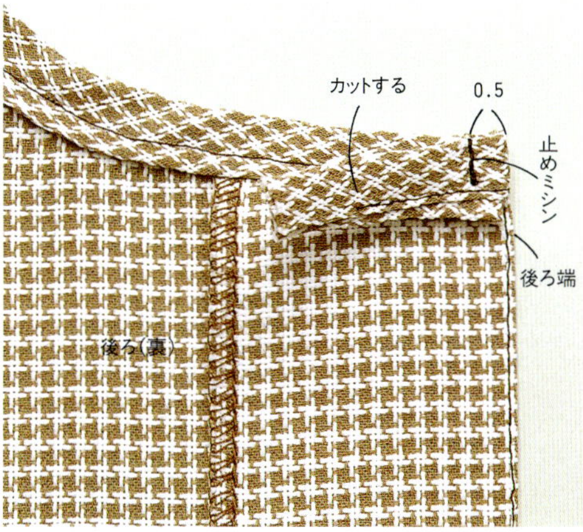

12
前中心を中表に折り、玉縁布が飛び出した部分をまっすぐに2〜3回重ねて、ミシンをかける。

13
前中心の飛び出していた三角の縫い代を目打ちなどで割り、表から落しミシンを2〜3回重ねてかける。

14
出来上り。

●衿ぐり

スクエアネック、バイアステープ始末

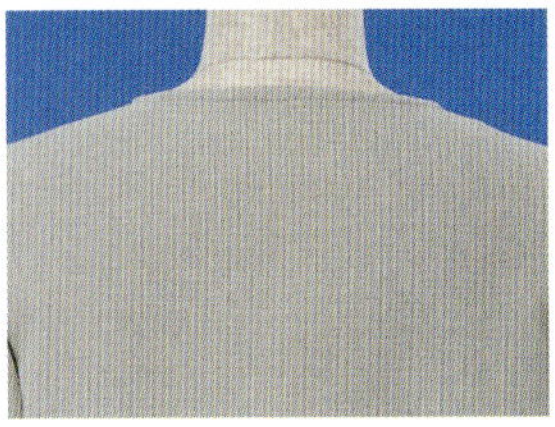

四角い衿ぐりをバイアステープで縫い返す方法。バイアステープは共布を二つ折りにしたものを使います。前ボタンあきのデザインです。

●パターン、裁断

衿ぐりの縫い代は1cm、前端見返しは身頃から裁ち出す。バイアス布は、幅は必要な幅（ここでは二つ折りにして1.8cmで使用するので3.6cm）の約2倍（7cm）、長さは衿ぐり寸法で粗裁ちをする。接着芯は前端見返し分を用意する。

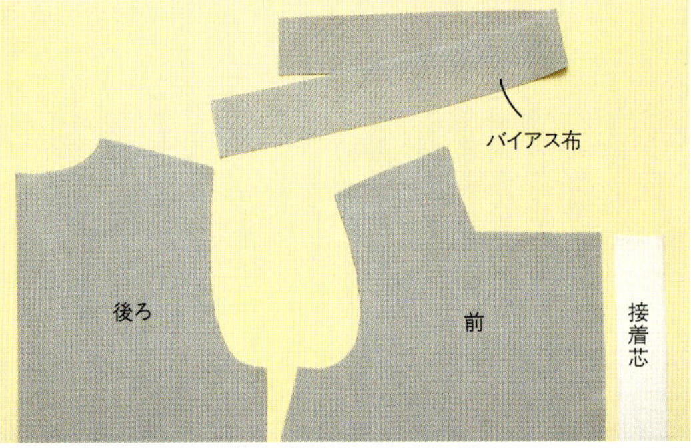

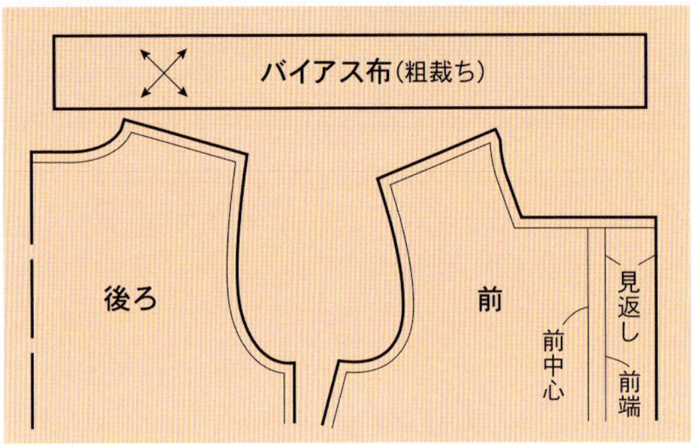

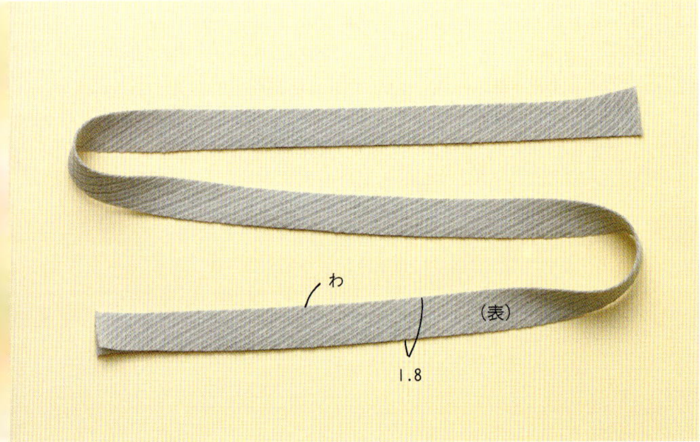

1 バイアス布を外表に二つ折りにしてアイロンで伸ばし（85ページ参照）、二つ折りのまま1.8cm幅にカットする。

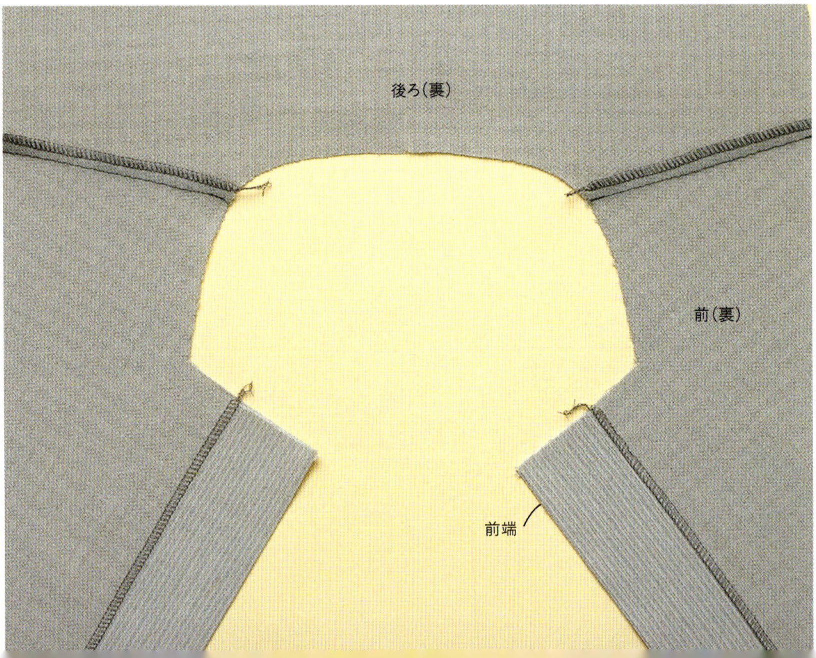

2 前端見返しに接着芯をはり、出来上りに折って端にロックミシンをかける。前後身頃の肩を縫い合わせ、縫い代はロックミシンで始末して後ろ側に倒す。

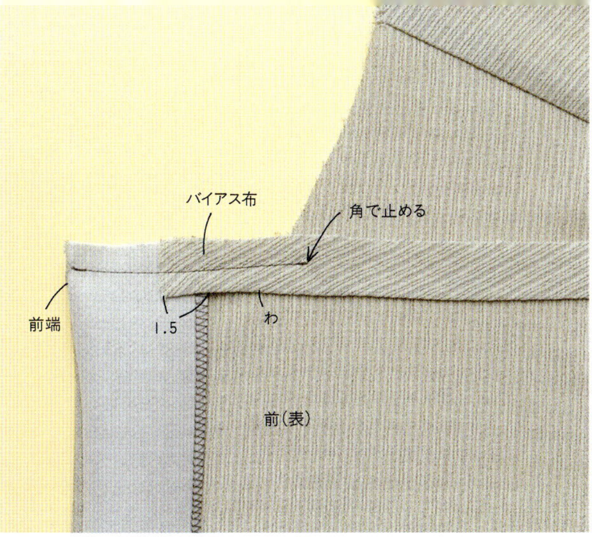

3 前端見返しを中表に折って見返し端の3cmぐらい手前まで縫い、見返しにバイアス布を1.5cmぐらい重ねて角まで衿ぐりを縫う。角で返し縫いをして止め、いったんミシンからはずす。

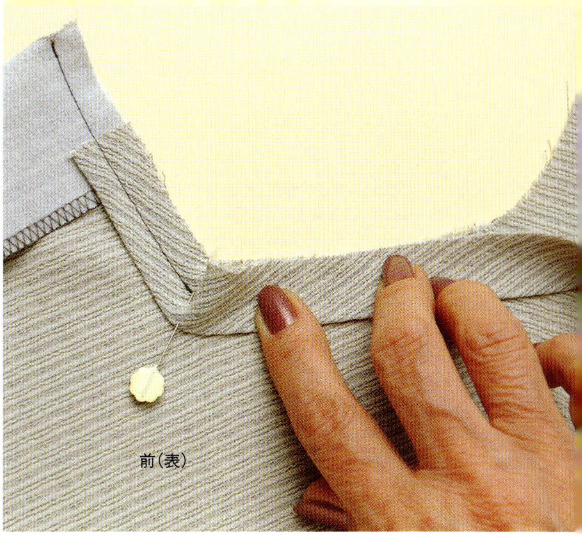

4 角に斜めにまち針を打ち、角でバイアス布を三角にたたんで、衿ぐりにバイアス布をそわせる。

5 縫い止めた角から返し縫いをしてミシンをかけ、反対側の角まで衿ぐりにバイアス布をそわせて縫う。

6 身頃裏面から見たとき、角でミシン目がきちんと合うように縫う。

7 反対側の角も同じように、バイアス布を三角にたたんで残りの衿ぐりを縫う。

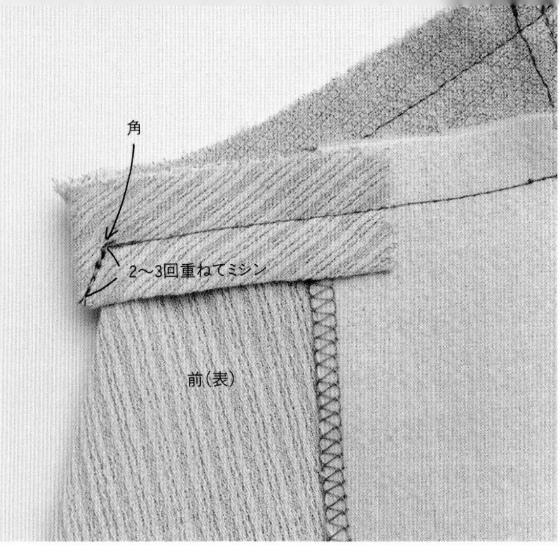

8 バイアス布の角を中表に折って、衿ぐりのミシン目から斜めに縫う。

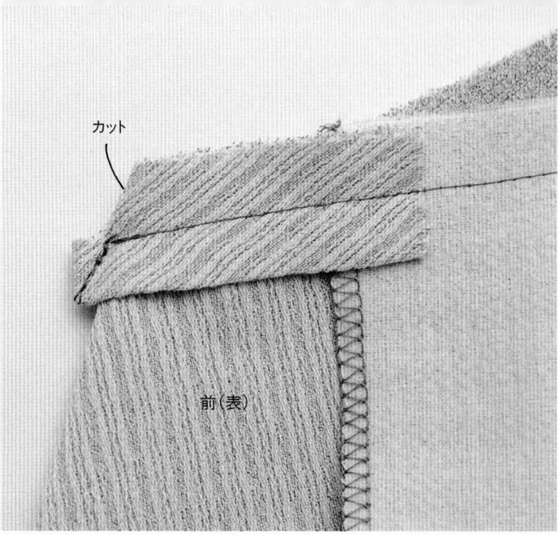

9 角は縫い代がかさばらないよう、写真のようにカットする。

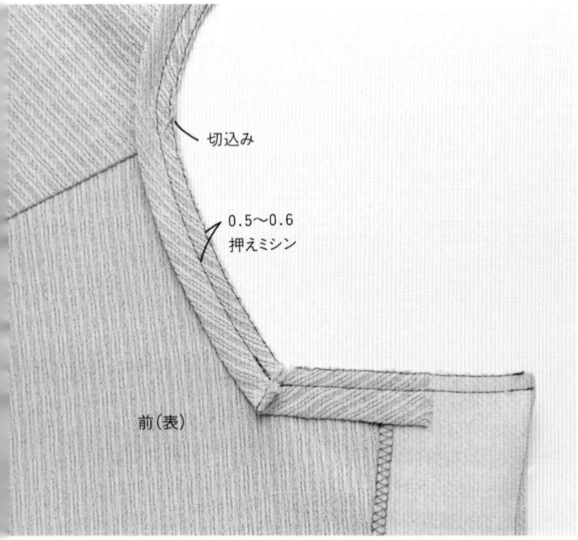

10 0.5cm前後外側に縫い代押えミシンをかけ、そのミシン目のきわから縫い代をカットする。さらにカーブの部分は縫い代に切込みを入れる。特に角と肩は縫い目のきわまで切り込む。肩は後ろ側から斜めに切り込む。

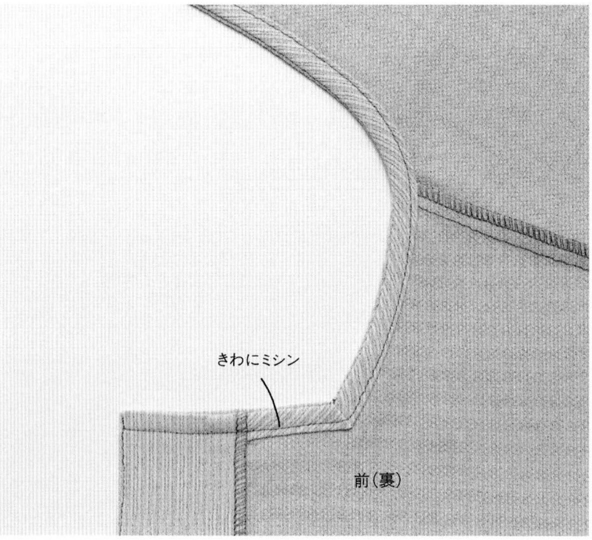

11 見返し、バイアス布を身頃の裏面に返し、アイロンで控えながら整え、バイアス布の端をステッチで押さえる。

12 出来上り。

●衿ぐり

スクエアネック、ヨーク切替え

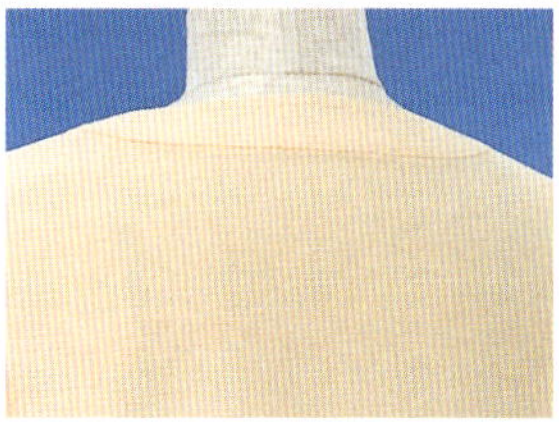

四角い衿ぐりに平行にヨークで切り替えた場合の縫い方。ヨークを2重にし、表、裏ヨークで身頃をはさんで縫います。前ボタンあきのデザインです。

●パターン、裁断

ヨークの縫い代は周囲1cm、身頃のヨークつけ線の縫い代も1cm。表ヨーク、裏ヨークは同じ形に裁つ。前端見返しは身頃から裁ち出す。接着芯は前後の表ヨーク、前端見返し分を用意する。

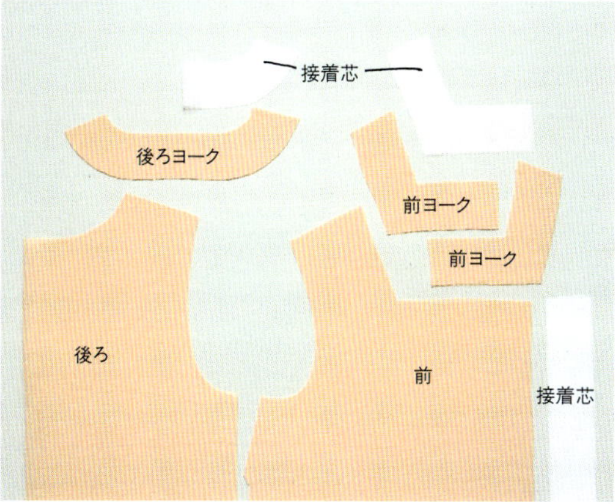

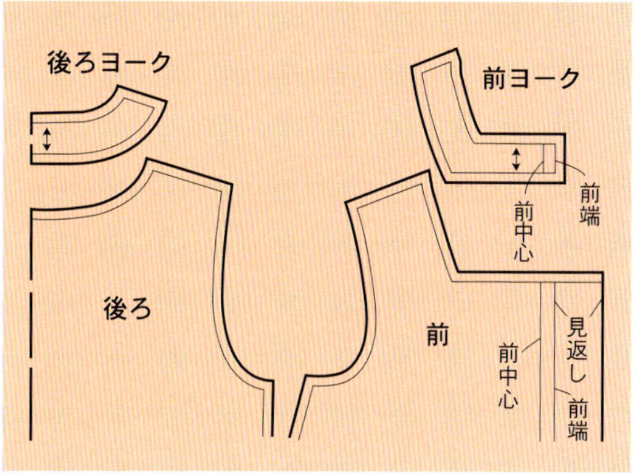

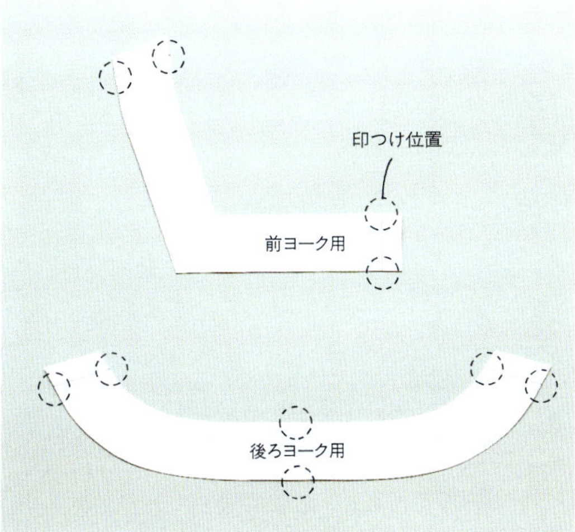

1 厚紙でヨークの紙定規を作る。前ヨークは前端と肩にだけ1cmの縫い代をつけ、後ろヨークは中心から左右対称に開き、肩に1cmの縫い代をつけた形で作る。

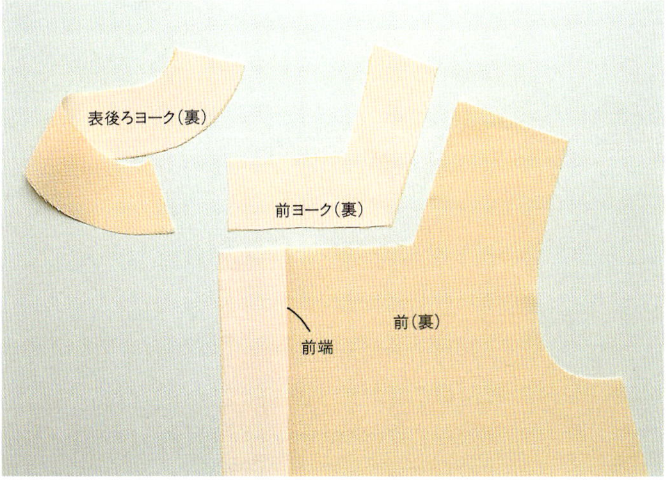

2 前後の表ヨーク、前端見返しの裏面に接着芯をはり、見返しは出来上りに折っておく。

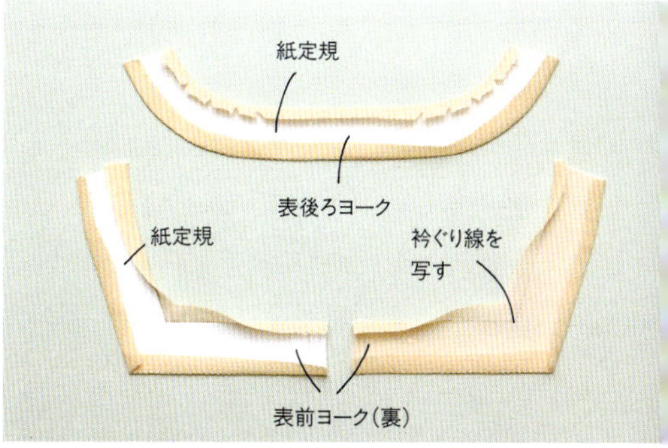

3 紙定規を使って表ヨークの縫い代を折る。後ろ表ヨークはまず外回りを折り、次に衿ぐり縫い代に切込みを入れて衿ぐりを折る(90ページ参照)。前表ヨークは紙定規をのせて外回りの縫い代を折り、次に衿ぐりの出来上り線を鉛筆で写してから、角をよけて衿ぐり縫い代を折る。*1*で示した印つけ位置に合い印を入れる。

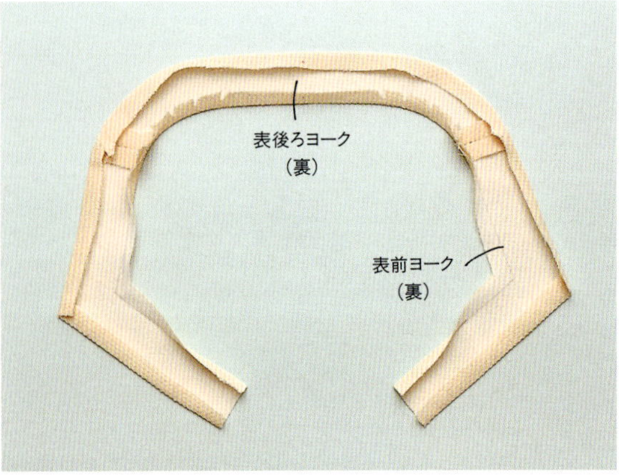

4 表ヨークの肩を縫い、縫い代を割る。

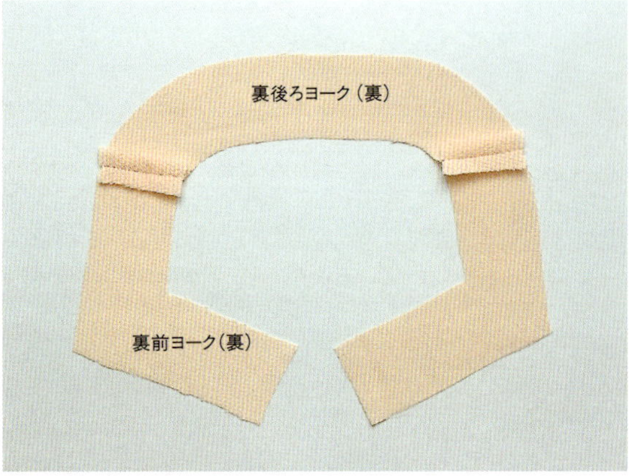

5 裏ヨークの肩を縫い、縫い代を割る。

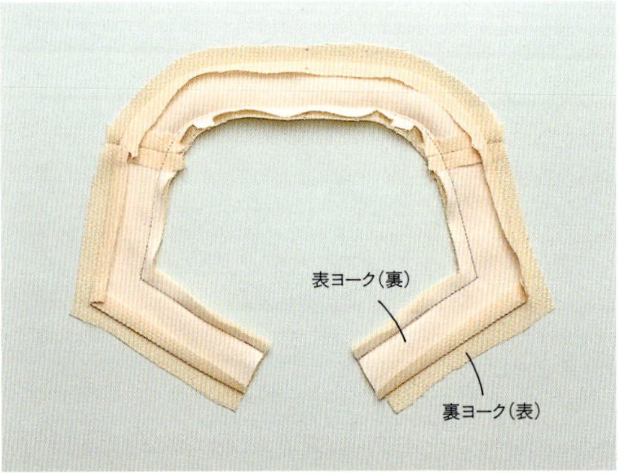

6 表、裏ヨークを中表に合わせ、衿ぐりを縫う。ミシンは表ヨーク側からかけ、アイロンの折り山の少し縫い代側を縫う。

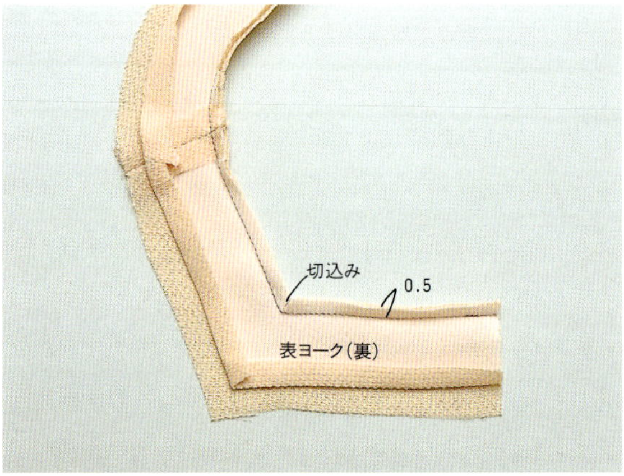

7 衿ぐり縫い代を0.5cmぐらいにカットし、角とカーブの部分に切込みを入れる。角はミシン目のきわまで切り込む。肩は後ろ側から斜めに切り込む。

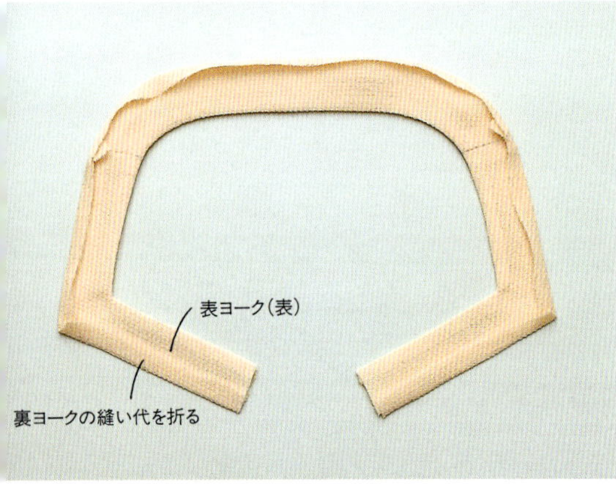

8 ヨークを表に返して衿ぐりをアイロンで整える。次に裏ヨーク外回りの縫い代を、表ヨークをくるむようにしてアイロンで折る。

9 前端見返しの端にロックミシンをかける。前端にステッチをかけ、続けて見返し上端に縫い代押えミシンをかける。次に前後身頃の肩を縫い合わせ、縫い代にロックミシンをかけて後ろ側に倒す。

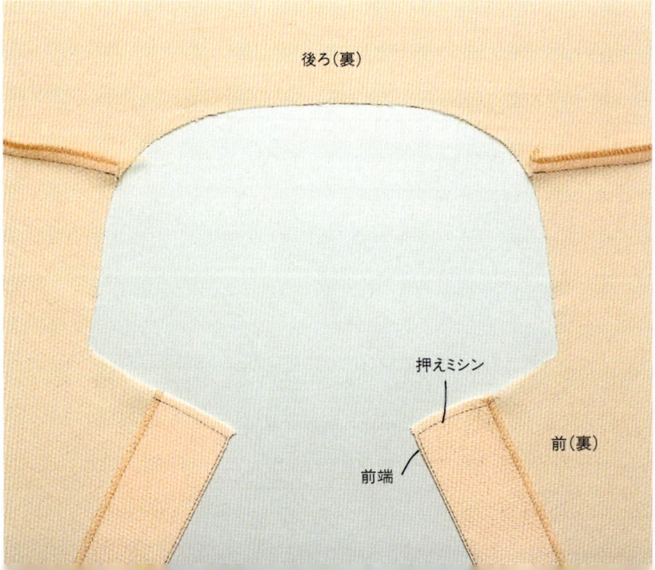

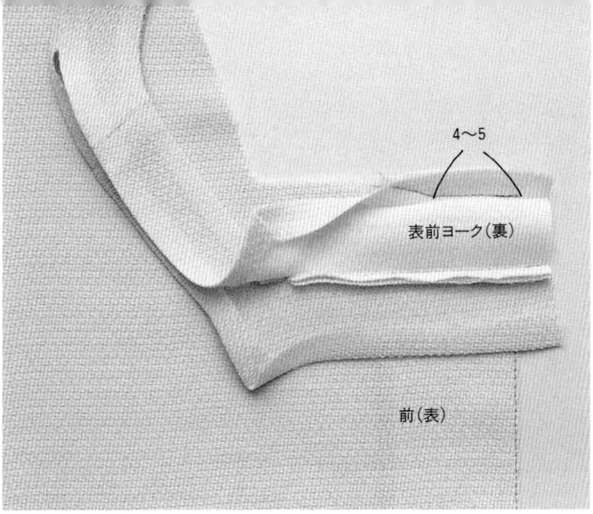

10 前身頃と表ヨークを中表に合わせ、前端から4〜5cmを縫う。アイロンの折り山の少し縫い代側を縫う。

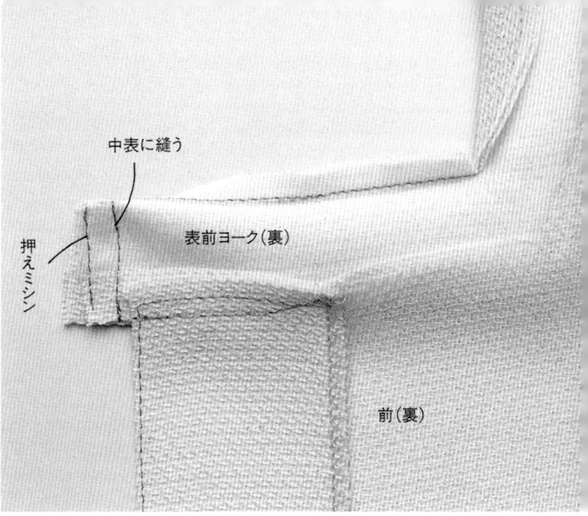

11 表、裏ヨークの前端を中表に合わせて縫う。このとき衿ぐりの縫い代は裏ヨーク側に倒し、裏ヨーク下側は縫い代をよけて縫う。縫い代端にも押えミシンをかける。

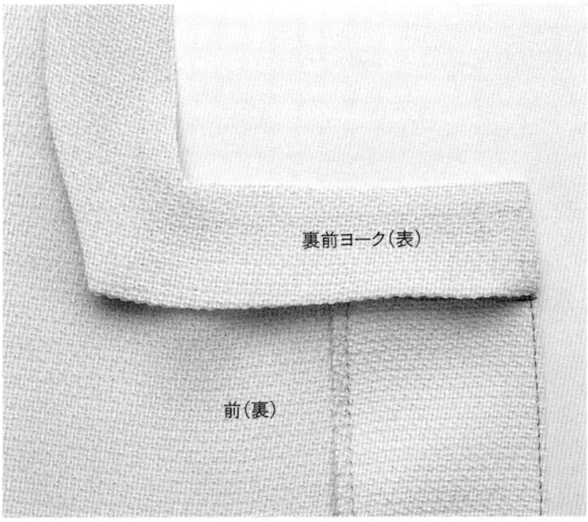

12 ヨークの前端を表に返して整え、裏ヨークのつけ側の縫い代を折り込む。もう一方の前端も同様に縫って整える。

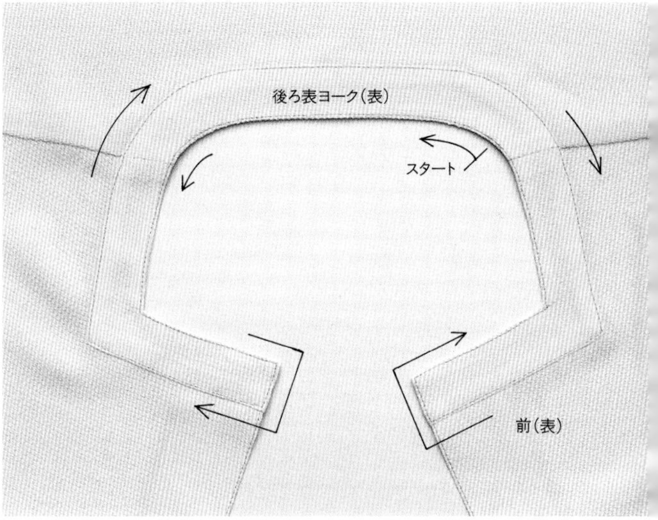

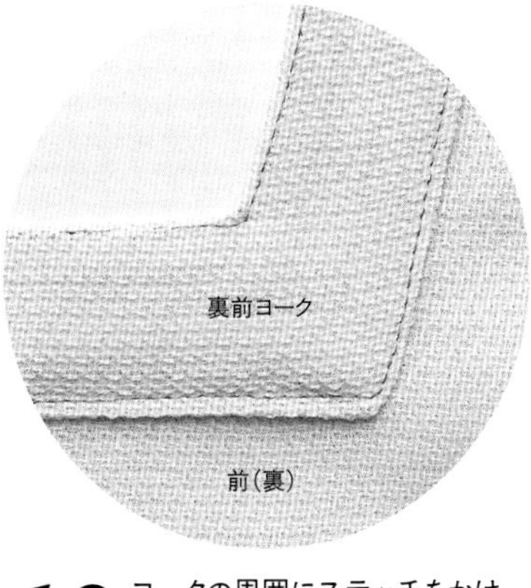

13 ヨークの周囲にステッチをかけながら、身頃につける。ステッチは後ろ衿ぐりの左肩からかけ始め、前端からそのままヨーク外回りに続けるが、外回りは表、裏ヨークの間に身頃をはさんでミシンをかける。終りは始めのミシンに重ねてステッチ。

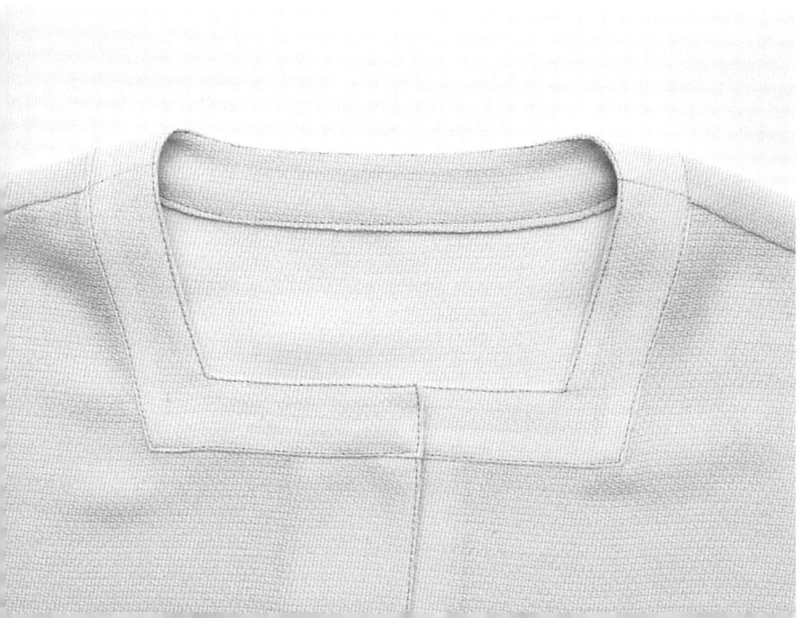

14 出来上り。

●衿ぐり

ボートネック、見返し始末

衿ぐりを横に大きくくった衿ぐりを見返しで縫い返す方法。衿ぐりの肩のところがとがっているので、前後別々に見返しをつけてから肩を縫い合わせます。

●パターン、裁断

身頃、見返しとも衿ぐりの縫い代は1cm。接着芯は見返し分を用意する。

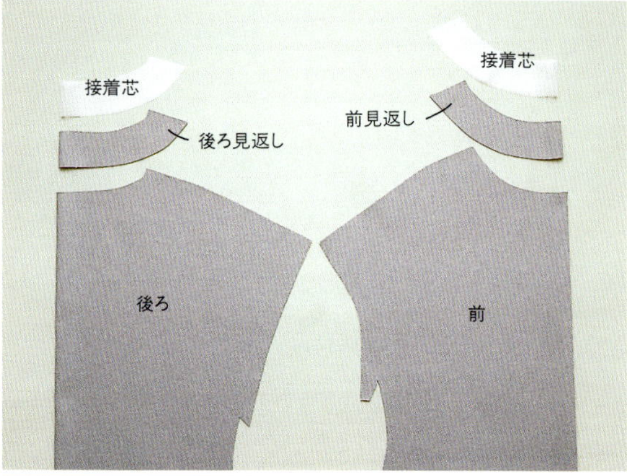

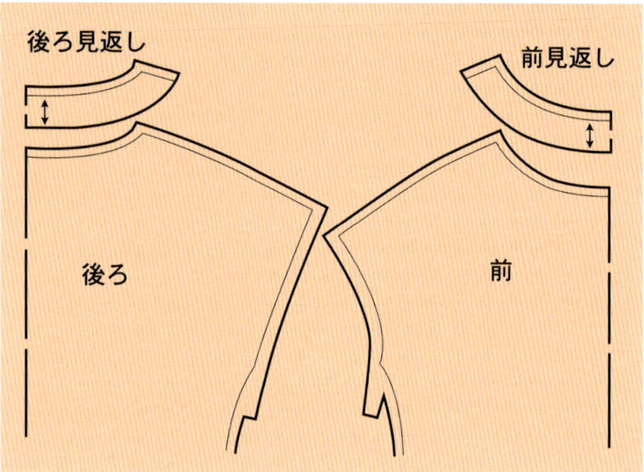

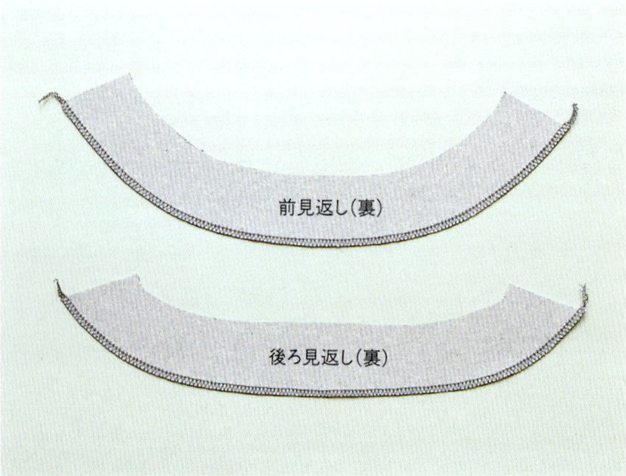

1 見返しの裏面に接着芯をはり、外回りにロックミシンをかける。

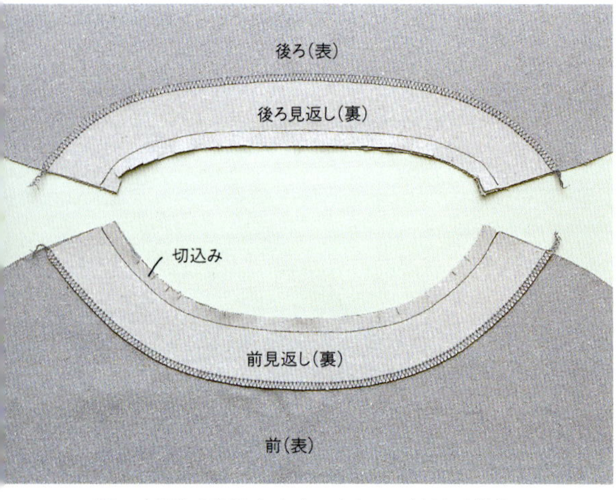

2 身頃と見返しを中表に合わせて衿ぐりを縫う。縫い代はカーブの部分に切込みを入れる。

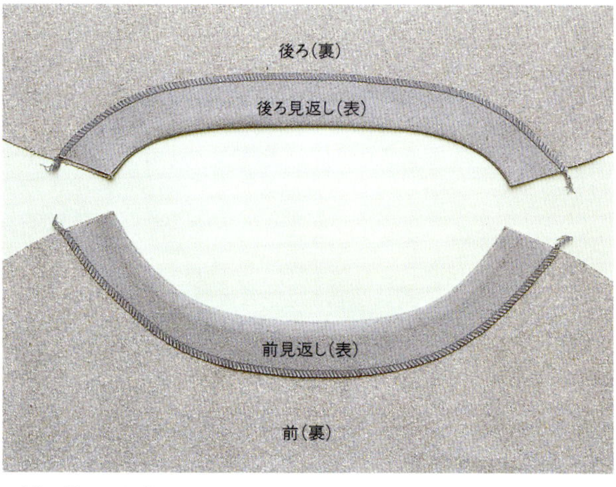

3 見返しを表に返し、見返しを少し控えてアイロンで整える。

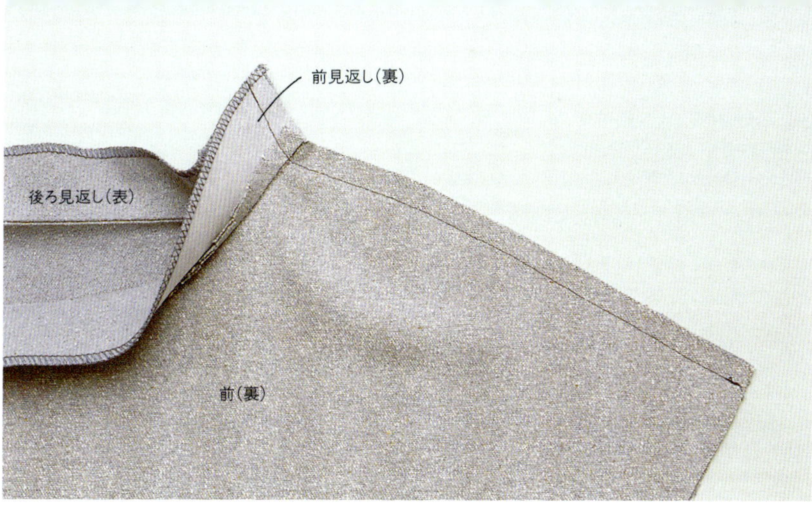

4 前後身頃を中表に合わせ、肩から見返し端まで、身頃と見返しの肩を続けて縫う。衿ぐりの縫い代は見返し側に倒して縫う。

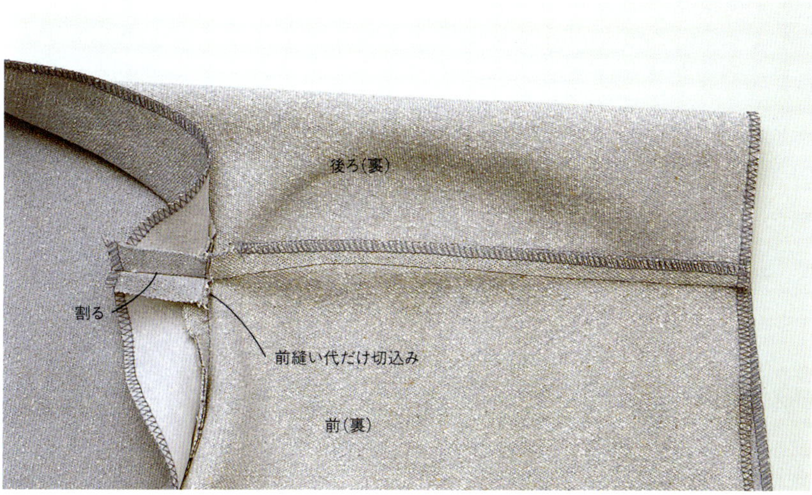

5 前肩縫い代にだけ、衿ぐりのきわに切込みを入れる。身頃の肩縫い代は2枚一緒にロックミシンをかけ、後ろ側に倒す。見返しの肩縫い代は割る。

6 見返しの肩縫い代端を見返しにミシンで止め、はみ出した縫い代をカットする。

7 見返しを整え、衿ぐりのきわと見返しの端にステッチをかける。出来上り。

●衿ぐり

ボー結びの玉縁仕立て

衿ぐりをバイアス布でくるんで縁とりをし、縁とりをそのまま延長してボーにします。玉縁用のバイアス布は共布を二つ折りにして使います。

●パターン、裁断

衿ぐりの玉縁をする部分は縫い代なしで、前端から玉縁止りまでは玉縁の線から1cmの縫い代をつける。前端見返しは身頃から裁ち出し、見返しの衿ぐりも身頃と同様に裁つ。玉縁用のバイアス布は、幅は必要な幅（ここでは二つ折りにして2.7cmで使用するので5.4cm）の約2倍（10〜11cm）、長さは衿ぐりの玉縁つけ寸法＋ボーの長さに粗裁ちをする。接着芯は前端見返し分を用意する。

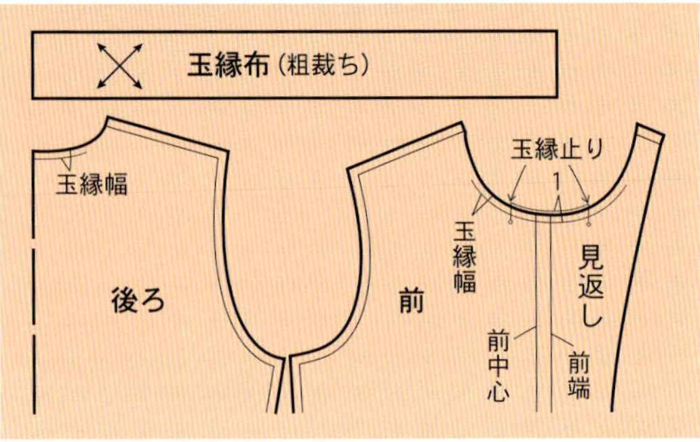

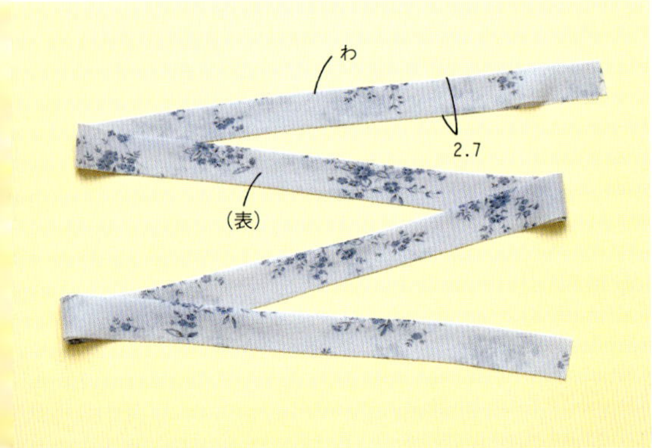

1

玉縁用のバイアス布を外表に折ってアイロンで伸ばし（85ページ参照）、二つ折りのまま2.7cm幅（玉縁幅0.8cm×3＋0.3cm）にカットする。伸びた分の長さはそのままにしておき、後でカットする。

2

前端見返しの裏面に接着芯をはり、いったん出来上りに折って芯押えミシン、ロックミシンをかける。次に見返しを中表に折り、前端から玉縁止りまでを縫う。

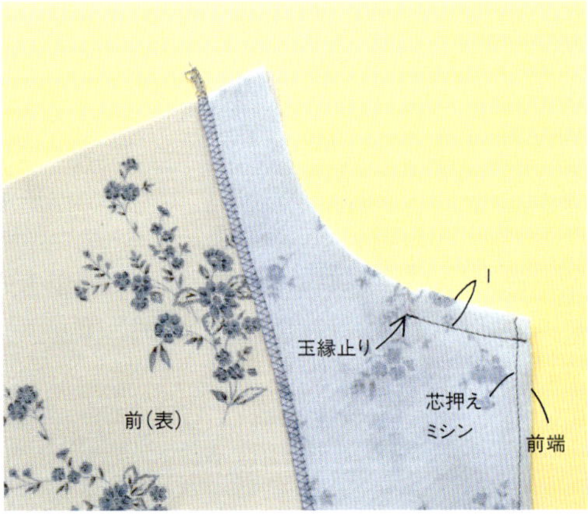

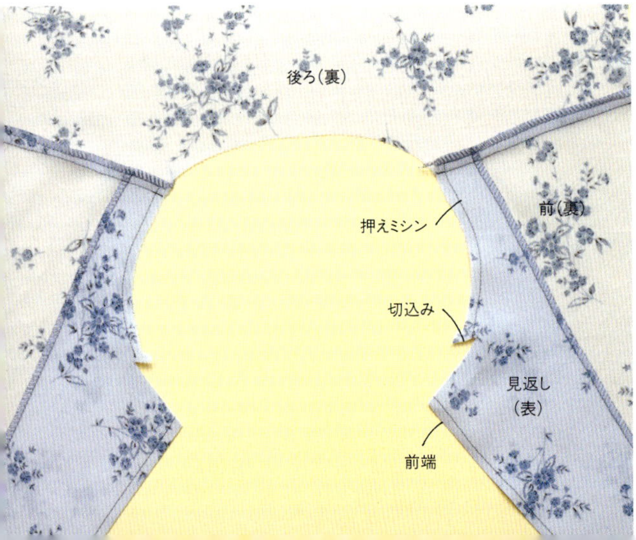

3

玉縁止りに斜めに切込みを入れ、見返しを表に返して整え、玉縁止りから肩までの衿ぐりに押えミシンをかける。次に前後身頃を中表に合わせ、見返しも一緒に肩を縫い合わせる。肩縫い代はロックミシンをかけて、後ろ側に倒す。

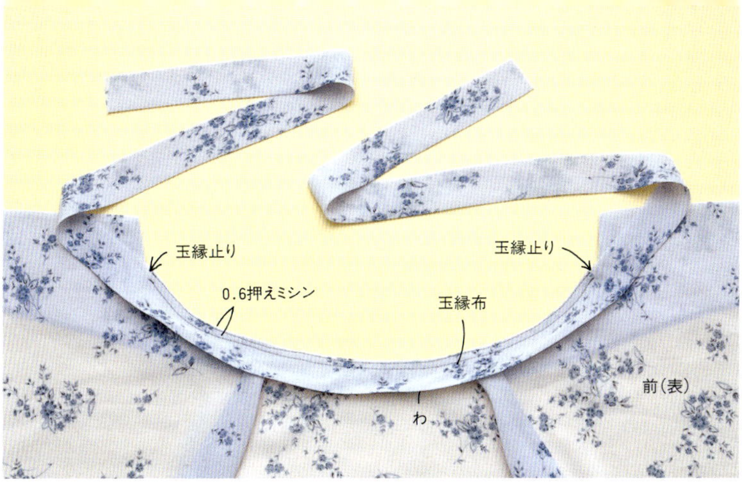

4 身頃衿ぐり表面に二つ折りの玉縁布を合わせ(身頃の後ろ中心に玉縁布の長さの中心を合わせる)、玉縁止りから玉縁止りまでを、玉縁幅(0.8cm)で縫う。さらに玉縁幅−0.2cm(0.6cm)の幅で縫い代押えミシンをかけ、そのミシン目のきわから縫い代を裁ちそろえる。

5 玉縁止りから先のボーの部分を中表に折り、玉縁幅で縫う。ボーの長さ+2cmまで縫って、余った部分はカットする。

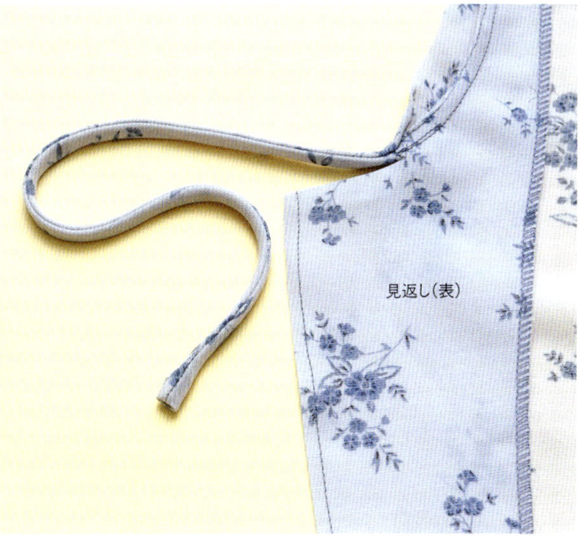

6 ボーの部分をループ返しなどを使って表に返す。先端は2cmぐらい中に折り込んで整える。

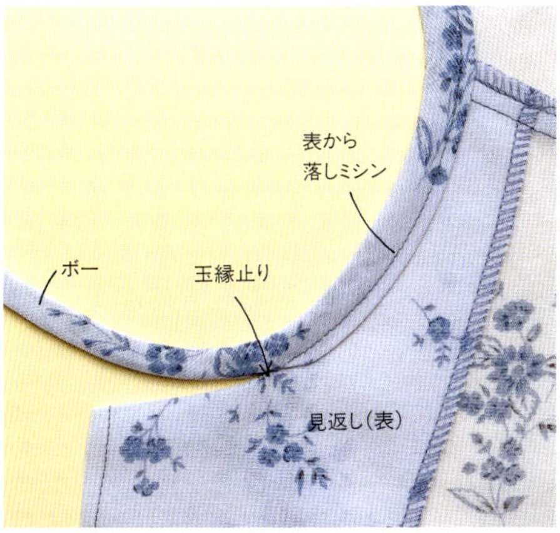

7 衿ぐりを玉縁布でくるみ、表から落しミシンをかけて裏側の玉縁布を止める。

8 出来上り。

●衿ぐり

フリルをはさんだ玉縁仕立て

身頃の衿ぐりにフリルを重ね、一緒にバイアス布でくるんで縁とりをします。フリルは左右とも前中心まで、玉縁は右前身頃は前中心まで、左前身頃は前端までです。玉縁布はバイアス裁ちの共布を二つ折りにして使います。

●パターン、裁断

衿ぐりは縫い代をつけないで裁つ。玉縁用バイアス布は、幅は必要な幅（ここでは二つ折りにして2.7cmにカットするので5.4cm）の約2倍（10〜11cm）、長さは衿ぐり寸法で粗裁ちをする。前端見返しは身頃から裁ち出し、接着芯は見返し分を用意する。

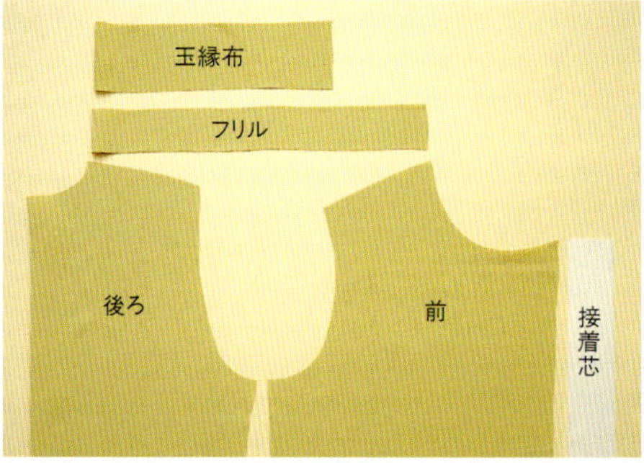

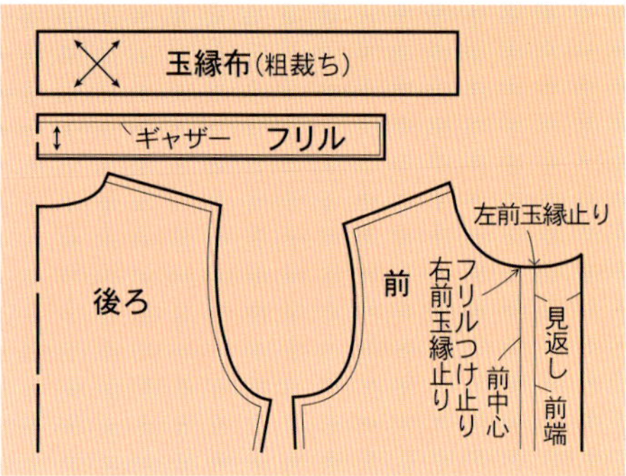

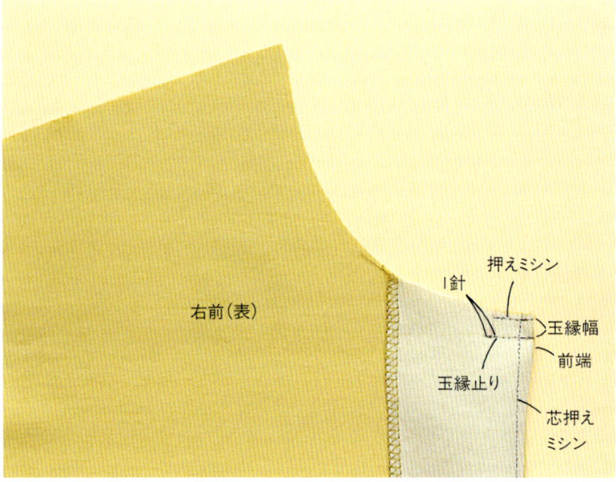

1

前端見返しの裏面に接着芯をはり、出来上りに折って芯押えミシン、ロックミシンをかける。右前身頃は見返しを中表に折り、前端から玉縁止りまでを縫うが、玉縁止りは玉縁の厚み分を考慮して印より1針先まで縫って返し縫いをする。縫い代端には押えミシンをかける。

2

右前身頃の玉縁止りに切込みを入れ、見返しを表に返して整える。玉縁止りから見返し端までの衿ぐりに縫い代押えミシンをかける。左前身頃は見返しを出来上りに折り、見返し上端に縫い代押えミシンをかけておく。次に前後身頃の肩を縫い合わせ、縫い代はロックミシンをかけて後ろ側に倒す。

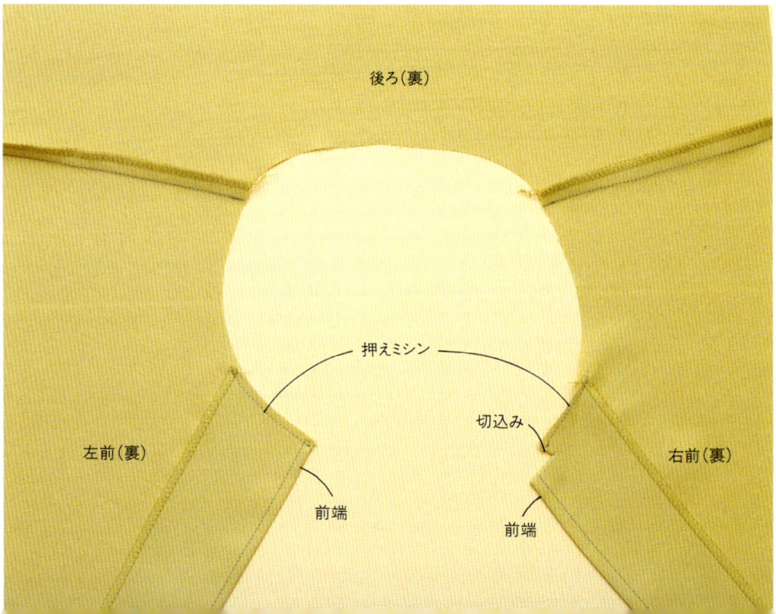

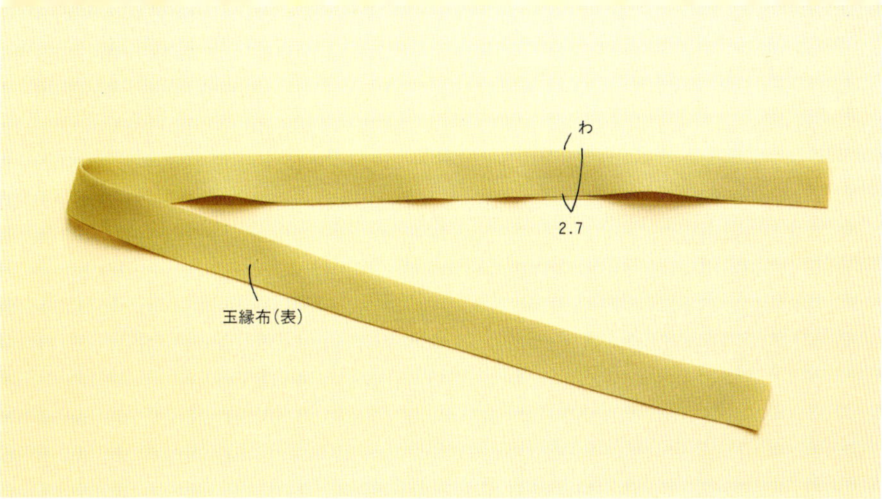

3

玉縁用のバイアス布を外表に二つ折りにしてアイロンで伸ばし（85ページ参照）、二つ折りのまま2.7㎝幅（玉縁幅0.8㎝×3＋0.3㎝）にカットする。

4

フリルのつけ側以外の3辺に巻きロックミシンをかける。後ろ中心に合い印をつけておく。

5

フリルのつけ側に表面から玉縁幅より少し狭い幅（0.5〜0.6㎝）でギャザーミシンをかけ、裏面の糸を引いて身頃衿ぐりのつけ寸法に合わせてギャザーを寄せる。

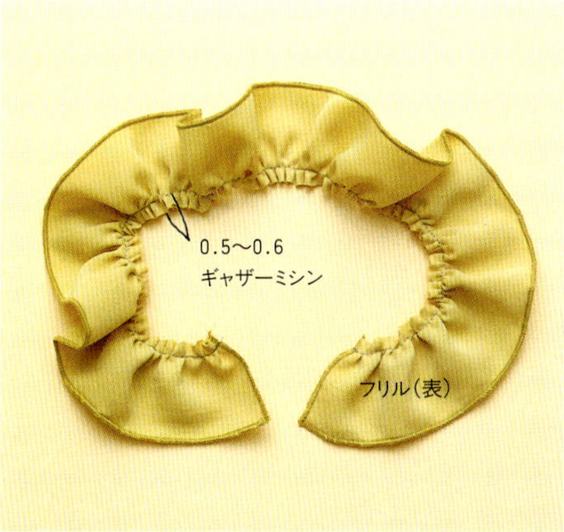

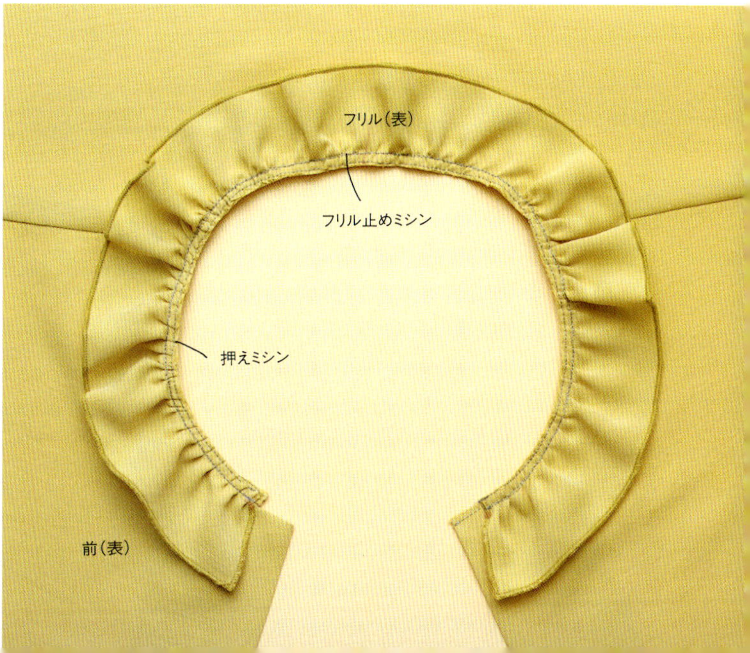

6

身頃衿ぐりの表面にフリルの表面を上にして合わせ（フリルのギャザーは肩あたりを多めにする）、ギャザーミシンに重ねてフリル止めミシンをかける。さらに縫い代端に押えミシンをかける。

7 フリルに二つ折りのバイアス布を重ね、端を2〜3cm出して、玉縁止りから玉縁幅（0.8cm）で衿ぐりにミシンをかける。さらに縫い代押えミシンをかけ、縫い代を玉縁幅より少し狭い幅に裁ちそろえる。

8 玉縁布の端を写真のようにびょうぶだたみにし、端を縫う。さらに0.5cmぐらい外側にもミシンをかけ、そのミシン目のきわから余分をカットする。

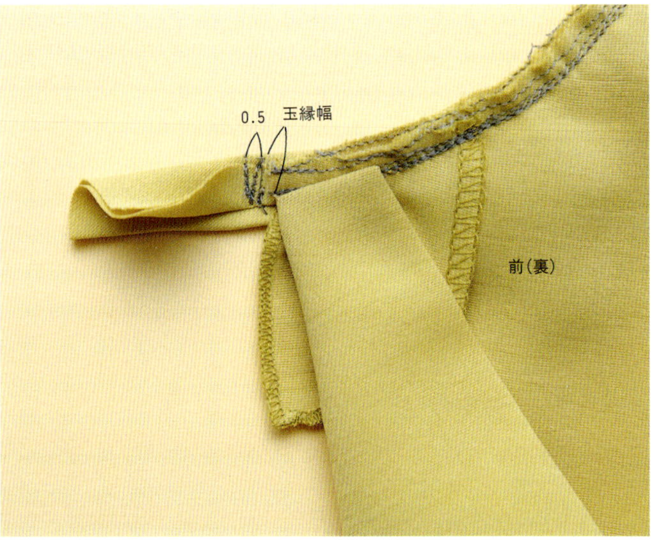

9 玉縁布を表に返し、幅をそろえて衿ぐり縫い代をくるむ。表から落しミシンをかけ、裏側の玉縁布を止める。

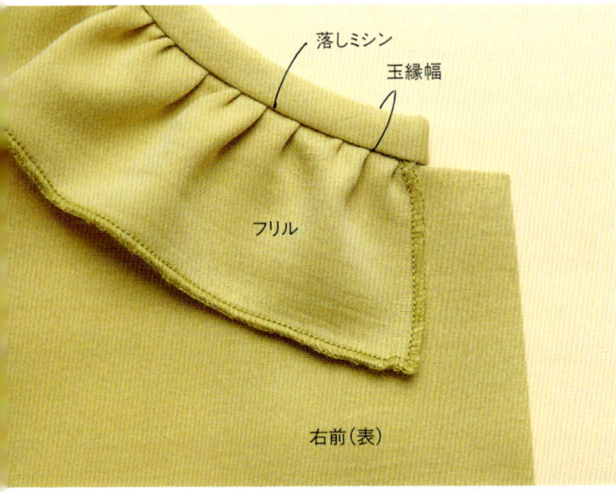

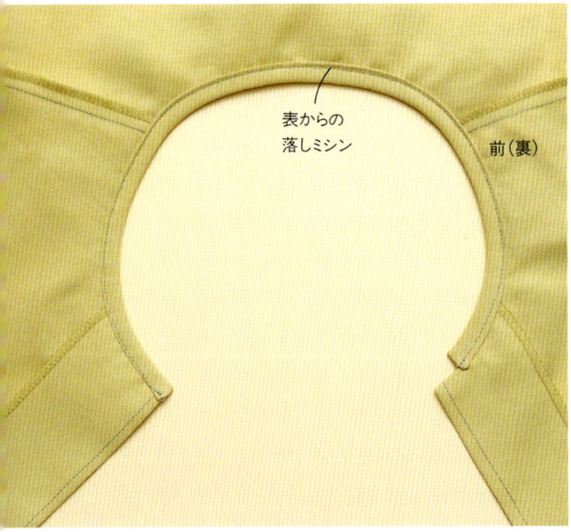

10 出来上り。

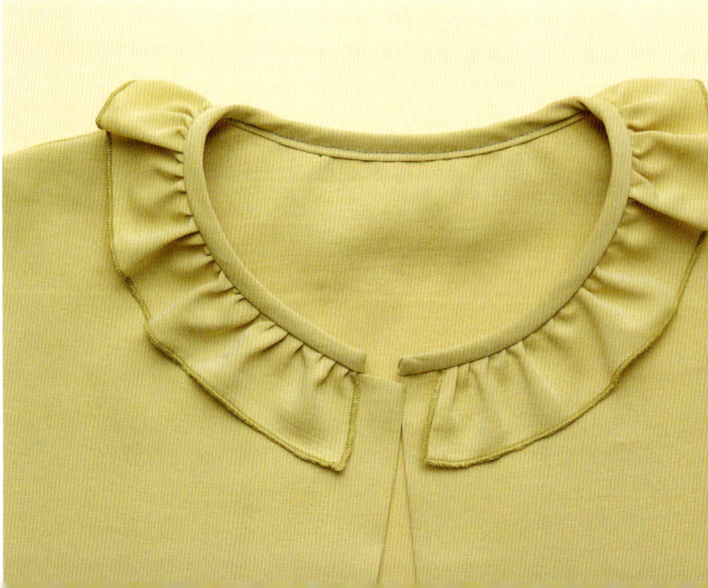

●衿ぐり

衿ぐりから裾まで続けた玉縁仕立て

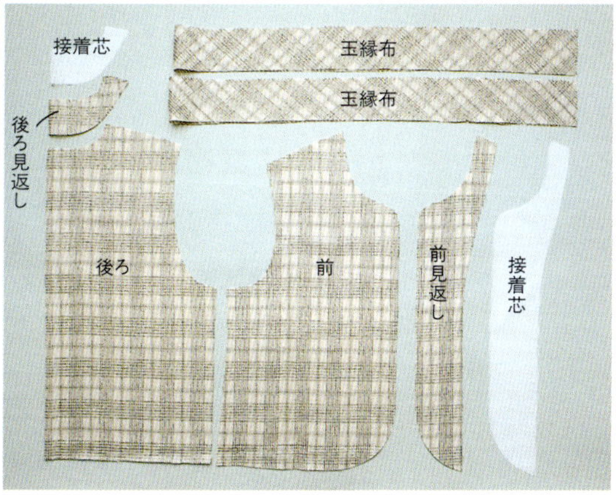

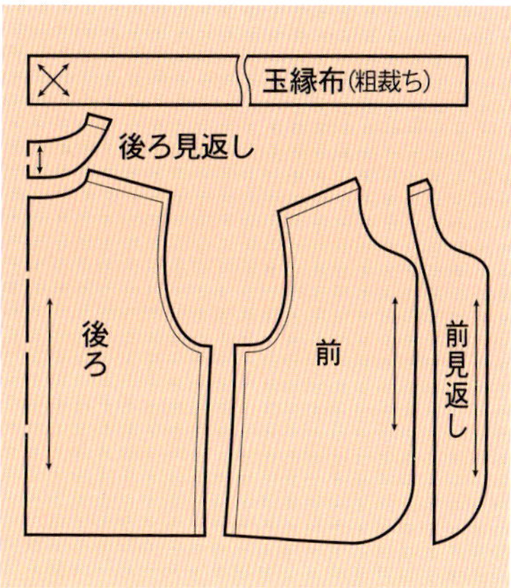

衿ぐりから前端、裾までをぐるっと続けてバイアス布でくるむ縫い方。カーブのミシンのかけ方がポイントです。玉縁布はバイアス裁ちの共布を四つ折りにして使います。

●パターン、裁断

身頃、見返しとも衿ぐり、前端、裾は縫い代をつけないで裁つ。玉縁用のバイアス布は玉縁幅×4の約2倍（ここでは玉縁幅0.8cmなので6～6.5cm）の幅で粗裁ちをする。長さは1本は後ろ裾の長さ、もう1本は左前裾から左前端、前後衿ぐり、右前端、右前裾の長さ分を用意する。接着芯は前後の見返し分を用意する。

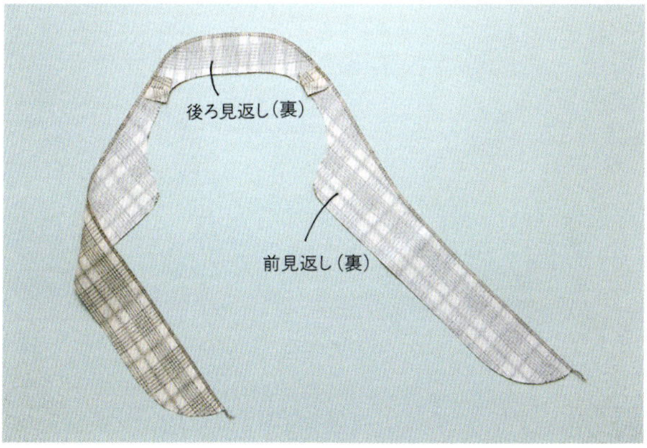

1 前後の見返し裏面に接着芯をはり、肩を縫い合わせて縫い代を割る。外回りにはロックミシンをかける。

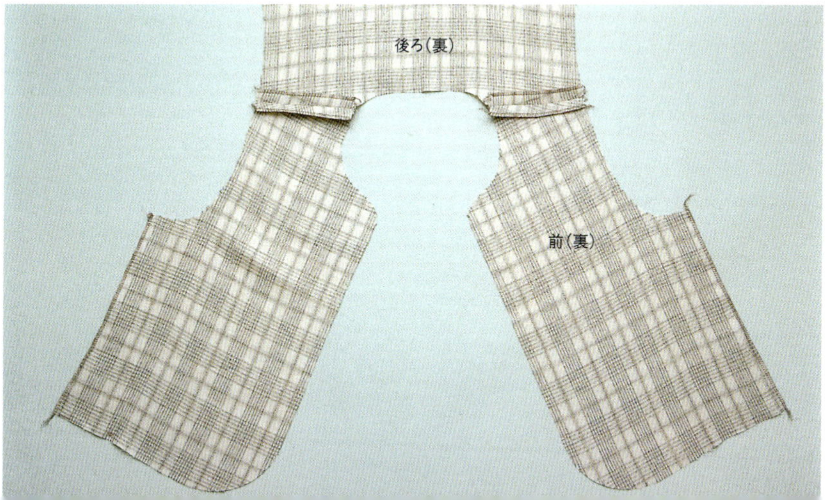

2 前後身頃の肩、脇縫い代にロックミシンをかけてから、肩を縫い合わせ、縫い代を割る。

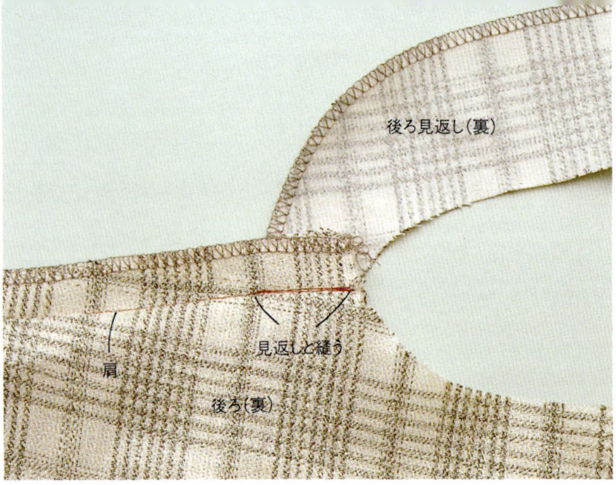

3 身頃と見返しの肩を外表に合わせ、後ろ身頃裏面から肩縫い目のきわを縫って、身頃の縫い代に見返しを止める。

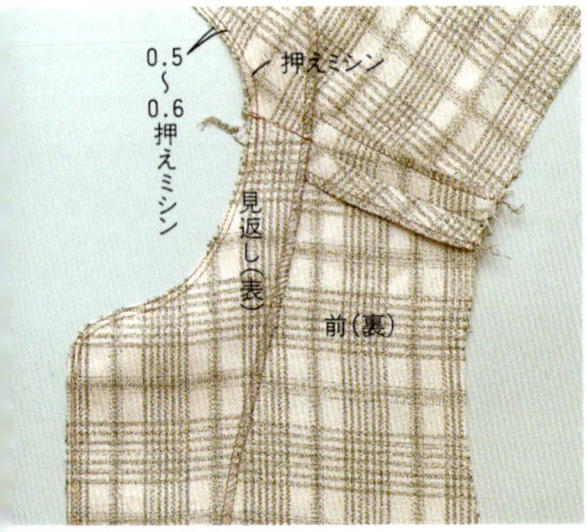

4

身頃と見返しを外表に合わせ、前端から衿ぐりに押えミシンをかける。ミシンは玉縁の中に隠れるように、玉縁幅より0.2～0.3cm狭い幅で。次に布端側にもう1本押えミシンをかける。

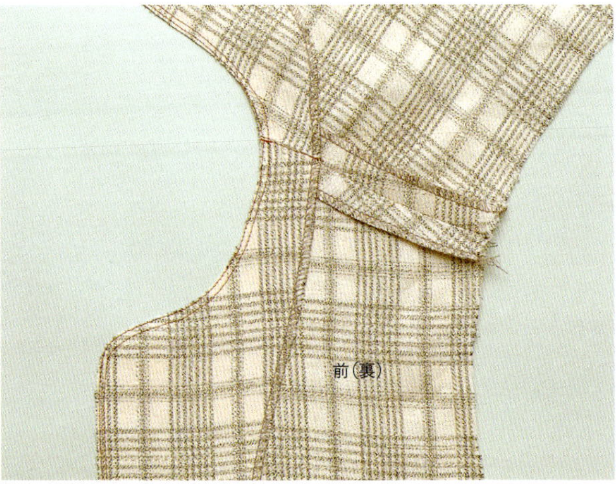

5 身頃と見返しの裁ち端がずれていたら、裁ちそろえる。肩のはみ出している縫い代もカットする。

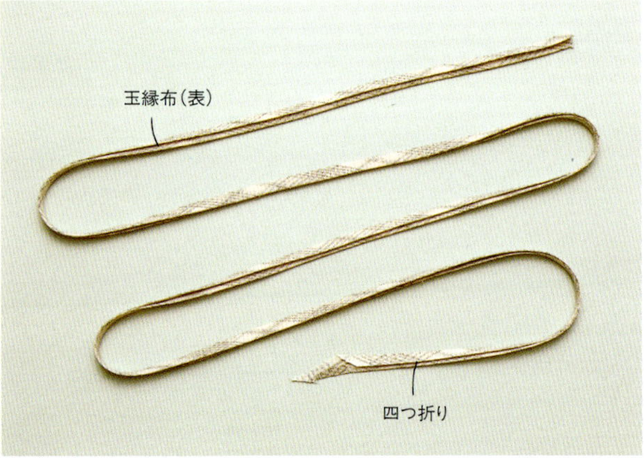

6

粗裁ちバイアス布を外表に折ってアイロンで伸ばし、二つ折りのまま玉縁幅の2倍(1.6cm)の寸法にカットし、四つ折りにする(95ページ参照)。

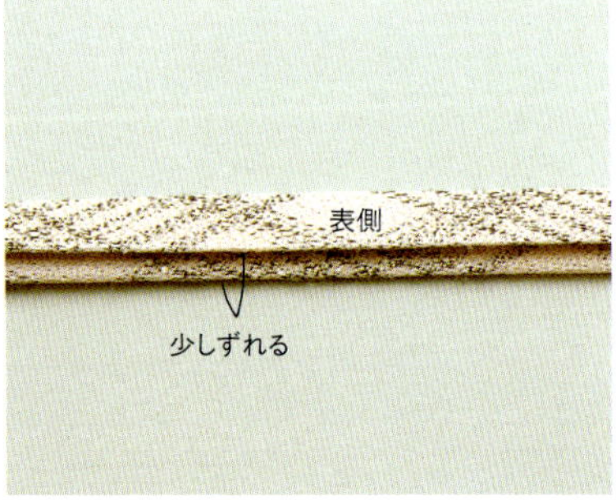

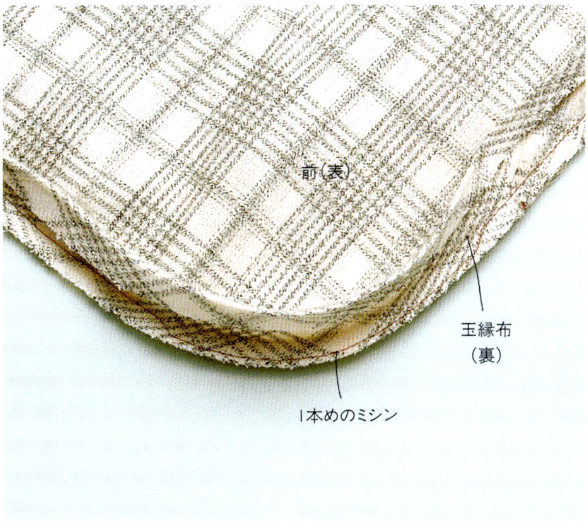

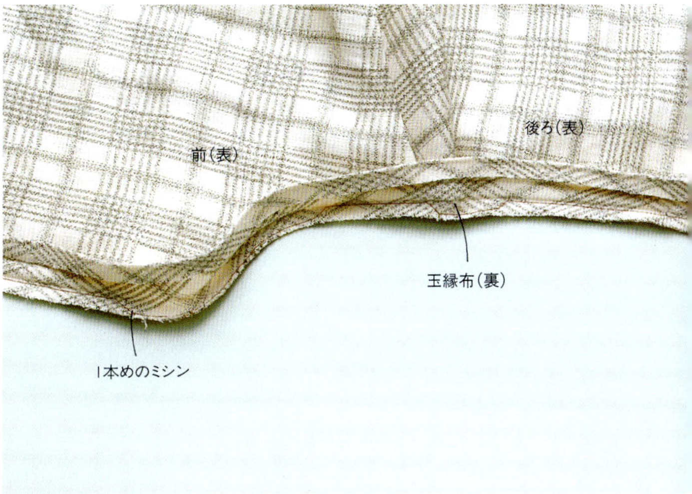

7 身頃に玉縁布をつける。玉縁布の表側(四つ折りの幅の狭いほう)の折り山を開き、身頃と中表に合わせる。身頃の裁ち端に玉縁布の裁ち端をそわせながら、直線の部分は折り山より少し裁ち端側に、カーブの部分は内カーブも外カーブも裁ち端のきわにミシンをかける(図中の1本めのミシン)。

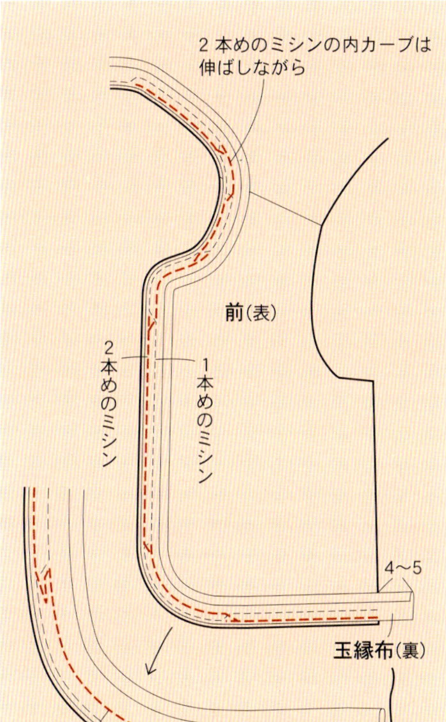

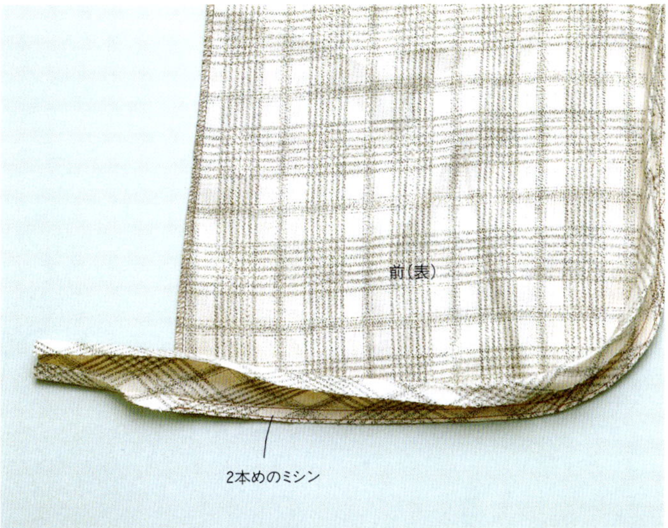

8 裁ち端に押えミシンをかける。押えミシンは1本めのミシンとは逆に、直線の部分は裁ち端のきわに、カーブの部分は折り山の少し裁ち端側にミシンをかける(図中の2本めのミシン)。後ろの裾も同様に玉縁布をつける。

9 前後身頃の脇を中表に合わせ、玉縁布も中表に合わせて、玉縁布まで続けて脇を縫う。

10 玉縁布の脇の余分をカットし、脇縫い代を割る。

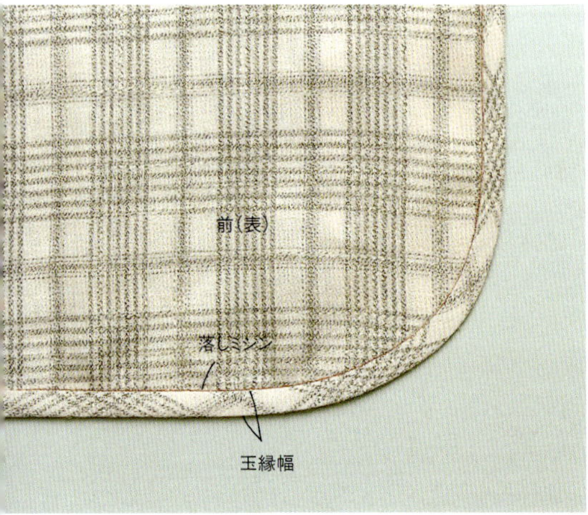

11 玉縁布で身頃の布端をくるんで整え、表から落しミシンをかけて、玉縁布の裏側を止める。

12 出来上り。

衿なし、袖なしの仕立て

衿ぐり、袖ぐり続き見返し、あきのある場合
衿ぐり、袖ぐり続き見返し、あきのない場合
衿ぐり、袖ぐり続き見返し、肩幅が狭い場合

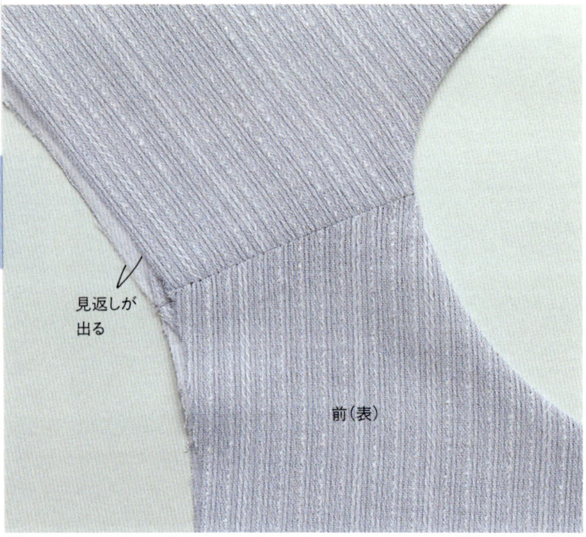

7 身頃表面から見ると、袖ぐりは見返しが少し出ている。

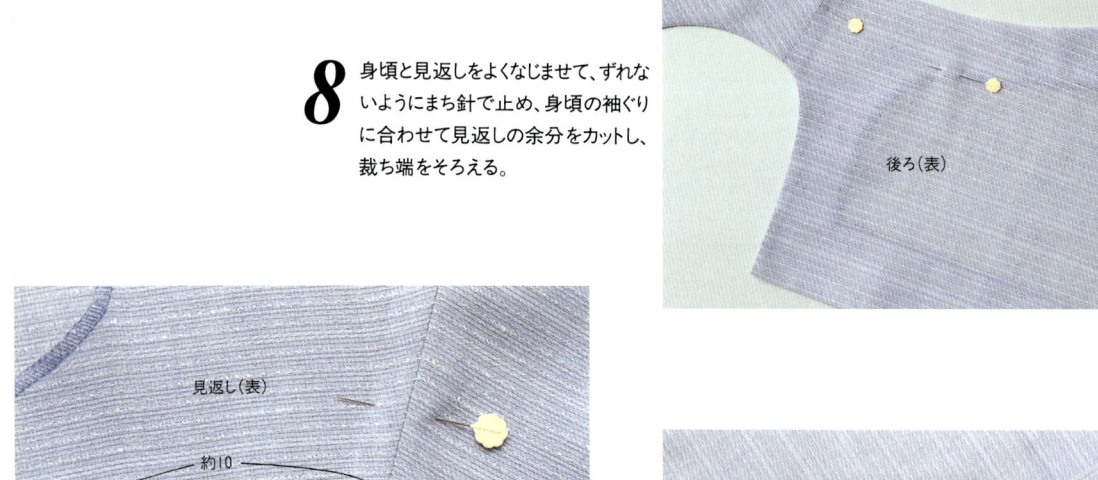

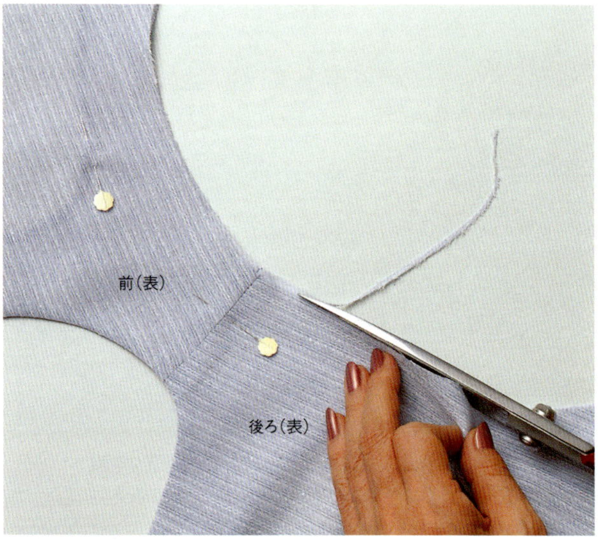

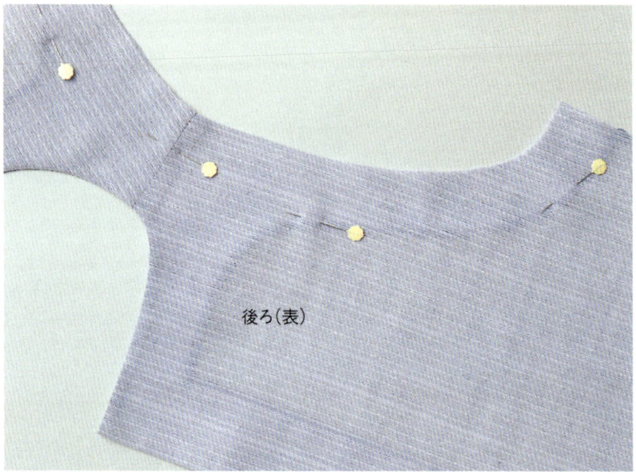

8 身頃と見返しをよくなじませて、ずれないようにまち針で止め、身頃の袖ぐりに合わせて見返しの余分をカットし、裁ち端をそろえる。

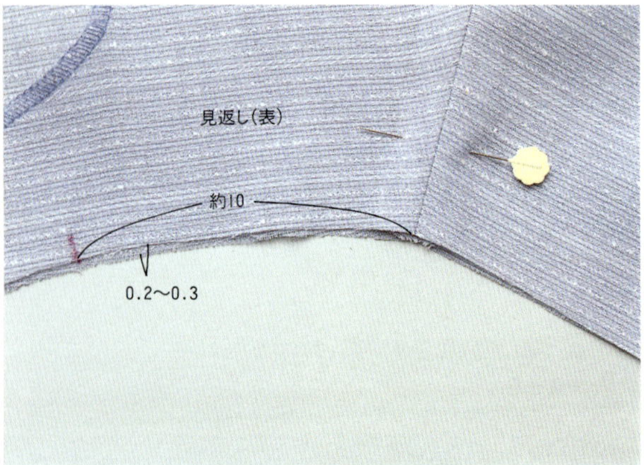

9 見返しの袖ぐりを、さらに0.2〜0.3cm(控えたい分量の倍)カットし、前後とも肩から10cmぐらいの位置に合い印をしるす。

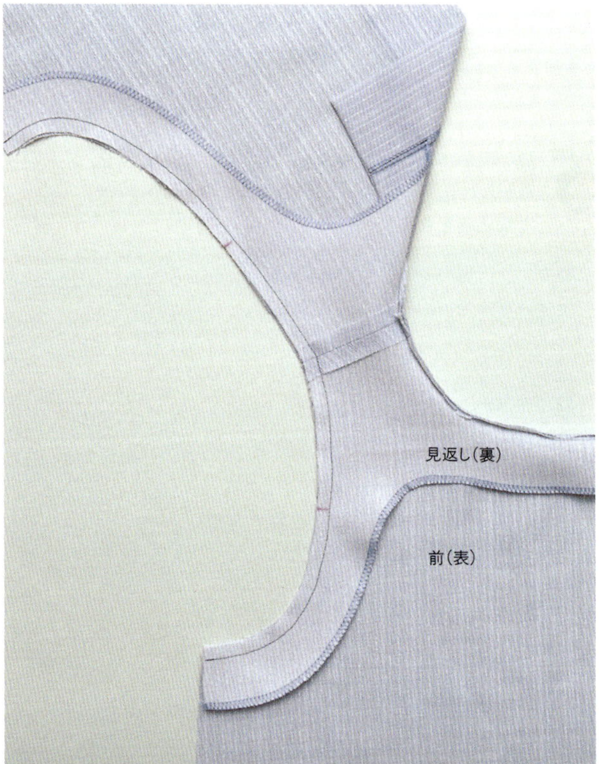

10 身頃の袖ぐりにもう一度見返しを中表に合わせ、裁ち端をそろえ、合い印を合わせて縫う。

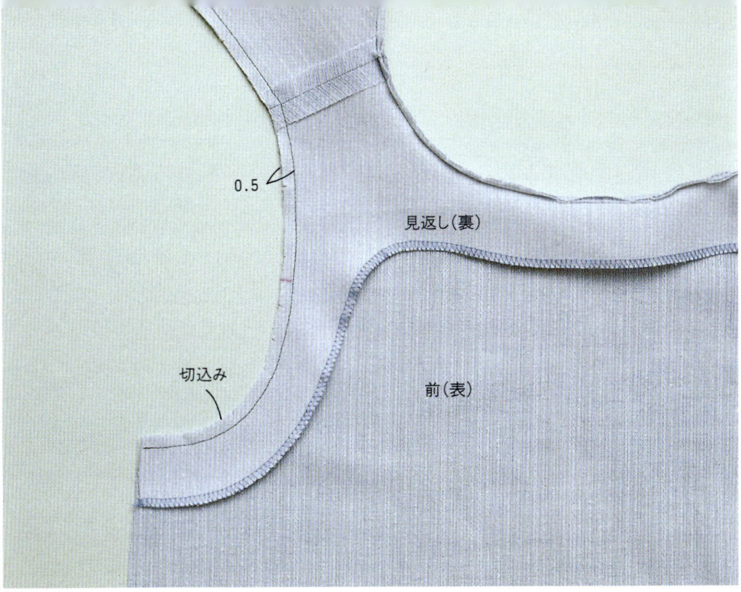

11 袖ぐり縫い代を0.5cmぐらいにカットしてカーブのところに切込みを入れる。

12 身頃と見返しの肩の間から、後ろ身頃を前側に引き出して表に返す。

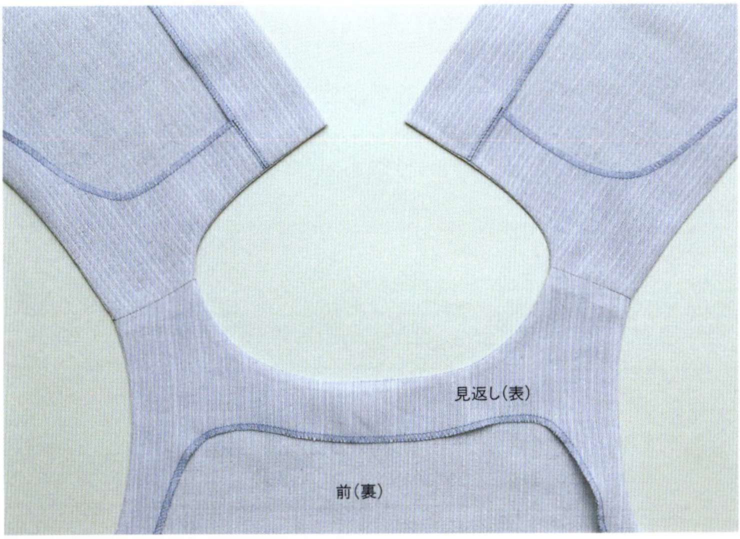

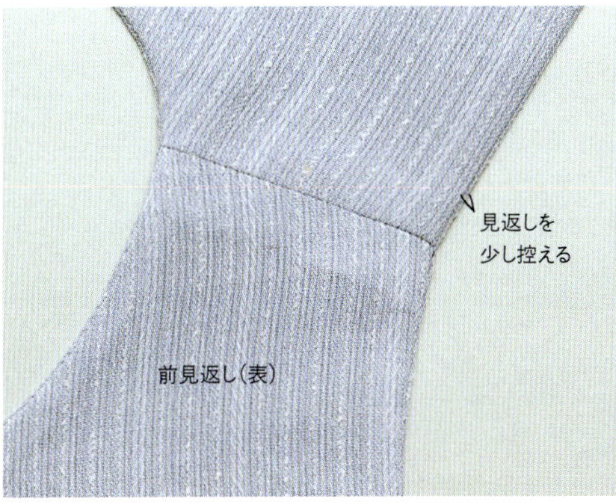

13 見返しを少し控えて、アイロンで整える。

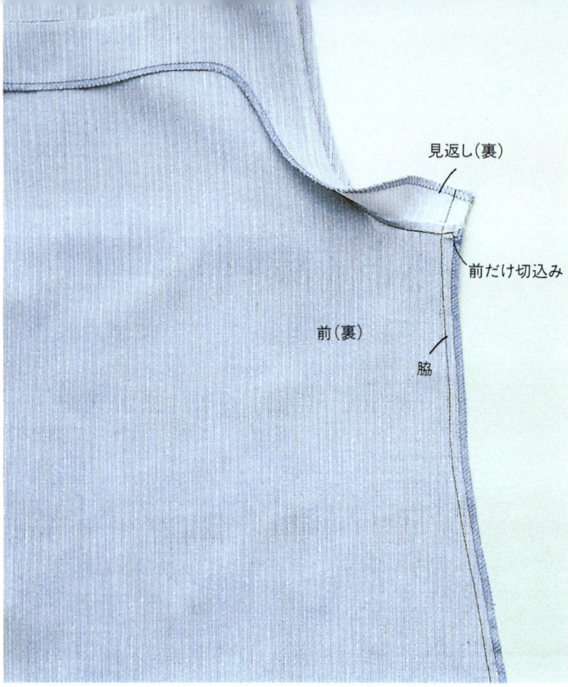

14 前後の脇を中表に合わせ、見返しまで続けて脇を縫う。前脇縫い代だけ、袖下に切込みを入れ、身頃の脇縫い代に2枚一緒にロックミシンをかける。

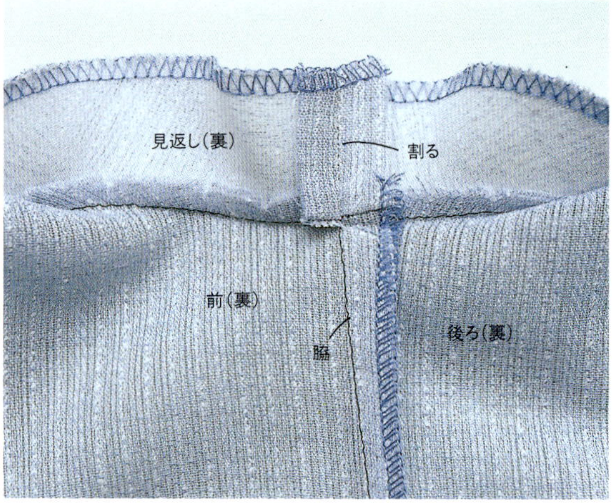

15 身頃の脇縫い代は後ろ側に倒し、見返しの縫い代は割る。

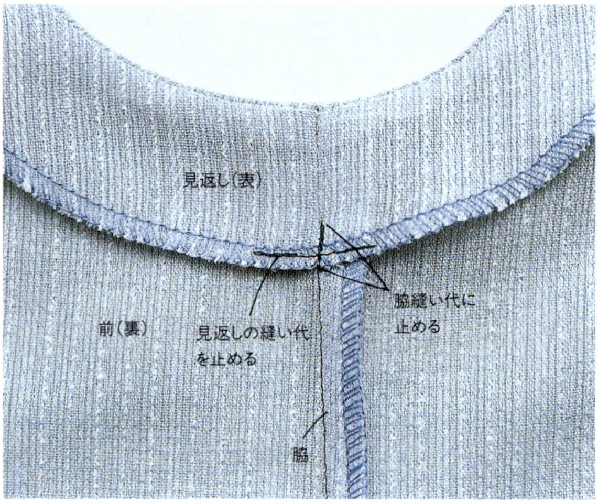

16 見返しの縫い代を止める。まず割った縫い代を止めるために、見返し端に横にミシンをかける。次に見返しを出来上りの状態に整え、後ろ身頃側から、脇縫い目に重ねて縦に1cmぐらいミシンをかけて見返しを止める。

17 衿ぐり、袖ぐりにステッチをかけて出来上り。袖ぐりのステッチは袖下から返し縫いをしないでかけ始め、最後に2cmぐらい重ねてかける。

●衿なし、袖なしの仕立て

衿ぐり、袖ぐり続き見返し、あきのない場合

あきのない、かぶって着るデザインの縫い方。衿ぐりは前後を続けてぐるりと縫いますが、袖ぐりは前と後ろ、2回に分けて縫います。

●パターン、裁断

身頃、見返しとも衿ぐり、袖ぐりの縫い代は1cm。接着芯は各見返し分を用意する。

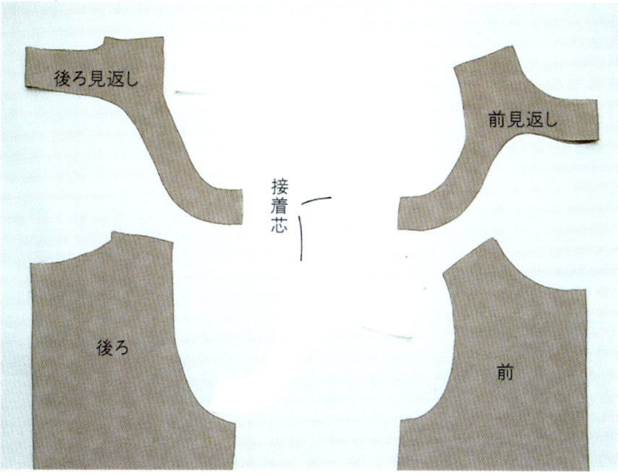

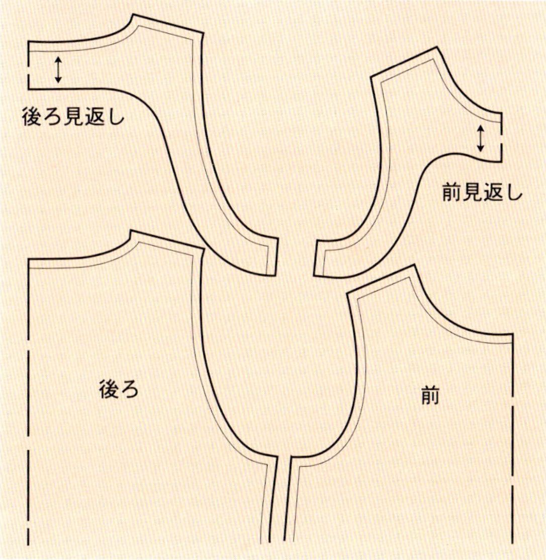

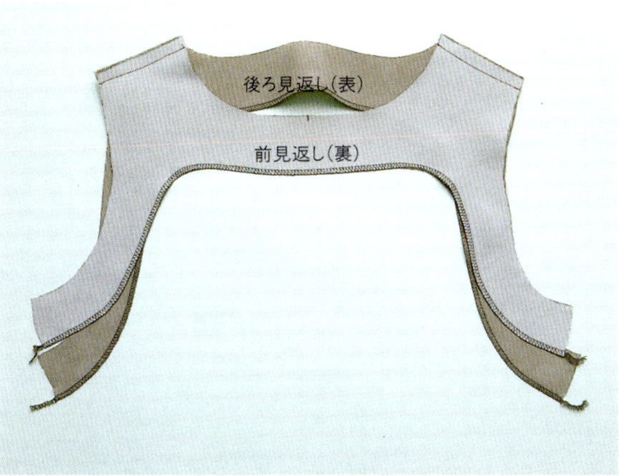

1 見返しの裏面に接着芯をはり、端にロックミシンをかけてから、前後の肩を縫い合わせて、縫い代は割る。

2 前後身頃を中表に合わせて肩を縫い、縫い代を割る。

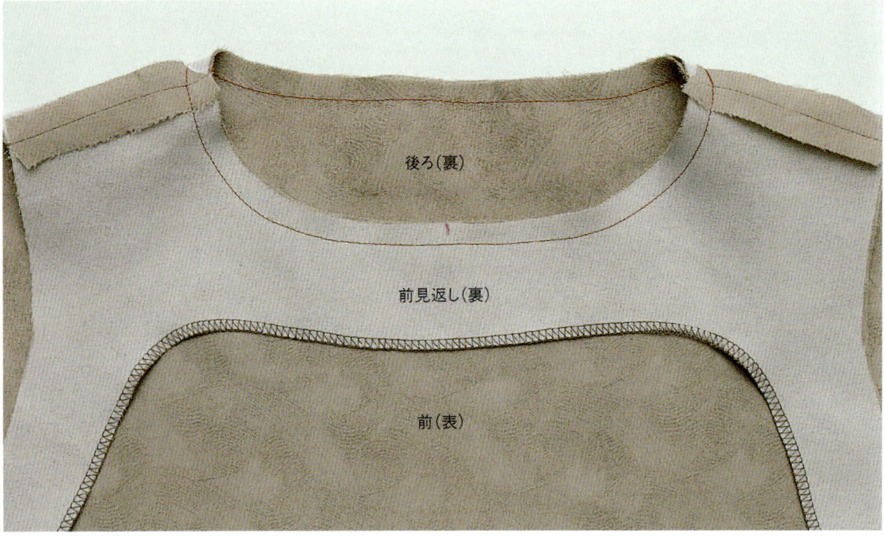

3

身頃と見返しを中表に合わせ、衿ぐりをぐるっと縫う。

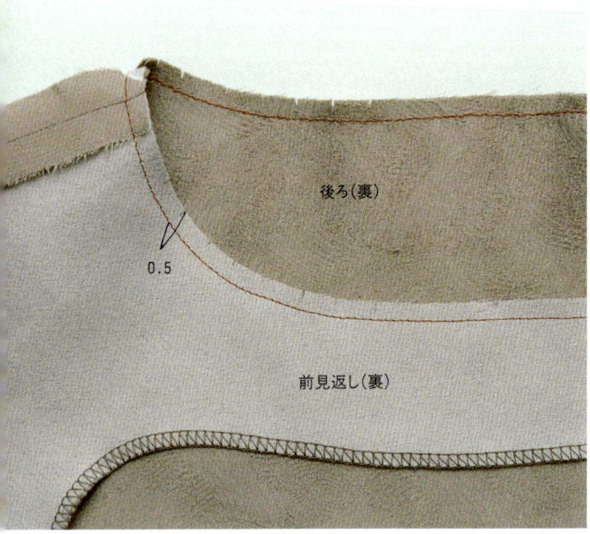

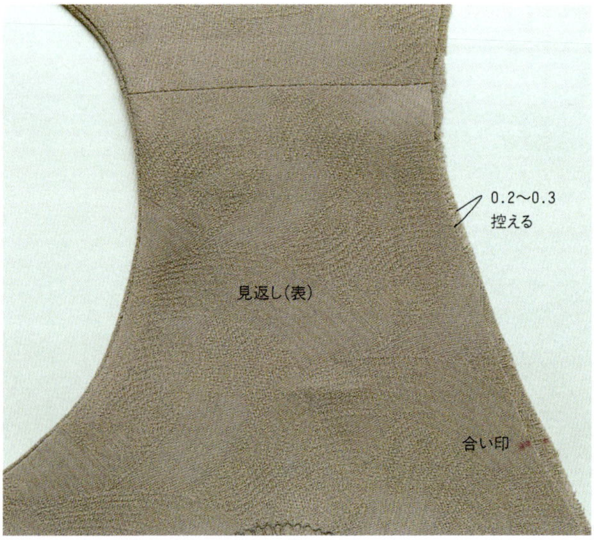

4

衿ぐりの縫い代を0.5cmぐらいにカットし、切込みを入れる。肩はミシン目のきわまで切込みを入れる。

5

表に返し、見返しを少し控えてアイロンで整える。次に見返しの袖ぐりを身頃の袖ぐりよりも0.2〜0.3cm控えてカットし、合い印をつける（118ページ参照）。

6

表になっている身頃と見返しの間から、袖ぐりを引き出すようにして、前身頃と前見返しだけ袖ぐりを中表にし、前の脇から肩まで、前袖ぐりを縫う。縫うときは、布端をそろえ、合い印を合わせてミシンをかける。

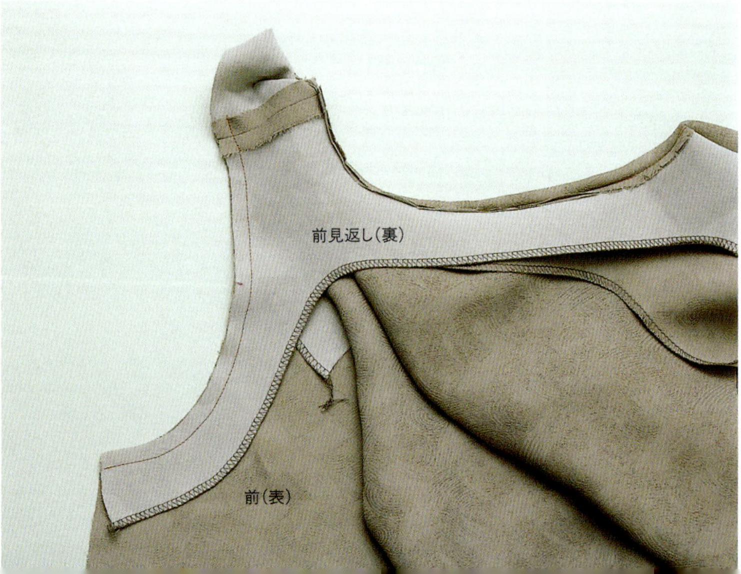

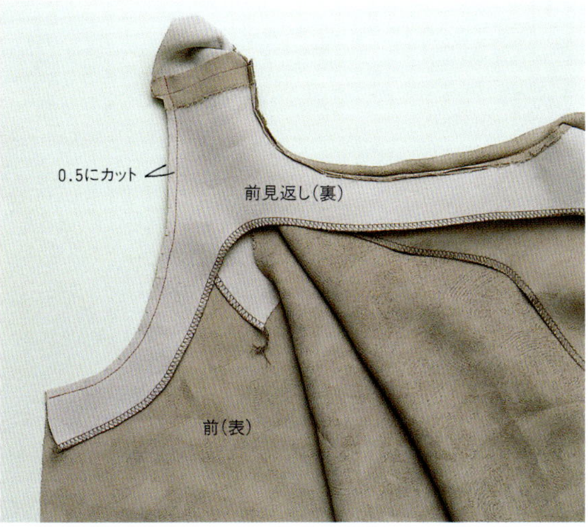

7 前袖ぐり縫い代を0.5cmぐらいにカットし、切込みを入れる。

8 前袖ぐりと同じ要領で、後ろ袖ぐりを中表に縫う。

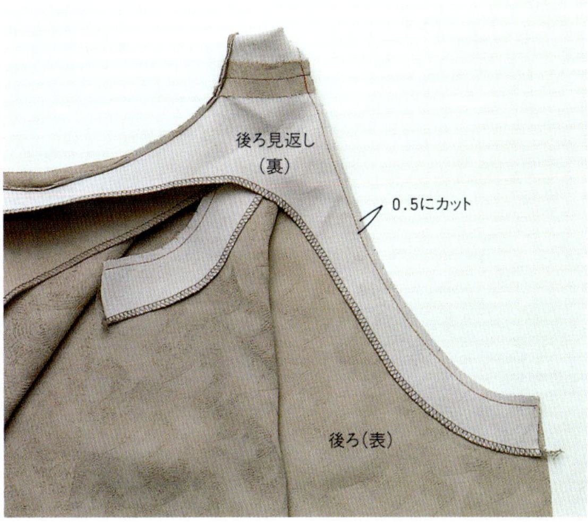

9 後ろ袖ぐり縫い代を0.5cmぐらいにカットし、カーブの部分に切込みを入れる。

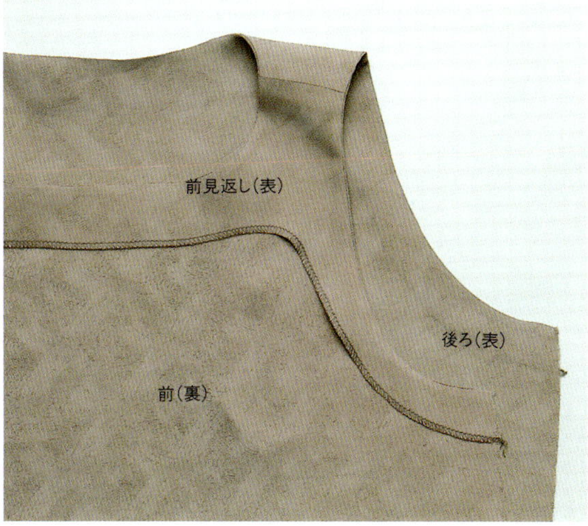

10 表に返し、見返しを少し控えて袖ぐりをアイロンで整える。

11 前後の脇を中表に合わせ、見返しまで続けて脇を縫い、縫い代の始末をして見返し端を脇縫い代に止める（120ページ参照）。

12 衿ぐり、袖ぐりにステッチをかけて出来上り。ステッチは衿ぐりは後ろ肩から、袖ぐりは袖下からかけ始める。

●衿なし、袖なしの仕立て

衿ぐり、袖ぐり続き見返し、肩幅が狭い場合

肩幅の狭いデザインは、ミシンで中表に縫い合わせることのできない部分があります。その部分は縫い代をアイロンできちんと折り込み、ステッチで押さえます。

●パターン、裁断

身頃をパネルラインで切り替えた場合でも、見返しには切替えを入れないで裁つ。衿ぐり、袖ぐりの縫い代は身頃も見返しも1cm、後ろ端見返しは身頃から裁ち出す。接着芯は各見返し分を用意する。

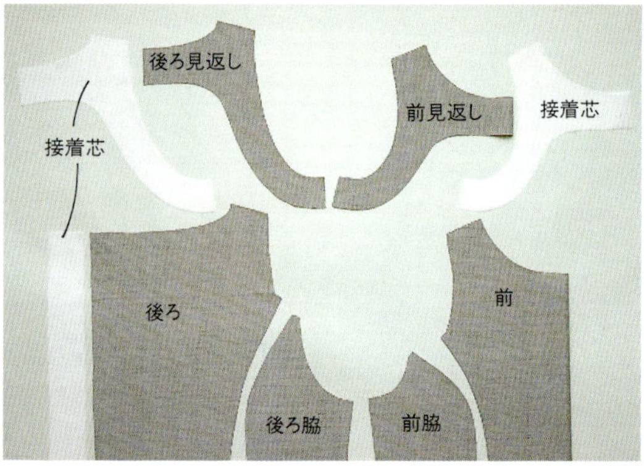

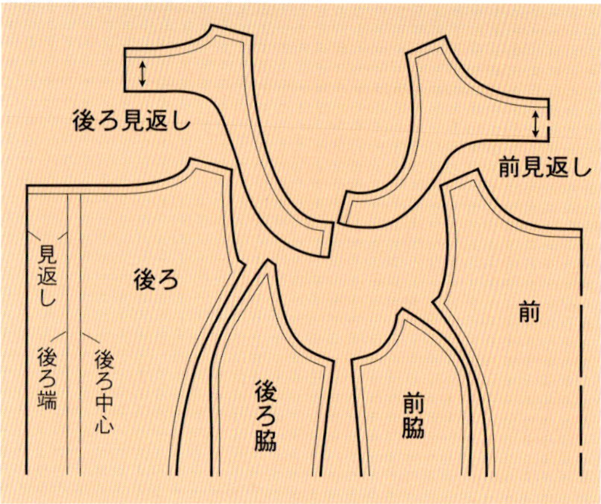

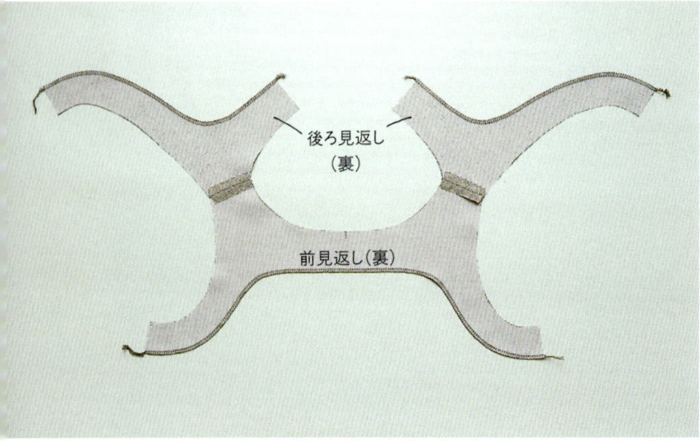

1 後ろ見返し、前見返しの裏面に接着芯をはり、端にロックミシンをかけてから肩を縫う。縫い代は割る。

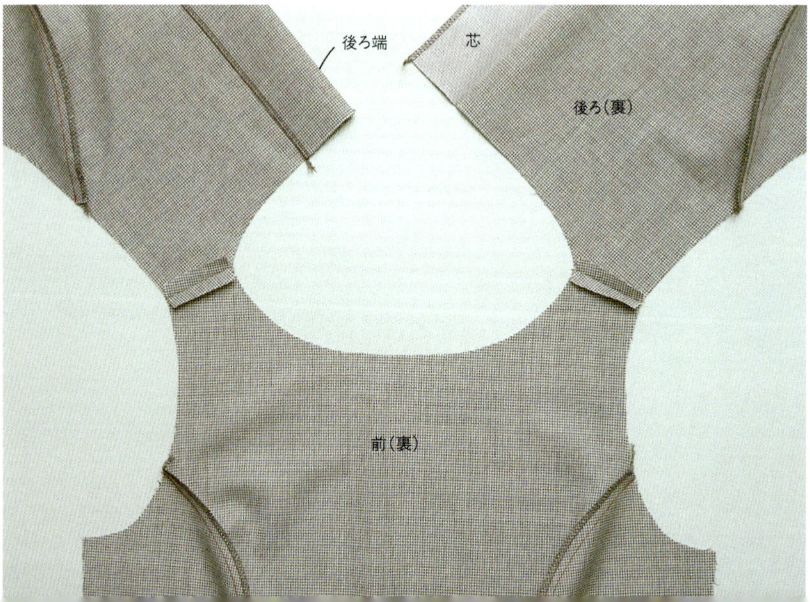

2 身頃は後ろの裁出し見返しに接着芯をはり、後ろ端を出来上りに折って、見返し端にロックミシンをかける。前後ともパネルラインを縫い合わせてロックミシンをかけてから肩を縫い、肩縫い代は割る。

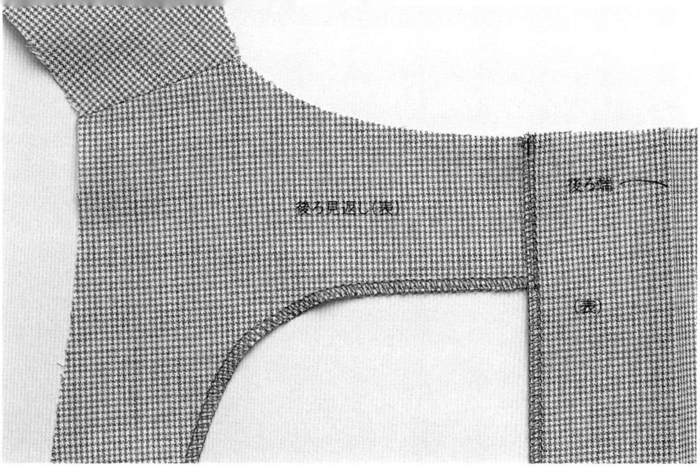

3 後ろ見返しに後ろ端見返しを重ね、表面からミシンで押さえる。

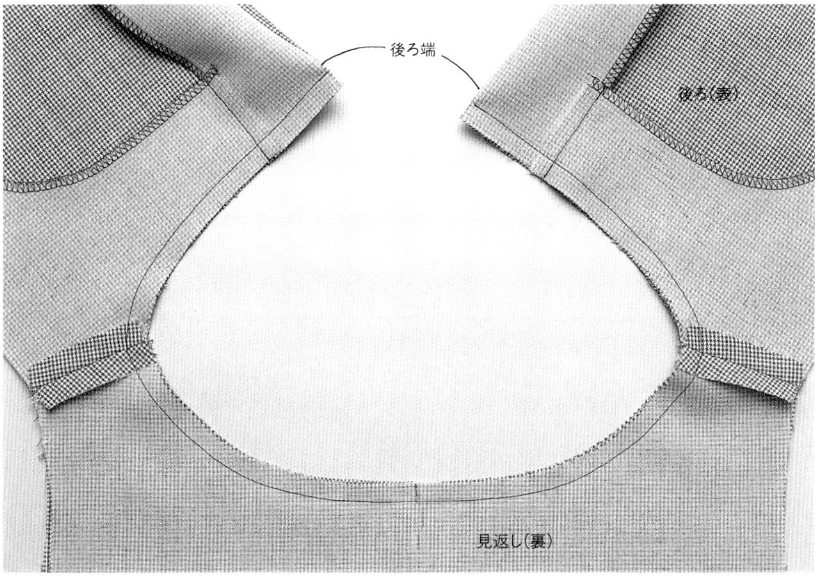

4 身頃と見返しを中表に合わせ、衿ぐりを縫う。

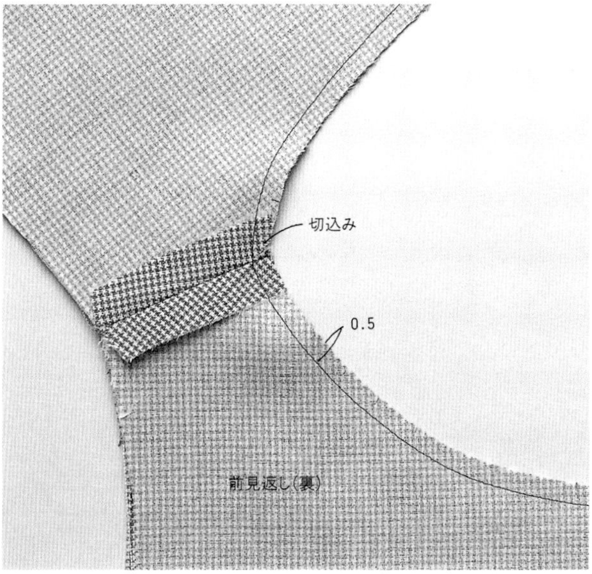

5 衿ぐり縫い代を0.5cmぐらいにカットして切込みを入れる。肩はミシン目のきわまで切込みを入れる。

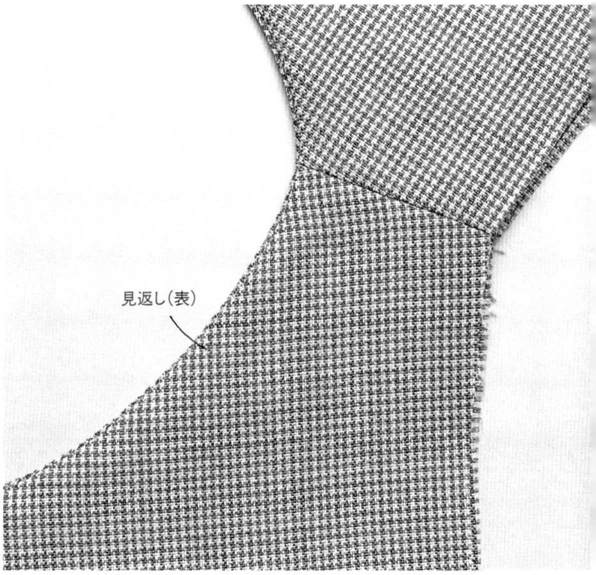

6 表に返し、見返しを少し控えて衿ぐりをアイロンで整える。次に見返しの袖ぐりを身頃の袖ぐりよりも0.2〜0.3cm控えてカットし、合い印をつける(118ページ参照)。

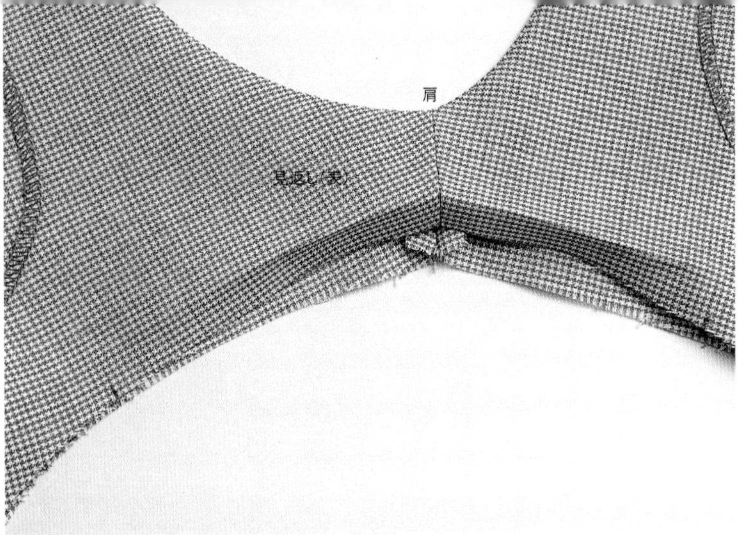

7 見返しの袖ぐり縫い代を、肩から前、後ろとも、それぞれ5〜6㎝アイロンで折っておく。

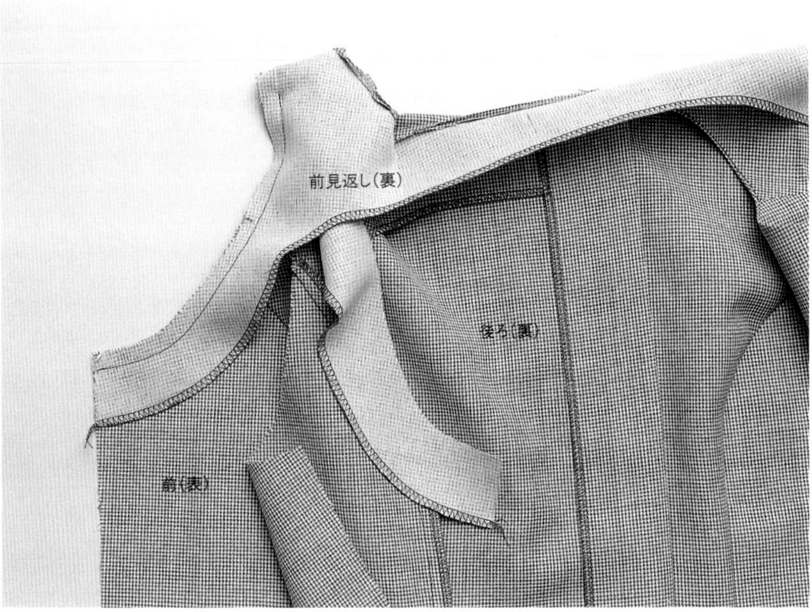

8
外表になっている身頃と見返しの間から袖ぐりを引き出すようにして、前身頃と前見返しを中表に合わせ、袖ぐりを縫う。布端をそろえ、合い印を合わせて脇から7の縫い代を折ったところすぎぐらいまでミシンをかける。

9 ミシンで縫った部分の縫い代を0.5㎝ぐらいにカットし、切込みを入れる。

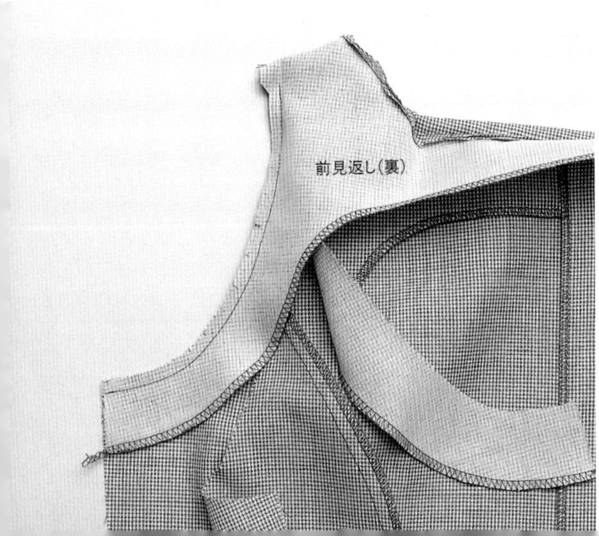

10 同じ要領で後ろ袖ぐりも縫い代を折ったところすぎぐらいまで中表に縫い、縫い代を細くカットして切込みを入れる。

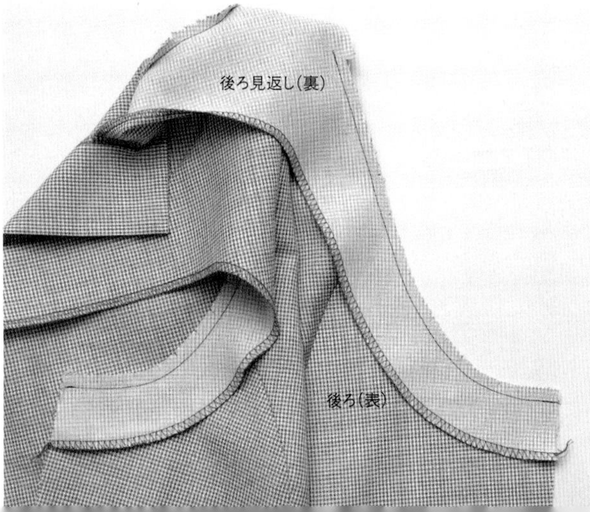

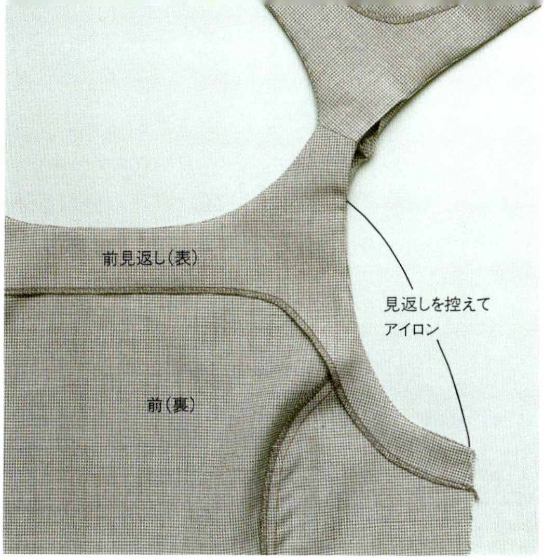

11 表に返し、見返しを少し控えて袖ぐりを
アイロンで整える。

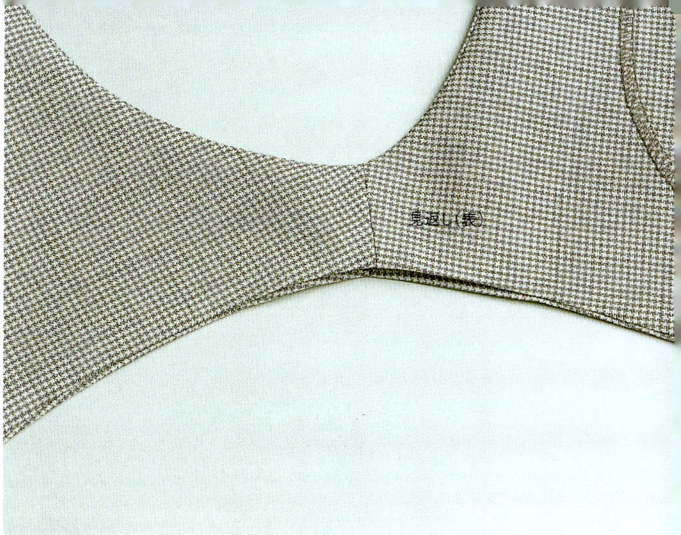

12 縫い残した部分は、身頃の袖ぐり縫い代を折り込み、*11*のアイロン折り山の延長になるようにアイロンで整える。

13 前後の脇を中表に合わせ、見返しまで続けて脇を縫う。縫い代の始末をして、見返し端を脇縫い代に止める（120ページ参照）。

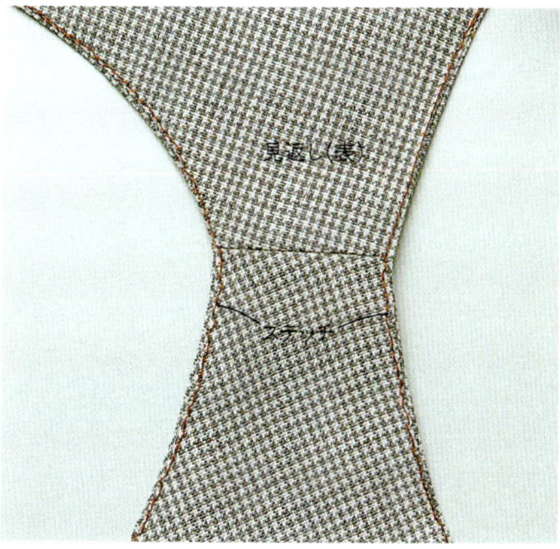

14 衿ぐり、袖ぐりにステッチをかけて出来上り。衿ぐりのステッチは後ろ端まで続けてかける。袖ぐりの縫い残した部分はこのステッチで止まる。出来上り。

著者紹介

佐藤貴美枝
Kimie Sato

大手アパレルメーカーの展示会サンプルの製作を長年手がけ、その既製服の合理化された縫い方を主体としたソーイング教室を開き、短時間できれいに縫うこつを広めている。
現在(株)ニットソーイングクラブ会長、「プロソーイング教室」、「ニットソーイングクラブ」主宰。著書『簡単に縫えるおしゃれ着』『工夫されたあきの縫い方』『工夫されたポケットの縫い方』『アイテム別部分縫い集vol.1 スカート&パンツ編』『アイテム別部分縫い集vol.2 ブラウス&ワンピース編』『ニットソーイングのワードローブ』(文化出版局刊)

好評発売中

佐藤貴美枝のニットソーイング
簡単に縫えるおしゃれ着
ロックミシンで、
少しでも早く少しでも美しく

合理的なテクニックを写真で学ぶ①
工夫された
あきの縫い方

合理的なテクニックを写真で学ぶ③
工夫された
ポケットの縫い方

アイテム別部分縫い集 vol.1
スカート&パンツ編

アイテム別部分縫い集 vol.2
ブラウス&ワンピース編

ロックミシンですっきり
ニットソーイングの
ワードローブ

装丁　間野 成
レイアウト　周 恵綺(シザークラブ)
撮影　下瀬成美
トレース　薄井年夫
編集　百目鬼尚子

合理的なテクニックを写真で学ぶ②

工夫された衿・衿ぐりの縫い方

2002年 4 月14日　第1刷発行
2020年12月 9 日　第10刷発行
著者　佐藤貴美枝
発行者　濱田勝宏
発行所　学校法人文化学園 文化出版局
〒151-8524 東京都渋谷区代々木3-22-1
電話 03-3299-2460(編集) 03-3299-2540(営業)
印刷・製本所　株式会社文化カラー印刷

文化出版局のホームページ　http://books.bunka.ac.jp/